LE TEMPLE
DE
JÉRUSALEM

LE TEMPLE

DE

JÉRUSALEM

MONOGRAPHIE

DU HARAM-ECH-CHÉRIF

SUIVIE D'UN ESSAI

SUR LA

TOPOGRAPHIE DE LA VILLE-SAINTE

PAR

LE C^{TE} MELCHIOR DE VOGÜÉ

MEMBRE DE LA SOCIÉTÉ IMPÉRIALE DES ANTIQUAIRES DE FRANCE, CORRESPONDANT
DE L'INSTITUT ARCHÉOLOGIQUE DE ROME
ETC., ETC.

Magister, aspice quales lapides, et quales structuræ.
MARC. XIII, 4.

PARIS
NOBLET & BAUDRY, LIBRAIRES-ÉDITEURS
15, RUE DES SAINTS-PÈRES

LONDRES	LIÉGE
WILLIAMS & NORGATE	NOBLET & BAUDRY
44, HENRIETTA STREET (COVENT-GARDEN)	8, PLACE SAINT-PAUL

1864

Tous droits réservés

LE TEMPLE
DE
JÉRUSALEM

MONOGRAPHIE

DU HARAM-ECH-CHÉRIF

SUIVIE D'UN ESSAI

SUR LA

TOPOGRAPHIE DE LA VILLE-SAINTE

PAR

LE C^{TE} MELCHIOR DE VOGÜÉ

MEMBRE DE LA SOCIÉTÉ IMPÉRIALE DES ANTIQUAIRES DE FRANCE, CORRESPONDANT
DE L'INSTITUT ARCHÉOLOGIQUE DE ROME
ETC., ETC.

Magister, aspice quales lapides, et quales structuræ.
Marc. XIII, 1.

PARIS
NOBLET & BAUDRY, LIBRAIRES-ÉDITEURS
13, RUE DES SAINTS-PÈRES

LONDRES	LIÉGE
WILLIAMS & NORGATE	NOBLET & BAUDRY
14, HENRIETTA STREET (COVENT-GARDEN)	6, PLACE SAINT-PAUL

1864

Tous droits réservés

PRÉFACE.

Il y a dix ans, je quittais Jérusalem sans grand espoir de retour : pouvais-je prévoir alors la douloureuse destinée qui devait me pousser une fois encore vers des rivages étrangers, loin du foyer désert.

Le 21 juin 1862, je rentrais dans la Ville sainte avec une émotion facile à comprendre, je revoyais ces murs au milieu desquels s'étaient si souvent reportés mes souvenirs, et je les retrouvais à peine changés, moins que je ne l'étais moi-même. J'avais pour compagnons de voyage M. W. H. Waddington dont l'amitié et la science devaient m'être si utiles, et M. E. Duthoit dont le crayon habile et l'œil exercé devaient m'apporter un précieux concours. Depuis six mois nous voyagions ensemble : nous avions exploré le Haouran, mis le pied dans le grand désert, fouillé l'île de Chypre, et nous venions chercher, dans les montagnes de la Judée, le repos nécessaire pendant la saison d'été, et des travaux plus sédentaires.

Mon plan était arrêté d'avance : je voulais compléter et rectifier au besoin mes premières recherches sur Jérusalem, mais surtout étudier les ruines du Temple. Pendant mon premier séjour en Orient, l'entrée du Haram-Ech-Cherif était rigoureusement interdite aux chrétiens, et j'avais vainement tenté de soulever le voile qui cachait les merveilles intérieures de la mosquée : aujourd'hui, l'accès de l'enceinte est facile, la toute-puissance du *bakchich* en a forcé les portes, et je comptais prendre ma revanche. En effet, peu de jours après notre arrivée, les formalités étaient remplies par l'obligeant intermédiaire de M. de Barrère, consul de France, et nous prenions possession, au nom de l'archéologie, de cette enceinte si longtemps fermée aux investigations sérieuses. Suivant l'arrangement conclu avec le cheikh principal, la mosquée était à notre disposition tous les matins de six heures à midi; nous pouvions dessiner, mesurer, photographier à notre aise, en nous aidant d'échelles et de tous les instruments nécessaires; jamais nous n'avons rencontré la moindre difficulté : le travail était ainsi réparti entre nous; M. Waddington, aidé de M. Sauvaire, chancelier du consulat, savant et aimable arabisant, relevait les inscriptions arabes; je dessinais avec M. Duthoit. Nous fîmes ainsi de longues et fréquentes séances, et ne quittâmes le terrain qu'après que la Montagne sainte nous eut à peu près livré tous ses secrets.

PRÉFACE.

Le mont Moriah est certainement un des points les plus vénérables de la terre, un des plus dignes d'appeler l'étude et de provoquer les méditations : non-seulement il a pendant dix siècles porté le Temple de Jérusalem, c'est-à-dire le premier sanctuaire de l'ancien monde, l'autel du vrai Dieu, le seul point fixe qui s'offre à nos intelligences au milieu des obscurités des origines religieuses de l'humanité, mais encore, aux époques antéhistoriques, il paraît avoir été l'objet d'un culte qui nous reporte aux premiers âges du monde. Le souvenir de ce culte s'est déposé dans un cycle de traditions, groupé autour du sommet de la colline; on peut l'y découvrir sous la grossière enveloppe qui l'entoure.

Ces traditions peuvent se résumer ainsi : sur le Moriah se trouve une pierre sacrée, marquée du Nom ineffable, scellée sur l'abîme dont elle arrête les flots; les eaux du déluge ne l'ont pas touchée; de ses flancs sortira la source mystique prédite par les prophètes : c'est la *pierre fondamentale* et le centre du monde, *Eben Schatiyah*. Dans cette fable, dont je supprime les détails, on distingue d'abord la trace du vieux culte cananéen du Bétyle, de la pierre élevée sur le lieu haut[1]. On reconnaît en outre une association d'idées qui se retrouve sur d'autres points du monde antique et dont l'origine doit être cherchée dans les plus anciens souvenirs de l'humanité. Ainsi, suivant les traditions mythologiques, à Hiérapolis, centre religieux de toute l'Aramée, le temple fondé par Deucalion était posé sur l'abîme qui avait absorbé les eaux du déluge; il était le théâtre de cérémonies dans lesquelles l'eau de la mer jouait un rôle considérable[2]; — à Delphes, sanctuaire non moins important, le trépied de la pythie était placé sur une des bouches de l'abîme, non loin de l'autel élevé par Deucalion, au pied du Parnasse que les flots du déluge avaient respecté, près de l'*ombilic* ou centre de la terre et de la pierre mystique qui recouvrait la source de la fontaine Cassotis[3]; — à Athènes, la défaite de Neptune, c'est-à-dire des eaux de la mer, avait aussi pour symbole le rocher de l'Érechthéion, marqué d'une empreinte divine et sous lequel on croyait entendre le bruit mystérieux des flots[4]; non loin de l'Acropole, dans l'enceinte du temple de Jupiter Olympien, on montrait le trou par lequel s'étaient écoulées les eaux du déluge[5]. Le rapport étroit qui lie ces mythes aux traditions du Moriah, la place qu'y occupe le nom de Deucalion, figure altérée du Noé biblique, prouvent l'existence d'un culte très-ancien qui se rattache aux souvenirs du déluge. Ces traditions, il est vrai, n'ont été écrites qu'à l'époque rabbinique; mais, d'une part, il est incontestable qu'au milieu d'une foule de puérilités, la littérature talmudique renferme la trace de souvenirs primitifs; de l'autre, ces traditions ont un caractère trop archaïque pour ne pas être antérieures de beaucoup à l'ère chrétienne; elles ont en outre une persistance qui indique à quel point elles sont enracinées dans le sol, car elles se retrouvent dans les fables que les musulmans racontent sur la Sakhrah. Suivant Josèphe ce serait au sommet de la montagne qu'aurait eu lieu le sacrifice d'Abraham; ce témoignage n'a pas une valeur historique absolue, car il peut être né d'un rapprochement subtil entre le sens du mot Moriah (מריה *a Deo monstratus*) et le nom donné par Abraham au lieu du sacrifice (יהוה יראה *Deus videbit*[6]); néanmoins il indique qu'à l'époque de Josèphe on attribuait à la sainteté du Moriah une origine antérieure aux travaux de Salomon; et remontant nous-mêmes plus haut dans l'échelle des témoignages

---

1. Genes. XXII, 18, 22, XXXI, 45.
2. Lucien, *de Dea Syria*, 13.
3. Pausanias. X. v, 2; xvii, 3; xxiv, 6, 7. Strabon. IX.
4. Pausanias. I. xxvi, 5.
5. Id. I. xviii, 7.
6. Genes. XXII, 8, 14. II Chr. iii, 1. Josèphe, *Ant. Jud.* XIII, 1. Cf. Gesenius, *hoc verbo*.

PRÉFACE.

historiques, ne pourrions-nous pas déduire de l'apparition de l'ange à David sur l'aire d'Aravna et de la désignation faite par Jéhovah, l'existence d'un culte ancien, qui donnait à ce lieu un caractère particulier de sainteté et le désignait d'avance à l'honneur de porter le saint des saints.

Tout cet ensemble de souvenirs et de traditions se concentre dans la pierre nommée *Eben Schatiyah*, dont nous avons rapidement indiqué les propriétés mystiques; suivant les rabbins, elle était placée dans le saint des saints, et s'élevait de trois doigts au-dessus de terre[1] : c'est sur elle que dans le second Temple, après la disparition de l'arche, le grand prêtre posait l'encensoir quand il pénétrait dans le sanctuaire, le jour des expiations. Ce détail paraît historique, et en lui-même il n'a rien que de très-naturel : la présence d'une dalle de pierre destinée à recevoir l'encensoir s'explique par ce fait, que le sol du saint des saints était recouvert d'un parquet en bois de cèdre sur lequel il eût été imprudent de poser un vase de métal rempli de charbons ardents. La pierre a donc existé : pourquoi n'existerait-elle pas encore? pourquoi ne serait-ce pas cette roche mystérieuse, la Sakhrah, dont la légende offre de si frappantes analogies avec celle de l'*Eben Schatiyah*? le sommet du Moriah consacré par d'anciennes traditions et par un culte antérieur à la construction du Temple, ne pouvait-il, par respect, avoir été laissé à découvert, et surgir du sol au milieu du saint des saints, comme il s'élève aujourd'hui même au milieu de la mosquée musulmane, comme le rocher de Neptune se voyait autrefois dans le sol de l'Érechthéion d'Athènes[2]? Le docteur Sepp, qui le premier a fait ressortir l'importance de ces rapprochements[3], penchait pour l'affirmative et considérait la *roche sacrée* des musulmans comme la *pierre fondamentale* des Juifs. De mon côté, j'étais disposé à la même conclusion, et je faisais des vœux pour qu'elle fût confirmée par l'étude des localités. Avec quel respect n'aurais-je pas touché cette pierre, si en effet elle avait appartenu au saint des saints, s'il m'eût été prouvé que sa surface vénérable avait porté l'arche d'alliance, les tables du Sinaï, le gage matériel des promesses éternelles! Malheureusement, cette conjecture n'a pas résisté à l'examen des lieux; les considérations topographiques qui seront développées dans la suite de ce travail ont démontré qu'elle était inexacte. D'une part, la Sakhrah est trop au sud; de l'autre, elle n'est pas assez haute, car elle ne s'élève que de sept mètres au-dessus de la partie la plus basse de la plate-forme du Haram, et le saint des saints était à vingt-deux coudées ou plus de dix mètres au-dessus du grand parvis : enfin le système des canaux souterrains qui la traversent se rattache au service de l'autel des holocaustes, situé à *l'extérieur* du Temple, devant la façade orientale.

L'identification de la Sakhrah, sommet naturel de la montagne, avec l'*Eben Schatiyah*, simple dalle posée sur le parquet du Temple, ne me paraît donc pas soutenable. Telle n'était pourtant pas l'opinion des rabbins du IIIe et du IVe siècle : pour eux l'identification était complète, et c'est leur croyance, transmise aux premiers musulmans, qui a déterminé la construction de la mosquée d'Omar. Leur erreur s'explique facilement. Après la destruction complète du Temple, et la disparition même de ses ruines, quand il ne restait plus pierre sur pierre pour fixer dans le souvenir des hommes l'emplacement précis du sanctuaire, quand le sommet rocheux du Moriah, dépouillé de son antique parure, dépassait seul le niveau de la plate-forme, ce point culminant, cette pierre saillante, portant

---

1. Buxtorf (*Lex. Chald. et Rabbin.*, hoc verbo) donne les principales sources de ces traditions. D'après le *Tholedoth Jeschu*, histoire apocryphe de Jésus, écrite en hébreu vers le IIIe siècle, c'est en s'introduisant dans le saint des saints par des moyens magiques et en copiant le Nom ineffable inscrit sur le *Eben Schatiyah* que le Christ acquit une puissance surnaturelle et le don des miracles. (Brunet, *Évangiles apocryphes*, p. 384.)

2. Boulé, *Acropole d'Athènes*, II, 230, 251.

3. *Jerusalem und das Heilige Land*, I, 90 et suiv.

la trace évidente du travail antique, attirant seule les regards des pèlerins, fut bientôt considérée par eux comme un débris du saint des saints; c'est à elle que s'attachèrent toutes les traditions du Temple, traditions défigurées par la distance et par les subtilités de l'école rabbinique : tous les souvenirs, toutes les fables dont la *pierre fondamentale* était l'objet se groupèrent autour de cette pierre : un culte positif s'organisa ; des cérémonies annuelles réunirent dès le IVe siècle autour du saint rocher les derniers débris du peuple d'Israël venant mêler les sublimes accents de Jérémie aux ridicules divagations de l'imagination orientale. Ainsi se fonda et se continua la croyance à la *pierre fondamentale*; elle naquit d'un mélange d'erreur et de vérité, et se transmit avec le culte des souvenirs. Quand les musulmans prirent Jérusalem, se donnant comme les continuateurs de l'œuvre de Moïse et de Salomon, ils n'eurent garde de laisser de côté le seul point qui au milieu de la ville chrétienne conservât la tradition des époques hébraïques : ils se substituèrent aux Juifs, non-seulement dans le culte extérieur rendu à la pierre sacrée, mais dans la croyance aux mythes dont elle était le centre. Dans les fables recueillies par Djelal-ed-Din, Medjr-ed-Din et les autres historiens de la Sakhrah, on retrouve à côté des traditions relatives à Abraham, à Jacob, à Moïse même, les détails particuliers au cycle de l'*Eben Schatiyah* : c'est-à-dire la suspension de la pierre au-dessus de l'abîme et des flots d'une source mystique, l'association des idées de fondation, d'origine et de fin de toutes choses : « Tu es mon trône, dit le Dieu de l'Islam à la Sakhrah, tu es près de moi, tu es le fondement sur lequel j'ai élevé les cieux, et sous lequel j'ai étendu la terre... Sur toi se rassembleront tous les enfants des hommes, de toi ils surgiront de la mort. » (Djelal-ed-Din, III.) On retrouve dans ces récits toutes les idées et jusqu'aux expressions des auteurs rabbiniques; tels les lévites du Temple les racontaient aux pèlerins d'autrefois, tels les gardiens musulmans du Haram les exposent aux voyageurs d'aujourd'hui. Cette continuité de traditions, dont l'origine remonte aux premiers âges du monde et dont la transmission se prolonge sous nos yeux, est certainement un des faits les plus frappants qui puissent s'offrir à nos méditations : et sans crainte d'être accusés d'un mysticisme exagéré, ne pouvons-nous reconnaître sous la légende un profond enseignement? Cette pierre fondamentale que l'imagination orientale associe à la création, à la chute, à la régénération dernière de l'humanité, et qu'elle place dans le sanctuaire de Jérusalem, ne nous apparaît-elle pas comme la figure de la pierre fondamentale de nos croyances? Ne pouvons-nous reconnaître dans les phases de son histoire les grands traits de l'histoire de la révélation divine : la mission du peuple juif, mission reconnue par ceux-là mêmes qui en nient la seule explication raisonnable; le temple de Jérusalem, signe extérieur de cette mission; le dépôt de la vérité placé dans le saint des saints près de l'arche et des tables de la loi, arraché du sanctuaire par Jésus, qui ne laisse aux juifs et aux musulmans qu'un vain symbole, thème impuissant de rêveries vides de sens, tandis que sur la pierre véritable se bâtit l'Église et se fondent ses destinées éternelles.

On conçoit dès lors l'intérêt qui s'attache au mont Moriah, au Temple, à ses ruines et même aux monuments qui lui ont succédé et ont continué la tradition de ce lieu : on s'explique les efforts des exégètes pour reconstruire par la pensée le monument primordial, les efforts des voyageurs pour pénétrer le mystère qui depuis plusieurs siècles plane sur ses ruines. Au moyen âge les essais furent assez stériles : la critique monumentale ne pouvait pas exister à une époque d'expansion spontanée et féconde : les peuples riches de leur propre fonds n'ont ni le temps ni les dispositions nécessaires pour étudier, connaître et classer les productions des autres âges : aussi, quand à la suite des croisades et de la fondation de l'ordre du Temple, l'attention eut été appelée sur l'œuvre de Salomon, ce fut toujours à travers la forme de la mosquée d'Omar qu'elle apparut aux architectes et aux poëtes : les *Temples* que les chevaliers-moines font bâtir dans leurs possessions d'Europe sont des édifices octogonaux ou circulaires, construits à l'imitation du Qoubbet-es-Sakhrah ; le temple du Saint-Graal, conception poétique dans laquelle se confondent les souvenirs de la Bible et les exemples des Templiers[1], est une image de la mosquée, amplifiée par l'imagination et le symbolisme : la forme circulaire, les colonnes intérieures, les mosaïques, les vitraux, et jusqu'au rocher central, tout s'y trouve; seulement la pierre, le bois et le verre sont devenus marbre, airain, saphir, la roche s'est transformée en un brillant onyx, dont la base est entourée d'une mer de cristal dans laquelle se jouent des poissons d'agate, lointain reflet des traditions diluviennes de l'*Eben Schatiyah*.

Avec le XVIe siècle commence une ère plus sérieuse ; mais elle ne fut guère plus heureuse dans ses conjectures : le premier grand travail d'ensemble qui mérite alors quelque attention est celui du père Villalpand, immense recueil plein d'une vaste érudition dépensée en pure perte : les connaissances littéraires les plus étendues et les plus variées, les rapprochements les plus ingénieux ne peuvent suppléer à l'absence totale du sentiment de l'esthétique historique, et à l'ignorance des anciennes formes de l'art architectural. A l'époque où écrivait le savant jésuite, l'antiquité monumentale n'était connue que par les débris de la Rome impériale et par les écrits de Vitruve : non-seulement l'Égypte et l'Assyrie étaient à découvrir, mais la Grèce elle-même était lettre close : aussi tous les efforts de l'auteur tendent à retrouver dans le temple de Salomon les prescriptions de Vitruve, et à prouver, à grand renfort de citations, que le Temple était dorique. Encore, si en appliquant cette bizarre hypothèse, il s'était inspiré des monuments doriques primitifs de la Sicile et de la Grande-Grèce, sa restauration, quoique absurde, aurait pourtant eu une physionomie archaïque qui aurait pu offrir à l'esprit l'image d'un édifice très-ancien ; mais non, c'est à Rome qu'il a cherché ses modèles, dans les monuments du siècle d'Auguste, interprétés par les architectes de la renaissance. Le résultat obtenu ne pouvait avoir aucune valeur archéologique. Dans les deux siècles suivants les efforts des commentateurs n'ont pas été mieux dirigés : la profonde érudition des Calmet, des Lamy, très-sûre tant qu'il s'agit de discuter les textes, de retrouver à travers leurs obscurités la description des objets sacrés, devient impuissante lorsqu'il faut donner un corps aux conclusions et échanger la plume contre le crayon ; suivant le goût du jour et le style à la mode, on donnait au temple de Salomon la physionomie extérieure du palais de Versailles ou celle de Saint-Thomas d'Aquin. Le plan de Lightfoot est le meilleur qui ait été fait pendant cette période, mais ce n'est qu'une ébauche ; celui de Hirt[2] est plus étudié, malgré de graves erreurs ; encore a-t-il manqué à ces savants la connaissance du terrain et des ruines existantes, seule base sérieuse de tout essai de restauration.

C'est de nos jours seulement que l'archéologie a trouvé sa véritable voie, qu'elle a placé l'étude intrinsèque des monuments à côté de celle des livres, et qu'elle a, par une critique patiente, déterminé les lois qui régissent les transformations de l'art et la succession des styles. De nombreux voyageurs ont parcouru le monde antique, interrogeant le sol, recherchant les restes du travail de l'homme, et demandant aux monuments la confirmation de l'histoire.

La Palestine, plus que tout autre pays, a été soumise à ce genre d'analyse : l'importance historique et religieuse des événements dont elle a été le théâtre, la place que depuis quinze siècles elle tient dans tous les travaux de l'esprit, expliquent, sans qu'il soit nécessaire d'insister, l'attention dont elle a été l'objet. Les études géographiques, topographiques, archéologiques, appliquées à l'Écriture sainte, ont reçu une direction nouvelle, sous l'impulsion des Seetzen, des

---

1. Sulpiz Boisserée, *Beschreibung des Tempels des H. Grabes*, dans les Mémoires de l'Académie de Munich, 1855, et *Annales archéologiques* de Didron, 1857.
2. *Mémoires de l'Académie des Sciences de Berlin* pour l'année 1816-1817.

PRÉFACE.

Robinson, des Laborde, des Williams, des Saulcy, des Tobler, des Sepp et de tant d'autres que je ne saurais citer ici. La question du Temple a donc été abordée de nouveau et avec ardeur ; mais presque toujours d'une manière incidente et incomplète, sous forme de notes de voyage. Les nouveaux commentateurs avaient sur leurs devanciers l'avantage d'une plus grande connaissance des lieux, mais encore cette connaissance était-elle insuffisante, et se réduisait-elle à l'inspection extérieure des murs du Haram; le seul travail qui ait eu pour objet l'intérieur de l'enceinte, le plan de Catherwood, point de départ de tous les essais tentés jusqu'à présent, ne donnait pas la distinction des constructions d'âges différents et dès lors laissait le champ libre aux conjectures. Aussi les hypothèses les plus variées ont-elles surgi sans nul souci de la topographie et des ruines, chacun façonnant l'enceinte au gré de sa fantaisie et pour le besoin de ses théories; les uns, comme Fergusson, la réduisant à un de ses angles; les autres, comme Robinson, retranchant toute l'extrémité septentrionale : il fallait être entré dans l'intérieur du Haram pour savoir que l'enceinte actuelle est identiquement celle du Temple juif dans sa forme dernière; qu'elle constitue un ensemble homogène, indivisible, avec ses portes, ses fenêtres, ses défenses extérieures, un tout auquel on ne saurait rien ajouter ni rien retrancher, et qu'au centre de cette enceinte parfaitement déterminée, s'élève un monticule naturel que la topographie seule désigne comme l'emplacement du sanctuaire. Or, depuis six ou sept ans, que l'entrée du Haram est permise aux voyageurs européens, il ne s'est trouvé parmi les nombreux visiteurs de la mosquée personne qui ait voulu ou pu s'adonner sérieusement à l'étude de l'enceinte intérieure; cette étude était donc à faire; c'est elle que nous avons entreprise, poursuivie pendant trois mois, et qui a eu pour résultat le volume que j'offre aujourd'hui au jugement du public scientifique.

En réclamant de lui la bienveillante indulgence avec laquelle il a accueilli mes premiers essais, j'appellerai son attention sur les dessins qui accompagnent mon travail, et qui sont la base de mon argumentation. C'est par l'étude du sol et des monuments que j'ai abordé mon sujet, et c'est par ce côté que j'espère avoir donné à ce livre une certaine nouveauté.

J'ai donc accordé peu de place à ce que les Allemands appellent la *littérature*, et que nous nommerions plus volontiers la *bibliographie*, c'est-à-dire à l'exposition et à la discussion des opinions qui ont été exprimées jusqu'à présent : il m'eût été facile de grossir ainsi mon volume, sans grand profit pour le lecteur, ne fût-ce qu'en analysant les nombreuses dissertations qui ont eu pour objet le Temple, son histoire, son importance mystique ou religieuse. J'ai préféré rester sur un terrain plus nouveau et plus personnel : j'ai donc borné mes citations à celles rigoureusement nécessaires pour faire honneur des principales découvertes à leurs auteurs; un certain nombre de faits et d'opinions sont tombés aujourd'hui dans le domaine commun, je les ai supposés connus du lecteur éclairé; enfin, il est des auteurs que je n'aurais pu citer que pour les combattre, et dans ce cas encore, je me suis abstenu. Je ne me sens aucun goût pour la polémique personnelle : sans sortir ici du domaine archéologique, j'estime qu'elle a été plus nuisible qu'utile aux progrès de la science, en séparant les esprits les mieux faits pour s'entendre, en substituant la passion à la recherche patiente de la vérité et en paralysant les efforts du travail en commun, le plus fécond de tous.

Quelque soin que j'aie mis à éviter toute polémique, il m'a été impossible de ne pas contredire quelques-unes des idées émises avant moi : je l'ai fait sans passion, sans mêler de noms propres à la discussion, et laissant la contradiction ressortir du récit. Il est pourtant une opinion que je ne puis passer ici sous silence ; elle tient une trop grande place dans les études bibliques pour que je puisse paraître l'ignorer, et puisque je serai amené à la combattre sur un grand nombre de points, il ne serait digne ni d'elle ni de moi de dissimuler mes contradictions, et de suivre des voies indirectes.

PRÉFACE.

M. de Saulcy d'ailleurs, j'en suis sûr, me saura gré de ma franchise : il sait qu'il a fallu de ma part une conviction bien sincère et bien profonde pour me décider à ne pas le suivre sur un terrain où m'appelaient son expérience et son savoir, avant même que son amitié bienveillante ne m'eût montré le chemin. Il est impossible, en effet, pour peu qu'on jette les yeux sur ce livre, de ne pas s'apercevoir, dès les premières pages, que je me sépare des principales conclusions du savant auteur des *Études sur l'art judaïque*. Je n'ai pu me décider à adopter une théorie qui n'irait à rien moins qu'à bouleverser de fond en comble l'histoire de l'art, et dont la conséquence logique serait de brûler tous les livres d'archéologie écrits depuis cinquante ans : en effet, elle ruine par la base toutes les classifications consacrées, puisqu'elle attribue aux époques les plus reculées des caractères architectoniques considérés jusqu'à présent comme appartenant à la décadence de l'art grec. On conçoit que j'aie été troublé par l'idée d'une révolution aussi radicale, et que je m'en sois tenu modestement à appliquer les enseignements que j'ai reçus : non pas que je ne me sente tout prêt à renoncer à des opinions anciennes, aussitôt qu'elles seront convaincues d'erreur par les progrès de la science, à l'aide d'arguments appuyés sur des preuves positives : encore faut-il que ces preuves soient positives, et on jugera par la suite de ce travail, si, dans le cas qui nous occupe, cette condition est remplie. Quand même on refuserait d'adopter toutes nos conclusions, il est un point qu'on ne saurait contester, c'est que les objections qu'on leur opposera ne pourront pas avoir le caractère d'évidence nécessaire dans de pareilles révolutions : ces objections seront au moins contestables, et cela seul est suffisant pour ajourner leur adoption. En pareille matière, il faut des preuves absolues : pour nous décider à répudier en un jour les leçons de nos maîtres, à dépouiller les Grecs, en faveur des Juifs, du sceptre que l'admiration des savants et des artistes leur a décerné, il faut des monuments d'une date certaine, incontestable, d'une date établie par des documents irrécusables ; il faut autre chose que des traditions vagues, des conjectures quelque ingénieuses, quelque séduisantes qu'elles soient, quelle que soit l'autorité du nom sous lequel elles se produisent.

Je reste donc fidèle à l'opinion reçue, et considère que les règles adoptées pour classer les monuments grecs et romains sont aussi vraies en Palestine qu'en Syrie, en Asie Mineure, en Afrique, en Grèce ou en Italie : que des monuments, qui, partout ailleurs, seraient considérés comme grecs ou gréco-romains, n'ont pas perdu ce caractère par le voisinage de Jérusalem, et qu'enfin des édifices construits à l'aide d'éléments empruntés aux styles dorique, ionique et corinthien, tels que les Grecs les employaient au IIe et au Ier siècle avant notre ère, sont postérieurs à l'invasion grecque, c'est-à-dire à la conquête d'Alexandre : d'où il faut conclure que les tombeaux antiques qui entourent Jérusalem, et les grands soubassements du Temple appartiennent à l'époque hellénique et non à celle des rois de Juda.

Si je réussis à faire partager cette opinion au lecteur, s'ensuit-il nécessairement que j'aie diminué l'intérêt et le respect qui s'attachent à ces ruines vénérables ? Ce résultat serait bien contraire au but que je me propose, et, pour ma part, j'éprouve un sentiment bien opposé. Je me sens plus touché par la certitude que par l'hypothèse, par l'histoire que par la légende. Troublé par les difficultés que je trouvais à l'adoption d'une date plus reculée, je pouvais être amené à douter de tout le système : ne reconnaissant pas la main de Salomon dans les formes architecturales, je pouvais refuser de reconnaître le Temple lui-même dans l'ensemble auquel elles appartiennent ; mais aujourd'hui qu'à mes yeux l'enceinte du temple d'Hérode est bien caractérisée, l'emplacement du temple de Salomon se trouve démontré, car nous savons que l'un a succédé à l'autre, dans le même lieu, et l'émotion que m'inspire la majesté des souvenirs grandit de tout le respect de ma raison satisfaite. Et, d'ailleurs, si ces blocs ne sont pas contemporains de la fondation première, ils ont vu assez de grandes choses pour mériter notre vénération : ils ont vu l'accomplissement des destinées du peuple juif, entendu la prédication de

Jésus-Christ, souffert les terribles assauts de Titus. Or, en partant des débris qui subsistent encore, nous arriverons à restaurer mathématiquement le théâtre de ces événements; entrant par ces portes que nous décrirons, gravissant ces rampes dont nous mesurerons l'inclinaison, franchissant ce pont dont nous calculerons la hauteur, nous arriverons à la plate-forme, c'est-à-dire au premier parvis, que nous entourerons par la pensée des portiques fréquentés par Jésus-Christ, — puis, suivant la configuration du rocher, nous gagnerons la seconde plate-forme, c'est-à-dire le parvis intérieur où nous monterons avec les prêtres de l'ancienne loi et les apôtres de la nouvelle, — enfin, continuant à monter, toujours guidés par la forme du rocher et les empreintes qu'il a gardées, nous atteindrons le point culminant du mont Moriah, noyau évident du sanctuaire d'Hérode, comme du sanctuaire de Zorobabel et de Salomon, centre matériel de tout ce grand ensemble architectural, centre mystique de l'ancienne loi, ayant partout sur notre route fait parler les pierres et le rocher lui-même pour témoigner en faveur du caractère historique de nos plus chères traditions.

J'ai nommé nos traditions religieuses : c'est qu'en effet le principal intérêt des ruines de Jérusalem est d'être le commentaire matériel des récits bibliques. Quoique le point de vue purement religieux ait dû être laissé de côté dans le livre qui va suivre, pourtant il n'est pas resté étranger à ma pensée et domine ce travail. D'autres l'ont traité avec une autorité à laquelle je ne saurais prétendre, et je me suis renfermé dans le cercle plus modeste, mais plus nouveau, des recherches archéologiques. C'est, me dira-t-on peut-être, le petit côté des choses saintes : à cela je répondrai qu'il n'y a plus de petit côté aujourd'hui dans les sciences historiques; les plus petits faits ont leur importance, à une époque où la critique s'attaque à tout, aux détails comme à l'ensemble. Nous assistons de nos jours à un spectacle étrange : la grande ardeur de savoir se joint à l'ignorance des conditions de la vraie science; à force de vouloir atteindre une certitude qui nous est refusée, on a compromis les bases mêmes de la certitude; un réalisme brutal a envahi non-seulement le domaine de l'art, mais celui de la pensée, et contre l'attente de ses adeptes il les a éloignés du but qu'ils voulaient atteindre. Retournant la proposition de Descartes, ils ont déclaré la réalité des faits matériels supérieure à celle de la pensée humaine, et voilà que les faits leur échappent les laissant en face de l'incertitude absolue, en face du doute et de ses conséquences pratiques. C'est que les faits sont un guide insuffisant et dangereux quand, pour pénétrer leur sens intime et comprendre leur enchaînement, on n'est pas conduit par une croyance supérieure; mais lorsqu'ils sont étudiés à la lumière du flambeau divin, les faits sont de puissants auxiliaires de la vérité, et puisque c'est sur ce terrain que la critique moderne porte la discussion, la science chrétienne doit l'aborder : c'est ici que l'archéologie trouve son rôle, car elle est la science des faits et des détails, elle prépare et contrôle les éléments dont se compose l'histoire, et considérée de ce point de vue élevé elle acquiert son utilité et sa grandeur. Qui pourrait ne pas reconnaître les services rendus à la cause de la vérité par la science des Champollion, des Raoul-Rochette, des Lenormant, des de Rossi? Sans prétendre me comparer à ces maîtres illustres, osant à peine me dire leur élève, je voudrais apporter une pierre à l'édifice dont ils ont jeté les fondements; je serais récompensé bien au delà de mes peines si je pouvais espérer avoir atteint ce but, et si j'avais contribué à arrêter, ne fût-ce que dans une seule âme, le progrès de ces théories désolantes qui enlèvent sa dernière satisfaction à l'esprit qui cherche, au cœur qui souffre sa dernière espérance.

Juin 1864.

LE TEMPLE

DE JÉRUSALEM

CHAPITRE I.

DESCRIPTION GÉNÉRALE DU HARAM-ECH-CHÉRIF.

La ville de Jérusalem est bâtie sur un plateau rocailleux qu'entourent de profondes vallées : un large ravin la traverse en se dirigeant du nord au sud; il isole, à l'angle sud-est, un contre-fort escarpé dont la crête aplanie porte une vaste enceinte : une haute terrasse en dessine le contour; elle trace au sommet des pentes naturelles une ligne droite et ferme, au-dessus de laquelle se profilent les silhouettes élégantes ou bizarres des coupoles, des minarets, des cyprès, que domine de sa masse tranquille et brillante le dôme de la mosquée d'Omar.

Cette enceinte, si fièrement assise, est le Haram-ech-Chérif, ou « Noble Sanctuaire ».

Ce contre-fort escarpé est le Moriah de la Bible, la colline choisie par David pour y élever le temple de Jéhovah : le Haram est l'enceinte même du Temple. Sur ce point, la tradition est d'accord avec la science, et je crois inutile de reproduire une démonstration faite et acceptée depuis longtemps.

L'espace occupé par le Haram est une plate-forme en grande partie artificielle. Mais la forme primitive du terrain est très-facile à déterminer, ainsi que l'on pourra s'en assurer en consultant le plan de la planche I et les deux profils qui l'accompagnent.

Le mont Moriah, nous l'avons dit, est la croupe extrême d'un long contre-fort qui court du nord au sud. Le point culminant de ce contre-fort est situé en dehors de la ville moderne, au sommet de la masse de rochers sous laquelle est taillée la carrière antique connue sous le nom de « Grotte de Jérémie ». De ce point, la crête naturelle se dirige vers l'angle nord-ouest du Haram; là, elle s'infléchit légèrement à droite, et, passant par la Sakhrah, se perd dans la vallée de Siloam. De chaque côté de cette crête, le terrain se courbe et forme un dos d'âne sensiblement régulier, compris entre le Tyropœon à l'ouest et la vallée de Josaphat à l'est. Du nord au sud, le profil est plus accidenté : de la « Grotte de Jérémie » à l'angle du Haram, la pente est sensiblement régulière et n'est interrompue que par des tranchées artificielles faites de main d'homme ; à partir du point B, le terrain se relève pour former un petit mamelon dont la roche Sakhrah est le sommet, puis redescend brusquement dans la vallée [1].

Une dépression secondaire, et de peu de profondeur, part également de la « Grotte de Jérémie », et, tournant vers l'est, vient déboucher au point G dans la vallée du Cédron. L'extrémité de ce petit ravin est aujourd'hui comblée par le barrage du réservoir nommé Birket-Israil ; mais, à l'extérieur de la ville, un pli de terrain, encore sensible malgré l'accumulation des décombres, a conservé le souvenir de l'ancienne disposition naturelle.

Le sol se compose d'un massif de calcaire crayeux à peine recouvert d'une légère couche de terre. La roche est blanche, d'un grain serré, veinée de rouge par des oxydes de fer, facile à tailler, et disposée en lits d'une grande épaisseur. Aussi, dès les temps les plus reculés, a-t-elle été utilisée comme pierre à bâtir. De vastes carrières sillonnent l'intérieur du massif : la plus grande est celle qui est connue sous le nom de Mogharet-el-Kettân [2] et qui s'ouvre en face de la « Grotte de Jérémie » ; elle s'étend sous toute la partie septentrionale du contre-fort.

Pour faire une plate-forme nivelée avec ces éléments, il a fallu nécessairement des ouvrages d'art. A l'est et à l'ouest, c'était chose facile : il a suffi de construire deux murs parallèles et de remplir de terre l'intervalle laissé entre les murs et l'escarpement du sol. Au nord et au sud, à cause de la pente du terrain, il a fallu abaisser un côté et relever l'autre. Tout l'espace AB a été déblayé : de telle sorte que l'angle nord-ouest est évidé dans le roc, et que sur ce point la cour se trouve fermée par une muraille naturelle, dont la face nord n'a pas moins de 8 mètres de hauteur. Au sud, au contraire, on a disposé un sol artificiel soutenu par tout un système de substructions voûtées qui occupe tout le quadrilatère $CDEF$.

La plate-forme ainsi obtenue est sensiblement horizontale, excepté dans l'angle A, qui n'a pas été déblayé assez profondément. Le niveau général adopté pour l'ensemble du parvis n'est pas celui du point culminant O ou roche Sakhrah ; ce choix eût entraîné trop loin, et nécessité des remblais trop considérables : on prit une ligne située quelques mètres plus bas, et au lieu de faire disparaître le mamelon central, on en fit le noyau d'une seconde plate-forme, qui, dans sa forme actuelle, est parfaitement horizontale et s'élève de 5 mètres en moyenne au-dessus de la première. On y parvient maintenant par une série de perrons p, dont la hauteur varie suivant les inégalités du parvis inférieur. Ce terre-plein supérieur porte aujourd'hui la célèbre rotonde improprement nommée Mosquée d'Omar, et que nous désignerons désormais sous son véritable nom de *Qoubbet-es-Sakhrah*, ou *Coupole de la Roche*.

Par suite de ce travail d'aplanissement, trois côtés du Haram se trouvent soutenus par des terrasses de hauteur inégale ; la plus grande élévation est à l'angle sud-est, où elle atteint 14 mètres.

---

1. Voir le profil xx de la planche XXXVI.
2. Ce sont les « cavernes royales » de Josèphe. La pierre qu'on en tire porte encore dans le pays le nom de *Malakiyeh* ou *Royale*.

DESCRIPTION DU HARAM-ECH-CHÉRIF.

Le quatrième côté est le seul accessible de plain-pied. Pour parer à cet inconvénient résultant de la nature des lieux, et pour compléter le système de défense, on creusa une large et profonde tranchée qui, épousant la forme du terrain et suivant le contour des fortifications, achevait d'isoler complétement l'enceinte. Une partie de ce travail gigantesque subsiste encore, et son tracé peut se déterminer avec exactitude.

Au nord-est, on avait utilisé le pli de terrain qui, partant de la « Grotte de Jérémie », venait déboucher dans la vallée du Cédron. En creusant et régularisant l'extrémité de ce ravin naturel, on avait obtenu un grand fossé dont une partie, transformée plus tard en piscine, porte improprement le nom de Piscine Probatique: dans sa forme actuelle, et malgré les immondices qui s'y accumulent depuis des siècles, ce réservoir a 32 mètres de largeur sur 20 de profondeur: on peut juger par là des dimensions colossales de l'ouvrage primitif: à son extrémité occidentale le fossé faisait un coude, afin de contourner le rocher qui surplombe l'angle de l'enceinte; un fragment de la contrescarpe est encore visible au point H; cette contrescarpe, taillée dans le roc vif, a été récemment mise à découvert, sur une longueur de plus de 30 mètres et une hauteur de plus de 4 mètres, par les travaux de déblayement exécutés dans l'intérieur du couvent des Dames de Sion. Une triangulation faite avec grand soin par M. Mauss, architecte du gouvernement français, a démontré que cette face taillée est exactement parallèle à la ligne AG ou escarpe du fossé, et a indiqué sa véritable destination. En ce point, le fossé traversait la crête rocheuse que nous avons décrite: il n'avait pas la même profondeur qu'à l'extrémité nord-est, la nature du sol s'y opposait: il laissait subsister le massif escarpé qui occupe et domine l'angle nord-ouest du Haram, mais il suffisait pour isoler complétement les ouvrages défensifs élevés sur ce massif. Tout l'intervalle Hm est aujourd'hui comblé et couvert de maisons, sauf les deux espaces m qui furent voûtés et transformés en canaux souterrains, lors de l'appropriation de la piscine.

Ainsi, un grand quadrilatère déblayé au nord, soutenu au sud par des substructions voûtées, entouré de trois côtés par des terrasses, et du quatrième côté par un large fossé: tel est l'ensemble parfaitement homogène et déterminé du Haram-ech-Chérif; tel à peu près il a existé depuis de longs siècles, car les destructions et réédifications successives ont peu altéré le plan primitif. Malgré les changements politiques et religieux dont il a été le théâtre, malgré le rôle important qu'il a joué dans l'histoire et les manifestations extérieures des cultes les plus opposés, ses grandes lignes ont été peu modifiées; elles ont conservé et transmis jusqu'à nous les données principales de sa forme première. Et pourtant, l'histoire de ce sanctuaire est écrite en traits de sang et de flamme; c'est par les massacres, les incendies, les destructions, que se classent les grandes périodes de ses destinées, et nulle part la fureur de détruire ne s'est exercée avec plus de violence: tour à tour Juifs, Assyriens, Grecs, Romains, Chrétiens, Musulmans, ont couvert le sol de ruines, et rebâti sur des débris.

La trace d'une partie de ces révolutions se voit encore sur les murs extérieurs de l'enceinte. En effet, lorsque la démolition n'avait pas été radicale, les fragments restés en place servaient de base aux murs nouveaux, et les assises nouvelles venaient se superposer aux assises anciennes, comme les couches successives des terrains géologiques, suivant un ordre de stratification chronologique. Le classement des assises et la connaissance de la loi de leur superposition suffisent donc pour indiquer l'âge relatif de chaque système d'enceinte; leur âge réel nous sera donné par l'étude des caractères intrinsèques de la construction, et par les concordances historiques. Nous allons rapidement passer en revue et définir chaque système, réservant pour un autre chapitre l'exposé des considérations historiques.

MURS D'ENCEINTE.

Le principal caractère des murs de soutènement est l'*appareil* ; nous commencerons donc par décrire les divers appareils de l'enceinte, puis nous nous occuperons des *formes* architecturales qui accompagnent chaque système.

Le plus ancien, par sa situation, de tous les appareils visibles, est en même temps le plus grand ; en voici la description :

Les pierres qui le composent sont de dimensions très-grandes, mais variables ; les assises diminuent de hauteur à mesure que l'on s'éloigne du sol ; la plus haute a 1^m,90 et se trouve au pied du mur ; la plus étroite a 1 mètre à peine. La longueur des blocs est encore plus variable, et va depuis 7 mètres jusqu'à 0^m,80 ; un seul a 12 mètres de long et se trouve dans l'angle sud-ouest. C'est aux angles que sont réunies les pierres les plus grosses ; dans les angles aussi et dans les portions en terrasse, qui ont à supporter un effort considérable, les assises sont posées en retraite les unes sur les autres : ce *fruit* n'excède pas 5 centimètres ; il n'existe pas là où le mur n'a pas de terres ou de voûtes intérieures à supporter.

Chaque pierre est dressée avec le plus grand soin sur toutes ses faces, posée à joints vifs, sans mortier. Un grand nombre sont placées en délit ; cela tient à la nature des couches de calcaire d'où elles ont été extraites. Les carrières qui les ont fournies sont encore visibles ; ce sont les immenses excavations, ou *cavernes royales*, qui s'étendent sous le quartier nord de la ville, et que nous avons déjà signalées. On y rencontre un banc d'une très-grande épaisseur,

1. — Carrières antiques.

dont les faces horizontales sont trop écartées pour pouvoir servir de lits d'assise ; il était alors plus facile de détacher les pierres au moyen de longues sections verticales, éloignées l'une de l'autre d'une distance égale à la hauteur adoptée pour les assises : la figure ci-jointe fera comprendre la nature de ce travail, dont on trouve de nombreux exemples dans les « cavernes royales » et tout autour de Jérusalem. Je signalerai particulièrement sur la route de Bethléhem une carrière antique abandonnée en pleine exploitation, et qui offre une série de blocs séparés par des rainures verticales et ne tenant plus au rocher que par leur face postérieure.

Le calcaire crayeux qui compose ces bancs est, nous l'avons dit, blanc, compacte, très-tendre en sortant de la carrière, mais durcissant à l'air ; il donne de très-solides matériaux à la condition que l'on écarte les blocs qui renferment des veines plus tendres. Cette précaution a été négligée dans la construction des soubassements du Temple ; aussi les pierres offrent-elles des aspects très-divers : les unes, rongées par les hivers humides et froids de Jérusalem, semblent d'une immense antiquité; les autres, au contraire, sont parfaitement conservées et paraîtraient neuves si le temps n'avait doré leur surface.

On voit, d'après ce qui précède, qu'il n'y a aucune induction chronologique à tirer de l'état plus ou moins délité des pierres, et qu'il faut, pour les dater, avoir recours à des caractères archéologiques mieux déterminés ; de ce nombre sont les *refends* qui décorent le nu extérieur du mur. On sait que les architectes désignent sous ce nom une rainure peu profonde qui, encadrant chaque pierre, accuse les lits et joints, et rompt à l'œil l'uniformité d'une paroi.

Le grand appareil que nous décrivons est à refends : les rainures ont une largeur moyenne de 15 centimètres sur 2 1/2 de profondeur; en voici le profil.

2. — Refend du grand appareil.

Chaque pierre porte donc une *table* peu saillante, layée avec le plus grand soin sur toute sa surface, et entourée en outre d'une *ciselure*, bande sans profondeur qui a servi à régler le travail de l'ouvrier. La *ciselure* et le *refend* constituent autour de chaque pierre un double encadrement[1].

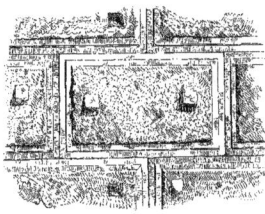 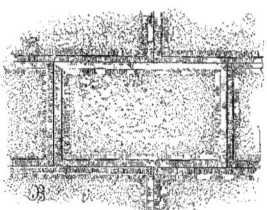

3. — Grand appareil ébauché.   4. — Grand appareil achevé.

La manière dont le travail était conduit nous est indiquée par la tour dite « de David » (Phasaël de Josèphe), où le même appareil se rencontre, mais inachevé. Le *refend* est terminé : il se faisait sur le chantier; la *ciselure* n'est que commencée et le champ de la pierre, qui devait être abattu sur place, est resté brut, laissant encore voir les trous qui servaient à la manœuvre et que le ravalement devait faire disparaître. Le ravalement de l'enceinte du Temple a été entièrement terminé ; mais on a laissé de place en place, je ne sais pour quelle cause, des tenons saillants[2].

---

1. Le grand appareil du Temple est donc à *refends et ciselures*, et non à *bossage* comme on l'a généralement dit. Le *refend* est un simple motif de décoration; le *bossage* est, à proprement parler, un moyen rapide et économique d'appareiller un mur, en laissant brut le champ de la pierre et en ne layant que les bords. Ce procédé a été employé de tout temps par les Grecs, les Romains, les gothiques, les Arabes, les Florentins, — jamais par les Égyptiens. Il a surtout été appliqué aux constructions qui devaient avoir un aspect sévère et offrir à l'esprit une idée de force et de résistance, telles que soubassements, murs de soutènement, d'enceinte ou de fortifications. Parmi les édifices grecs où il se rencontre, je citerai particulièrement le soubassement du temple d'Agrigente, celui du monument chorégique de Lysicrate, et les murs de la ville de Messène. Le *bossage* est devenu plus tard un ornement, mais sans perdre son caractère principal qui est une *forte saillie* : le *refend* n'a jamais été qu'un ornement, son caractère principal est son *peu de profondeur*.

2. Le même fait se retrouve à l'enceinte d'Hébron, qui est du même temps et du même appareil. (Voir l'Appendice.)

La forme des outils est indiquée par les traces qu'ils ont laissées sur la pierre. La ciselure a été faite à l'aide d'un ciseau qui avait huit dents par 2 centimètres; le refend et le champ de la table ont été polis au moyen d'un instrument plat à dents, dans le genre de la boucharde moderne, qui a produit un travail croisé très-serré et très-lisse.

L'appareil que nous venons de décrire possède un caractère parfaitement tranché, qui distingue de tous les autres le système de construction auquel il appartient. La confusion n'est pas possible : il suffit donc de constater sur quels points du Haram se rencontre cet appareil pour déterminer le tracé de l'enceinte à l'époque du premier système. C'est ce que j'ai fait sans peine : le plan (planche I) montre teintées en noir toutes les portions du mur d'enceinte dont les assises inférieures sont bâties en grand appareil. C'est d'abord l'angle nord-est, sorte de tour saillante qui offre encore onze assises primitives, puis toute la face sud avec les extrémités des faces adjacentes.

L'angle sud-est est particulièrement imposant (planche II). Quinze assises sont encore en place et, depuis longtemps, font l'admiration des voyageurs par l'aspect majestueux de leur masse tranquille assise au bord du précipice, par leur silhouette pittoresque, qui profile sur le ciel ses dentelures découpées par la main du temps. Le morceau le mieux conservé est le Heit-el-Maghreby ou « mur occidental » (E, planche I et planche III). Là, chaque vendredi, les Juifs viennent pleurer sur les ruines de leur temple et de leurs rêves, et demandent au Dieu d'Israël le messie temporel qu'ils s'obstinent à attendre. La photographie et mieux encore le crayon d'un de nos meilleurs artistes ont popularisé ce pan de mur et la scène touchante dont il est l'objet. Non loin de ce point, à 12 mètres de l'angle sud-ouest, sont les célèbres arrachements du pont qui joignait autrefois le Temple à la ville : ils appartiennent au premier système, à celui du grand appareil à refends, et font corps avec lui. Le sommier de l'arc se relie avec les assises adjacentes par des *harpes* prises dans la masse des voussoirs (planche II).

Les fragments de ce premier système occupant trois des angles du Haram, et la muraille de rocher qui forme le quatrième étant exactement dans le prolongement de la face nord de l'angle nord-est, il en résulte évidemment qu'à l'époque où il fut construit l'enceinte avait exactement le contour du Haram moderne. Ce premier système nous représente donc le péribole du temple antique dans son tracé complet et définitif : c'est lui qui a imprimé au sommet du mont Moriah cette forme particulière qui s'est transmise jusqu'à nous à travers les âges et les révolutions.

Le système suivant, par ordre de superposition, se caractérise par un grand appareil assez semblable à l'appareil romain, formé de pierres lisses sans refends ni bossages, posées à joints vifs par assises de 1 mètre en moyenne ; la surface extérieure est layée avec le plus grand soin à l'aide d'un ciseau à dents fines et serrées. Tout le distingue de l'appareil précédent, jusqu'au *fruit* qui, dans les terrasses, est plus accusé et varie de $0^m,04$ à $0^m,13$. La teinte grise du plan indique les points où il se rencontre, excepté de C en E, où il se superpose exactement aux assises du système primitif[1]. On voit qu'il occupe la face occidentale et la face méridionale jusqu'au point L ; on ne le rencontre ni au nord, ni dans la seconde moitié de la face sud, ni dans la terrasse orientale, si ce n'est à la Porte Dorée, petit monument isolé et indépendant. Il se concentre donc exclusivement dans l'angle sud-ouest : la partie la mieux conservée est la terrasse CL, qui supporte la mosquée El-Aksa et la mosquée d'Ahoubekr, magnifique pan de mur formé de huit assises, et au pied duquel sont encastrés les quelques blocs conservés du système précédent.

---

1. La planche III, fig. 3, montre les deux appareils superposés et séparés par la ligne m n.

DESCRIPTION DU HARAM-ECH-CHÉRIF.

Les systèmes suivants ne méritent pas qu'on les décrive en détail; ils sont relativement modernes et appartiennent à toutes les époques, principalement à l'époque arabe : partout ils couronnent les deux systèmes que nous avons décrits, et sur la face orientale, de I en F, ils s'élèvent seuls au-dessus du sol. Des fouilles pourraient décider si, comme cela est probable, ils s'appuient en ce point sur des fondations antiques. Cette terrasse orientale est particulièrement grossière; c'est un assemblage informe de pierres de toute provenance, disposées sans méthode et dans des alignements divers. Parmi ces matériaux hétérogènes se trouvent de gros blocs dont la surface extérieure porte un bossage irrégulier et très-saillant. Peut-être appartiennent-ils à une époque très-reculée, peut-être au contraire sont-ils très-modernes; c'est ce qu'il est impossible de décider *à priori*, car le bossage à lui seul n'est pas un caractère chronologique : de tout temps, il a été employé dans les murs de soutènement et de défense. Les Croisés et les Sarrasins en ont fait grand usage. Toutes les forteresses arabes du XIII° siècle sont construites avec des blocs semblables; je citerai particulièrement le château de Bostra, magnifique monument élevé par les Ayoubites sur un théâtre romain, et tout entier en pierres à bossage. Je me rappelle avoir mesuré au sommet d'une des tours une de ces pierres qui n'avait pas moins de 5 mètres de long, et l'on ne saurait douter qu'elle ait reçu sa forme particulière au moment même de la construction du fort, car nous avons trouvé, employées dans les murs, des pierres funéraires romaines dont l'inscription avait été tronquée par la taille du bossage. Ainsi, jusqu'à preuve du contraire, je tiendrai pour moderne toute la face orientale FI; la plus grande partie de cette terrasse appartient au moyen âge arabe : on voit dans le mur, au point J, une inscription koufique du x° siècle, qui est encore à sa place primitive.

Après ce rapide coup d'œil donné aux murs du Haram, pénétrons dans l'intérieur de l'enceinte; et d'abord arrêtons-nous aux portes, c'est-à-dire à celles qui offrent un intérêt archéologique.

PORTES.

Les seules portes antiques, conservées en tout ou en partie, se trouvent dans les portions du mur qui sont en terrasse : elles sont donc souterraines par rapport à la plate-forme; leur seuil est au niveau du sol extérieur ancien, et dans leur disposition primitive elles donnaient accès à des rampes inclinées au moyen desquelles on atteignait la surface des parvis intérieurs. Cette remarque est générale et s'applique à toutes les entrées que nous allons décrire.

Celle dont nous nous occuperons la première est située à l'ouest, à quelques pas du mur des lamentations des Juifs, sous la porte dite Bab-el-Maghreby; elle est à moitié obstruée par la chaussée qui conduit à cette entrée moderne. On voit, à l'extérieur, en pénétrant, sous bonne escorte, dans la cabane d'un des nègres fanatiques attachés au service de la mosquée, et à l'intérieur, en descendant, à travers les dépendances de la mosquée des Maugrabins, dans la salle souterraine consacrée au souvenir de la jument El-Borak, la célèbre monture du Prophète[1]. La planche III donne le plan, la coupe et les élévations de cette porte que nous nommerons la *Porte occidentale*. La baie extérieure, couronnée par un grand linteau monolithe de 5 mètres, est d'un beau caractère; elle appartient au premier système. Le linteau est layé et encadré comme les grandes assises à refends qui le soutiennent et l'entourent. Immédiatement au-dessus commencent les assises lisses du deuxième système. La ligne mn indique la limite des deux appareils. L'intérieur a été totalement refait à l'époque du deuxième

---

1. L'anneau de fer que notre gravure représente encastré dans la muraille latérale est celui auquel, suivant les ciceroni musulmans, le prophète aurait attaché sa jument El-Borak dans la fameuse nuit de son voyage céleste.

système. On a plaqué contre le gros linteau *A* un second linteau *B* appareillé, puis on a bandé un arc surbaissé qui supporte le mur de terrasse; en avant, on a construit une galerie voûtée en berceau, interrompue aujourd'hui par un mur de refend, mais qui s'étend bien au delà, et fait partie d'un système de substructions qui occupe tout l'angle sud-ouest du Haram.

Deux portes s'ouvrent dans la face méridionale : nous les désignerons par le nom de *Porte Double* et *Porte Triple*, à cause du nombre de leurs baies.

La première est située à l'angle du mur du jardin de la mosquée El-Aksa et du soubassement (*L*, planche I) : c'est la mieux conservée de toutes. Quoique restaurée et refaite en certaines parties, elle donne une idée très-exacte de ce qu'étaient autrefois les entrées souterraines du Temple de Jérusalem; elle mérite donc que nous la décrivions en grand détail.

Elle se compose de deux baies donnant dans un grand vestibule dont les voûtes sont portées par une grosse colonne centrale[1]; à ce vestibule aboutissent deux rampes parallèles séparées par un rang de piliers, et qui conduisent à la plate-forme supérieure. L'ensemble de cette disposition est reproduit en plan sur la planche XIII, et en coupe planche XXXI. Les planches IV, V, VI donnent les détails intérieurs et extérieurs.

La porte primitive, celle qui fait corps avec le premier système, se compose de deux jambages simples et d'un trumeau intermédiaire, appareillés comme le reste, et supportant deux linteaux semblables à ceux de la porte occidentale, c'est-à-dire monolithes et encadrés par une ciselure (planche IV, fig. 2, et planche V)[2]. Cette disposition, quoique en partie cachée par des placages modernes, est pourtant encore parfaitement visible. La colonne centrale *A* avec son chapiteau, le

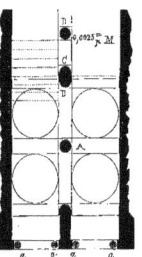

5. — Plan de la Porte Double.

pilier *BC* et la colonne *D* appartiennent aussi au même système, ainsi qu'une partie des murs latéraux du vestibule, dont la surface était primitivement décorée d'un réseau de refends, rappelant l'appareil extérieur. Cette disposition antique est teintée en noir sur le plan que je reproduis ici à une plus

---

1. Cette grosse colonne est généralement considérée comme monolithe : je crois que c'est une erreur; j'ai cru reconnaître des joints, mais une épaisse couche de chaux qui recouvre tout le fût rend la vérification difficile. La question a d'ailleurs en elle-même peu d'importance, car le monolithisme, qu'on me passe ce barbarisme, n'est pas un signe d'époque. Le peuple qui a le plus employé les fûts monolithes est le peuple romain; en Égypte, je n'ai pas souvenir d'avoir rencontré une seule colonne monolithe; en tout cas, s'il s'en trouve, c'est une grande exception.

2. La teinte grise indique la section du mur moderne qui vient buter contre la porte.

DESCRIPTION DU HARAM-ECH-CHÉRIF.

grande échelle. On voit qu'elle forme un tout parfaitement homogène et fortement conçu. L'architecture a un caractère simple et vigoureux qui répond à la destination du monument.

La colonne est trapue (4 diamètres), sans base; son chapiteau est un simple évasement en forme de corbeille, dont la surface est décorée d'une série de feuilles d'acanthe en très-bas relief; le sommet du fût porte une astragale. La planche IV donne le profil du chapiteau; voici le développement d'une des feuilles.

6. — Détail du chapiteau.

7. — Fragment romain encastré dans un des pendentifs.

Le pied de la colonne engagée B est de 1^m,20 plus haut que celui de la colonne centrale, et repose sur un massif qui formait le premier palier de l'escalier primitif; son chapiteau est au même niveau que l'autre, ainsi que les moulures du pilier; mais la colonne C engagée sur la face postérieure du pilier était beaucoup plus haute, à cause de la forme ascendante du sol; le haut du fût et le chapiteau ont disparu; la colonne D était semblable et a subi le même sort.

Le plafond primitif a également disparu. A l'époque du second système, il était effondré, les rampes étaient détruites; on voulut utiliser les débris de la Porte, en faire la base d'une entrée nouvelle, et voici comment on s'y prit.

On arrasa le sommet des murs latéraux avec de petites plaques de marbre blanc, débris d'un ancien pavage, puis on construisit les tympans, les arcs, les quatre arcs-doubleaux qui ont un point d'appui commun sur la colonne centrale, et on couvrit le tout au moyen de quatre coupoles appareillées. Ensuite, on ravala les murs de manière à faire disparaître les refends, et à obtenir un petit pilastre très-peu saillant, au droit de chaque arc-doubleau; la preuve de ce travail se trouve au pied du mur où le parement primitif, couvert par les premières marches de l'escalier, n'a pas été ravalé; la destruction ultérieure de l'escalier a laissé le mur à nu et donné la clef de cette transformation.

Les coupoles furent assises sur des pendentifs sphériques, disposition toute byzantine : dans la construction de l'un d'eux, on utilisa un fragment de sculpture romaine de basse époque, dont je donne ci-dessus le dessin, et qui a été retaillé, afin de constituer l'extrémité triangulaire du pendentif.

Extérieurement, on appliqua contre l'ouverture des portes deux archivoltes plates, surbaissées, fixées à l'aide de trous faits dans le mur primitif; misérables placages qui laissent entre eux et la surface du beau linteau qu'ils cachent un intervalle de près de 10 centimètres. Puis, pour soulager les deux linteaux, on les surmonta de deux arcs de décharge, au-dessus desquels on établit la corniche. Il y a loin de cette combinaison bâtarde à la simplicité vigoureuse de la disposition primitive. Parmi les pierres employées à cette restauration se trouve un bloc, sur lequel se lit une inscription latine en l'honneur de l'empereur Antonin[1] : ancienne base de statue rebutée que les maçons ont employée en la retournant, et dont ils ont entaillé un des angles, pour recevoir l'extrémité de la corniche. Le style de la construction et le caractère des sculptures suffisent seuls pour indiquer la date relativement moderne de tout ce rhabillage; mais la circonstance matérielle de l'inscription d'Antonin retournée et entaillée est une précieuse confirmation des indications archéologiques: elle prouve que cette restauration a été exécutée longtemps après la chute de l'empire romain d'Occident. Le pèlerin de Bordeaux vit encore, en 333 après J.-C., deux statues d'Hadrien, debout sur l'emplacement de l'ancien Temple : l'une d'elles était probablement placée sur la pierre mutilée qui nous occupe, et dont il aura mal compris l'inscription; il a fallu les profondes modifications apportées par le christianisme dans les idées et les souvenirs, pour que l'inscription d'Antonin ait passé de la base de la statue impériale dans les murs de la terrasse du Haram. Tout cet arrangement date donc de l'époque byzantine, ainsi que tout le deuxième système d'appareil qui est intimement lié avec lui.

Plus tard encore, les linteaux de la Porte Double se fendaient et écrasaient leurs supports; on les soutint à l'aide des colonnes a, fûts de marbre arrachés à quelque monument antique, couronnés de chapiteaux romains ou byzantins, et même de fragments de bases. Ce mode de construction à l'aide de matériaux d'emprunt est caractéristique et dénote clairement la main des Musulmans; cette restauration grossière fut exécutée à l'époque où on refit le mur sud de la mosquée El-Aksa, dont les premières assises reposent directement sur la corniche extérieure. En même temps, on reprit en sous-œuvre le jambage de droite, que l'on consolida à l'aide de pierres relancées. A la même époque, sans doute aussi, on refit les voûtes du long couloir double qui conduit à la plate-forme supérieure, et on entailla le fût vénérable des deux colonnes antiques C et D, pour asseoir les sommiers des premières arcades.

Cette longue discussion était nécessaire afin de bien établir la succession chronologique des différents travaux exécutés sur ce point de l'enceinte, et prévenir les erreurs provenant d'un classement incomplet. Il nous resterait encore à décrire les détails d'exécution, de sculpture, le style des ornements, mais nous réservons cette étude pour plus tard, afin de ne pas entraver davantage la marche de la description générale; nous continuerons donc à passer en revue les portes antiques du Haram.

La *Porte Triple*, située dans la face méridionale, à 65^m,60 de la précédente, est disposée absolument de même, avec cette seule différence qu'au lieu de deux baies elle en a trois. Il n'en reste que les arrasements dissimulés en partie sous les lourds piliers des substructions modernes (planche XIII). Mais ils suffisent pour restaurer d'une manière certaine la disposition primitive. Je donne à la page suivante le plan du vestibule ainsi restitué.

Les parties teintées en noir sur la planche XIII sont les seules conservées : mais la pré-

---

[1]. En voici la transcription bien connue :

TITO AELio HADRIANO
ANTONINO AVGusto PIO
Patri Patriæ PONTIFici AUGVRi
Decreto Decurionum.

sence des pilastres latéraux et des colonnes engagées, jointe aux analogies fournies par la Porte Double, ne laissent aucun doute quant à la place et à la forme des supports intermédiaires. Un

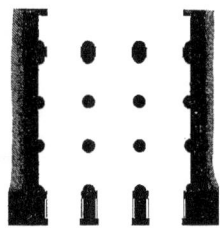

8. — Porta Triple.

triple couloir rampant menait à la plate-forme supérieure : l'extrémité en est taillée dans le roc vif.

Tout cet ensemble, qui ne manque pas d'une certaine grandeur, appartient, ainsi que la Porte Double, au premier système. L'angle extérieur en offre la preuve irréfragable.

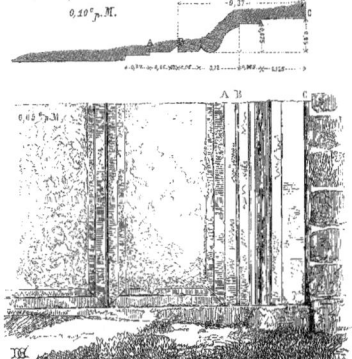

9. — Chambranle de la Porte Triple.

En effet, une seule et même pierre fait l'extrémité de l'assise du soubassement extérieur et la base du chambranle de la porte : j'en donne ici le dessin. On voit d'abord le *refend* ou encadrement à ciselures, signe caractéristique du grand appareil du premier système, qui simule un joint en A : puis un espace vide AB qui isole le chambranle, et enfin la moulure du chambranle, dont le profil BC a un caractère gréco-romain indiscutable.

Je ne m'arrêterai pas à décrire les restaurations grossières dont cette porte a été l'objet, maçonneries sans intérêt, bien postérieures à la destruction du Temple, et j'arrive à la Porte Dorée, située dans la face orientale.

Cette porte, la dernière qui doive nous occuper, est aussi celle qui a subi les remaniements les plus complets et les plus importants à déterminer. Dans sa forme primitive elle était semblable à celles que nous venons de décrire. En effet, son seuil extérieur se trouve sensiblement au même niveau que le seuil de la Porte Double et de la Porte Triple, c'est-à-dire à 6 mètres au-dessous du niveau de la terrasse supérieure en ce point de la plate-forme : comme ces deux entrées, elle avait donc un vestibule recouvert par les remblais du terre-plein, et des rampes qui conduisaient dans l'intérieur du parvis. Mais cette disposition a disparu : il n'en reste que les deux chambranles (A et B, planche VII), superbes monolithes, dont l'un a 3^m,40 de haut, l'autre 4^m,50, et que je crois antérieurs même aux constructions du premier système. Celui-ci ne serait plus représenté aujourd'hui que par une série de refends simulés, ajoutés après coup sur la surface d'un des monolithes. Le dessin ci-joint fera comprendre ma pensée. Voici A le monolithe, B, les assises du

10. — Chambranle de la Porte Dorée.

deuxième système, cc, les refends qui ne correspondent pas aux assises environnantes : il me paraît évident qu'à l'époque où on a bâti les portes du sud avec leur réseau caractéristique de refends, on a appliqué la même décoration au vestibule de la porte orientale, et prolongé jusque sur la surface du monolithe antérieur les rainures qui accusaient les joints des murs latéraux ; quand tout a été renversé, excepté le puissant monolithe, ces lignes seules ont conservé le souvenir d'une disposition totalement disparue. En effet, tout a disparu ; à l'époque du deuxième système, c'est-à-dire à l'époque byzantine, les terrasses étaient écroulées, les terres éboulées : on construisit alors, dans un espace déblayé à cet effet, le petit monument connu sous le nom de *Porte Dorée*[1] ; édifice isolé, complet en lui-même, fait pour être vu sur toutes ses faces, qui n'a rien de commun avec le Temple des Juifs, et dont nous réservons pour plus tard la description détaillée.

1. L'origine de ce nom est fondée sur une simple coïncidence de son : on sait que les Actes des Apôtres (III, 2,10) donnent le nom de « Belle Porte » à l'une des portes du Temple intérieur : en latin, *Porta speciosa* ; en grec, Ὡραία πύλη. Les Grecs transportèrent ce nom au monument qui nous occupe, en souvenir de la guérison du boiteux par les apôtres : ils prononçaient *Aurea pyli*, les croisés en firent *Porta Aurea*, qu'on traduisit *Porte Dorée*. Pour les croisés, la *Porta Speciosa* était sur la face ouest du Haram. Voy. *les Églises de la Terre-Sainte*, p. 439.

DESCRIPTION DU HARAM-ECH-CHÉRIF.

SUBSTRUCTIONS.

Ainsi que nous l'avons déjà expliqué, toute l'extrémité méridionale du Haram est artificielle et portée soit sur des remblais, soit sur des substructions voûtées; celles-ci forment de grandes salles souterraines, dont la planche XIII reproduit toutes les parties accessibles. Ce n'est pas sans une certaine émotion que nous sommes descendus pour la première fois dans ces vastes galeries. Les dires des Arabes, répétés par quelques voyageurs crédules, nous annonçaient des merveilles : on parlait de constructions gigantesques, de voûtes monolithes, de blocs si grands qu'il a fallu l'intervention des *Djinns* pour les remuer, ou celle de Salomon, qui, chacun le sait, avait dompté les *Djinns* et se faisait servir par eux[1] : il est vrai que le mur extérieur des terrasses étant arabe, il pouvait paraître difficile qu'il portât des voûtes antérieures aux Arabes : néanmoins, les bases de ce même mur étant antiques, pourquoi celles des piliers intérieurs ne le seraient-elles pas ? et loin des murs, dans les profondeurs mystérieuses du souterrain, ne pouvait-il se trouver quelque débris vénérable des époques patriarcales ? La mise en scène était splendide : nous descendions par une brèche béante, nous accrochant aux anfractuosités des murs écroulés, et aux racines noueuses des figuiers; nous pénétrions avec précaution sous ces voûtes obscures, évitant de trébucher contre les nombreux petits tas de pierres dont les pèlerins musulmans ont parsemé le sol, pour conjurer les légions d'esprits impurs dont l'imagination orientale peuple ces sombres demeures; scrutant du regard les profondeurs mal éclairées par les rayons obliques d'un jour blafard, et par la lumière vacillante des torches, nous avancions, évoquant, nous aussi, non les ombres fantastiques d'êtres imaginaires, mais les souvenirs très-réels des grandes figures historiques dont nous espérions à chaque pas retrouver la trace et toucher les œuvres : l'effet était imposant, l'impression profonde : la déception n'en fut que plus cruelle. Rien! nous n'avons absolument rien trouvé d'antique, si ce n'est une certaine quantité de matériaux employés dans les constructions modernes : cette forêt de piliers, cette accumulation de voûtes, tout cet ensemble enfin de substructions est d'une époque relativement moderne. Je me borne donc à une description sommaire.

La salle A se compose d'une série de voûtes en berceau, assez légèrement bâties, s'appuyant sur des rangées irrégulières d'arcades en plein cintre que portent des files de piliers carrés. Ces piliers, qui ont en moyenne une épaisseur d'un mètre, sont généralement bâtis à l'aide de pierres de grand appareil arrachées à quelque monument antique, mises debout, et préalablement décorées d'un bossage grossier. Quelques-unes proviennent du soubassement extérieur du premier système : on les reconnaît à l'encadrement caractéristique qui entoure une de leurs faces et qui contraste avec le bossage grossier ajouté après coup aux trois autres. Tout cela est l'œuvre des Arabes, et a été exécuté au moment de l'appropriation de l'enceinte au culte musulman.

Les salles suivantes sont un peu plus soignées, néanmoins bâties dans le même système, c'est-à-dire avec des matériaux rapportés : quelques voyageurs ont cru reconnaître sur ce point un travail romain : peut-être ont-ils raison, mais je ne le pense pas : en tout cas, la question est sans importance, car il ne s'agirait que d'un travail romain des bas temps, postérieur à la destruction du Temple juif. Parmi les matériaux antiques employés à construire cette portion des substructions, je signalerai un fragment de métope dorique qui n'est pas sans intérêt, car il provient, je crois, des portiques du temple d'Hérode.

---

1. « Crypta ubi Salomon dæmones torquebat, » dit le pèlerin de Bordeaux de ces mêmes substructions.

Tout l'intérêt archéologique de l'exploration de ces substructions se concentre sur deux points : la Porte Triple dont nous avons déjà donné la description, et l'angle sud-est où l'on peut étudier la face interne du mur antique et reconnaître quelle était la disposition intérieure qui correspondait aux soubassements du premier système.

Malgré l'état de dégradation dans lequel se trouve tout ce mur, on distingue en A et en B les arrachements de deux voûtes en berceau qui se dirigeaient de l'est à l'ouest; en C, à l'extrémité d'une de ces galeries est la fenêtre double qui donnait sur la vallée de Josaphat, et dont M. de Saulcy a déjà par dehors reconnu la présence; la disposition intérieure de cette fenêtre est identiquement celle des portes de la face méridionale; un trumeau décoré d'une colonne engagée sépare les deux baies.

L'angle sud-est est occupé jusqu'à une certaine hauteur par une accumulation de blocs sur laquelle on a bâti un petit sanctuaire moderne (dit « Berceau de Jésus-Christ »).

Ce sanctuaire a pris la place d'une ancienne salle voûtée, dont je donne ici la disposition :

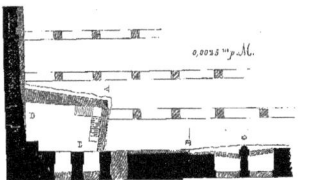

11. — Plan de l'angle sud-est.   12. — Élévation.

les sommiers a sont encore en place, ils soutenaient autrefois une voûte en berceau, bâtie en gros blocs, et rappelant par sa structure celle du pont de l'angle sud-ouest; un groupe de trois fenêtres E, percé dans le mur oriental, éclairait cette salle, située nécessairement sous la plate-forme. Le style de ces fenêtres est très-simple et identique de tout point avec celui des portes du premier système; ce sont des baies rectangulaires, sans aucun ornement : on les voit très-bien du dehors (planche II). Les arrachements d'une fenêtre semblable D se distinguent encore sur la face sud.

Il me paraît évident qu'à l'époque du premier système, un réseau de caves gigantesques, voûtées comme les fragments que nous avons sous les yeux, occupait toute la partie artificielle du massif du Temple : les substructions arabes que nous venons de décrire sont une imitation postérieure et affaiblie de cette disposition grandiose. Peut-être reste-t-il quelques débris bien conservés de ces voûtes sous l'angle sud-ouest du Haram et sous la mosquée El-Aksa; malheureusement nous n'avons pu pénétrer dans cette partie des substructions, dont personne n'a pu ou n'a voulu nous montrer l'entrée. Quant à l'existence de salles voûtées à cette extrémité de l'enceinte comme à l'autre, elle est à mes yeux parfaitement démontrée — par les affirmations très-catégoriques des gardiens, — par la pente générale du terrain, qui est moins rapide en cet endroit qu'à l'angle sud-est, et exclut la présence du rocher au sud de la ligne EE, — par l'existence des nombreux regards ($cc\ N$, planche I) qui donnent soit dans le vide, soit dans des citernes voûtées encore pleines d'eau, — enfin par la présence de la Porte Occidentale, ancienne entrée de ces souterrains, et par la direction de la galerie interrompue à laquelle elle donne accès.

Je pense que la majeure partie de ces substructions appartient au deuxième système, comme les

DESCRIPTION DU HARAM-ECH-CHÉRIF.

murs de soutènement qui comprennent l'angle sud-ouest, comme les restaurations des deux portes enclavées dans ces mêmes murs (la Porte Occidentale et la Porte Double).

Il nous reste, pour achever la description du Haram souterrain, à dire un mot des citernes. Toutes, à l'exception de celles qui sont aménagées dans les substructions du sud, sont creusées dans le roc vif. Dans l'impossibilité de fixer leur contour exact, je me suis borné à indiquer sur le plan leur bouche extérieure.

Deux sont facilement accessibles : l'une petite, sous la roche Sakhrah ; l'autre immense, devant la façade de la mosquée El-Aksa.

La première est une excavation irrégulière de 7 mètres sur 6^m,90, avec une profondeur maximum de 3 mètres. On y pénètre aujourd'hui par un escalier latéral de quinze marches : l'ancienne margelle se voit encore. Au centre est un puits recouvert d'une dalle, que les musulmans nomment Bir-ar-Rouah, «Puits des âmes,» qui communique avec un égout souterrain dont l'extrémité débouche dans la vallée de Josaphat. La seconde, superbe grotte artificielle, dont les voûtes sont soutenues par de gros piliers réservés dans la masse du rocher, est d'un effet pittoresque et imposant : on y pénètre par un escalier taillé dans le roc. Quand nous y sommes descendus, au plus fort de l'été, elle contenait encore plusieurs centimètres d'eau.

Les citernes MN fournissent d'eau pendant toute l'année, non-seulement tous les services du Haram, mais une partie de la ville.

L'âge de ces diverses excavations est difficile à déterminer; mais il est certain que plusieurs d'entre elles remontent à la plus haute antiquité. La citerne de la Sakhrah, par exemple, qui jouait un rôle dans l'économie intérieure du premier Temple, est au moins contemporaine de Salomon. Peut-être même est-elle plus ancienne, et appartient-elle aux temps où le Moriah était une colline inhabitée, parcourue par les troupeaux du Jébusite. C'est donc le travail humain le plus ancien que renferme le Haram; c'est le point de départ d'une période architecturale de vingt siècles, le seul témoin authentique des premiers âges historiques, et à ce titre, malgré les contes ridicules dont les Arabes en ont fait le centre, il mérite notre vénération et notre respect.

Nous avons terminé la revue générale des monuments antiques du Haram, ils sont moins nombreux que nous ne l'espérions en abordant cette étude.

A proprement parler, il n'y a qu'un seul système antique complet; c'est le grand soubassement caractérisé par l'appareil à refends, avec ses portes, ses fenêtres, ses grandes voûtes en berceau, et le grand fossé qui l'isole au nord; c'est l'enceinte fondamentale qui nous représente le péribole du Temple juif à l'époque de son plus grand développement : il n'y a de plus ancien que les citernes, les grands jambages monolithes de la Porte Dorée, peut-être le déblaiement de l'angle nord-ouest.

Le système plus moderne de l'appareil lisse est concentré dans un angle; c'est une restauration locale, étrangère au Temple : la Porte Dorée, qui est du même temps, est un monument isolé.

Le grand système des substructions voûtées est arabe, ainsi que le mur d'enceinte qui s'appuie sur les débris des soubassements antiques.

Nous avons terminé, et pourtant notre investigation n'a porté que sur les parties souterraines du Haram. C'est qu'en effet, à la surface même du sol de l'enceinte, tout est relativement moderne; à l'exception de quelques souvenirs des croisades, on ne rencontre sur la grande plate-forme que des monuments musulmans : les deux principaux sont le *Qoubbet-Es-Sakhrah* et la *Djami-El-Aksa*. Nous avons indiqué en rouge, sur le plan d'ensemble, la silhouette de ces deux mosquées, ainsi que celle de tous les petits sanctuaires qui peuplent l'intérieur des parvis. L'effet de ces édifices, de formes si diverses, entremêlés de cyprès, d'oliviers, encadrés par les grands horizons de la Palestine, est pittoresque. La photographie a popularisé leurs divers aspects ; mais ce qu'elle ne peut rendre, c'est l'éclat du soleil, la vigueur des ombres, les oppositions de ton produites par la surface bariolée des murs, le feuillage métallique des arbres, la vivacité des costumes et la profonde intensité du ciel qui harmonise toutes ces discordances. La meilleure vue d'ensemble est celle qu'on a du sommet du minaret de l'angle nord-ouest : je la recommande à ceux qui me suivront ; je les engage aussi à s'arrêter sous le porche d'El-Aksa. C'est là surtout que j'aimais à m'asseoir, après une longue matinée de travail ; et, m'appuyant aux colonnes du portique, je m'arrêtais à regarder la mosquée, tristement mais majestueusement assise sur sa base de pierre, au fond d'une allée de vieux cyprès : un groupe d'effendis montait le grand escalier dégradé, et passait gravement sous les ogives lézardées des arcades, avec cette apparence de dignité sous laquelle on devine une profonde bassesse de sentiments. Des porteurs d'eau allaient et venaient, courbés sous leurs outres de peau de bouc ; des soldats turcs flânaient ; des femmes traînaient leurs bottes jaunes sur les dalles, disgracieuses et nonchalantes, et me jetaient en passant une malédiction : nos cawas, assis en rond près de moi, écoutaient les récits enthousiastes d'un conteur, s'écriant : Allah ! Allah ! et variant l'intonation de cette exclamation banale, suivant qu'elle exprimait l'admiration, la gaieté, l'étonnement ou la sympathie. Un gardien noir du Haram s'arrêtait devant moi, superbe de pauvreté et de fanatisme, et reprochait ma présence au cheikh qui m'accompagnait, en l'ajournant au jugement dernier, où il n'y aurait ni pachas ni cawas pour arrêter les effets de la colère divine : le jeune docteur baissait la tête sans mot dire, rassurant sa conscience en songeant au tribut qu'il prélèverait sur la curiosité de l'infidèle, et promenait complaisamment son regard de la belle houppelande vert-pomme qui couvrait son embonpoint naissant, aux joues hâves et au bournous déchiré du maugrabin. Tout, dans ce tableau, accusait le contraste de la nature et de l'homme : d'un côté le soleil, la couleur, la vie ; de l'autre, le délabrement matériel et la décrépitude morale. Je me plaisais alors par la pensée à rétablir l'équilibre, à rendre à la mosquée son brillant revêtement d'émail, à la fontaine de marbre ses eaux jaillissantes, aux parterres leurs ombrages et leurs fleurs, aux soldats leurs costumes et leurs armes damasquinées, aux femmes la démarche d'une Schéhérazade, aux hommes la sagesse d'un Haroun-Ar-Raschid, au poëte populaire l'inspiration d'un Antara, et je croyais voir défiler devant moi, sur leur théâtre naturel, les acteurs de ces contes orientaux dont la lecture avait captivé ma jeunesse et allumé en moi le désir de voir à mon tour les pays du soleil ; ou bien, changeant peu les décors de la scène et la tournure des personnages, je m'efforçais de retrouver l'ancienne physionomie du Temple, avec ses parvis et ses degrés assez semblables à ceux du Haram, ses pharisiens, ses scribes, ses soldats romains, assez semblables aux effendis, aux cheikhs, aux soldats turcs qui s'agitaient devant mes yeux. Entre ce passé détruit sans retour et ce présent si triste, je cherchais le salut de l'avenir..... Je n'étais tiré de ma rêverie que par la voix claire du muezzin qui, descendant du minaret voisin, appelait les vrais croyants à la prière, et me rappelait qu'il était temps pour le chrétien de céder la place au disciple de Mahomet ; je me retirais alors, me disant que la croix avait déchiré le voile du Temple, et que tôt ou tard elle renverserait le croissant chancelant de la mosquée d'Omar.

CHAPITRE II.

HISTOIRE DU TEMPLE.

Avant d'assigner un nom et une date aux ruines que nous venons de décrire, et de chercher à restaurer les monuments auxquels elles ont appartenu, il convient de redire en peu de mots l'histoire du Temple de Jérusalem, telle qu'elle nous a été laissée par les auteurs anciens; non l'histoire des événements dont le Temple a été le théâtre ou l'occasion, car ce serait à quelques égards refaire l'histoire du monde, mais simplement l'histoire monumentale de l'édifice célèbre, centre matériel et mystique de ces événements. Les sources de cette histoire sont la Bible, Flavius Josèphe et quelques renseignements épars dans Hécatée d'Abdère, Strabon, Tacite et les livres rabbiniques. On a souvent déjà cité les textes; on a souvent aussi signalé les contradictions qui s'y rencontrent, et tenté de les concilier : les essais faits pour les mettre d'accord n'ont pas toujours été heureux. On s'est trop attaché à la lettre, pas assez à l'esprit; on n'a pas assez tenu compte des conditions dans lesquelles l'auteur écrivait, ni éclairé par la connaissance exacte des lieux les descriptions qu'il nous a laissées. Je n'ai pas la prétention d'être plus instruit ou plus habile que les savants qui jusqu'à ce jour ont abordé ces questions; mais plus qu'eux j'ai interrogé le sol, et moins qu'eux peut-être suis-je préoccupé de faire prévaloir tel ou tel système. J'ai abordé l'étude de ces textes sans parti pris, parfaitement indifférent au résultat, pourvu qu'il fût conforme au bon sens; à ce point qu'ayant commencé dans des dispositions favorables à l'un des systèmes proposés, je suis arrivé, en terminant, à une opinion diamétralement opposée. J'ose même croire que toute personne qui se livrera sans parti pris à la même étude sera conduite au même résultat, sous peine de se résigner à ne pas comprendre les principaux passages.

On a beaucoup attaqué la véracité de Josèphe, avec raison dans un sens, et à tort dans un autre. Josèphe est narrateur exact, plutôt qu'historien fidèle; il altère le sens des faits, plus que leurs détails matériels; il veut flatter les Romains, sans porter atteinte à la vanité nationale; justifier sa conduite et plaire aux philosophes grecs, tout en faisant parade de patriotisme; mais il rachète par la recherche des accessoires ce que ses thèses ont de contestable au point de vue philosophique et historique. Il a les qualités de l'archéologue, plus que celles de l'historien; l'œil très-observateur et doué d'une remarquable mémoire; l'esprit enclin, par calcul, à l'exagération plus qu'au mensonge. Or, en ce moment, il ne faut pas l'oublier, nous faisons de l'archéologie, non de l'histoire; Josèphe nous sera donc très-utile, à la condition de ne lui demander que ce qu'il peut nous donner. Ses descriptions sont d'une grande vérité d'ensemble; je l'ai souvent vérifié sur nature, mais ses chiffres sont grossis aussitôt que la vanité nationale est en jeu. Ainsi, ses mesures itinéraires sont beaucoup plus précises que ses mesures architecturales; les premières sont généralement exactes, les secondes souvent absurdes. Néanmoins, de ces chiffres ridicules, on peut tirer un renseignement vrai, sinon mathématique, en sachant se mettre à la place de l'auteur et découvrir la vérité sous l'hyperbole. Josèphe écrivait à Rome, avec ses souvenirs personnels et les documents hébreux, écrits ou traditionnels; il faut donc encore distinguer entre ce qu'il a vu et ce qu'il a appris, et éclairer ses assertions non-seulement par la connaissance de son caractère, mais par la discussion des sources où il a puisé. Ce travail, fait avec soin et sans parti pris, a produit le chapitre qu'on va lire; il renferme une histoire rapide, déduite des seuls témoignages écrits. Nous appliquerons ensuite sur le terrain les données qu'elle nous aura fournies; nous les compléterons et les rectifierons au besoin par les ruines.

Quand Salomon monta sur le trône d'Israël, la ville de Jérusalem était beaucoup plus petite qu'aujourd'hui : le mont Sion était seul habité et portait *la ville de David* proprement dite, c'est-à-dire l'antique Jébus, entourée de murs par le grand roi[1] (voy. planche XXXVI). A l'est de la ville, et séparée d'elle par un profond ravin, s'élevait le mont Moriah, dont la surface rocailleuse, assez semblable à celle des collines qui entourent aujourd'hui la ville, était livrée à la culture et partagée entre les habitants de Sion. L'un d'eux, le jébusite Aravnah ou Ornan[2], en possédait la plus grande partie[3]. Au milieu de sa culture était une aire, c'est-à-dire une surface horizontale de rocher, sur laquelle on dépiquait le grain sous les pieds des chevaux et des bœufs.

Ce fut ce point isolé, et relativement élevé, que choisit David pour y bâtir le Temple du vrai Dieu. Il acheta le champ d'Aravnah, et pour en prendre immédiatement possession au nom de Jéhovah, il éleva un autel sur l'aire, et y offrit un sacrifice. Le tabernacle et l'autel des holocaustes étaient restés à Gabaon[4], et l'arche attendait à Jérusalem, sous une tente provisoire, que sa demeure définitive fût préparée[5]. David s'occupa aussitôt de rassembler les matériaux nécessaires, fit apporter les bois, les pierres, des masses considérables d'or, d'argent et de bronze[6], et se mit en rapport avec Hiram, roi de Tyr[7], afin d'obtenir de lui les ouvriers habiles et les artistes qu'Israël ne pouvait lui fournir. La mort le surprit avant l'exécution de ses desseins; il confia à son fils Salomon le soin d'achever son œuvre; il lui laissa, avec la couronne, les plans du Temple qu'il disait tenir de Dieu même[8], et les instructions les plus minutieuses sur la disposition des édifices et la distribution des services intérieurs.

Les travaux de Salomon commencèrent au mois de Siv de la quatrième année de son règne (1013 av. J.-C.)[9].

Le sommet du mont Moriah était étroit et entouré de pentes rapides; on ne put asseoir sur le plateau naturel supérieur que le Temple proprement dit et l'autel des holocaustes[10]. Pour donner au parvis un développement suffisant, il fallut entourer la pointe de la colline de remblais soutenus par des terrasses[11]. On commença donc la grande plate-forme artificielle qui, continuée et augmentée

---

1. II Reg., v, 7, 9. — I Chr., xi, 4, 5, 7, 8.
2. I Chr., xxi, 18 et seq.
3. Le prix de 600 sicles d'or attribué à son champ indique une assez grande étendue.
4. I Chr., xxi, 29. — Cf. II Chr., i, 3, 4, 5, et III Reg., iii, 2, 4.
5. Id., ibid.
6. I Chr., xxii.
7. II Reg., v, 11.
8. I Chr., xxviii, 19.
9. III Reg., vi, 1.
10. Fl. Josèphe, Bell. Jud., V, v, 1.
11. Id., ibid., et Ant. Jud., XV, xi, 3.

HISTOIRE DU TEMPLE.

pendant une longue suite de siècles[1], est devenue le Haram. Salomon ne fit que la première cour[2], celle qui entourait immédiatement le Temple, puis il fit bâtir le côté oriental de la seconde[3]; celle-ci ne fut terminée que sous les rois suivants; il semble du moins qu'elle ait été récemment achevée à l'époque de Josaphat[4], ou au plus tard sous Manassès[5]. Salomon concentra ses soins sur le Temple intérieur : la Bible nous a laissé la description de la magnifique décoration qu'il fit exécuter, des objets d'art qu'il accumula dans l'enceinte sacrée, et qui furent l'œuvre d'ouvriers phéniciens. Il n'attendit pas que les travaux extérieurs fussent achevés pour livrer le sanctuaire au culte : la maison de Jéhovah était prête, le signe de l'alliance divine était fondé; le jour que Moïse avait prédit, que David avait espéré voir, était arrivé; Salomon ne voulut pas le retarder, il fit la dédicace solennelle de ses nouvelles constructions, sept années après le commencement des travaux. Nous donnerons plus tard la description détaillée de son œuvre, qui comprenait, nous l'avons déjà dit, le Temple, la cour intérieure et le côté oriental de la cour extérieure. Le mur de soutènement oriental était, au dire de Josèphe, une superbe construction faite de blocs énormes; il était couronné par un portique ou basilique[6], sous lequel Salomon avait placé l'estrade du haut de laquelle il assistait aux cérémonies publiques. Le nom du grand roi resta attaché à ce portique, même après qu'il eut été rebâti à diverses époques. Aussi quand Hérode refit le Temple et ses enceintes, il respecta le portique oriental auquel la tradition populaire donnait une antique origine, et qui, dans la langue vulgaire, continua à s'appeler le *Portique de Salomon*[7].

L'enceinte extérieure de l'ancien Temple, une fois achevée, formait, dit Josèphe, un carré d'un stade de côté[8].

Nous n'avons pas à raconter ici l'histoire politique du Temple sous le règne agité des successeurs de Salomon; il nous suffira de rappeler en peu de mots ses vicissitudes religieuses. Le Temple était le signe extérieur de la grande mission du peuple juif, qui consistait à maintenir la connaissance du

---

1. Τὰς δὲ ἑξῆς αἰῶσιν ἀεί τε τῷ λαῷ προσγεννῶντος. (*Bell. Jud.*, V, v, 1.) Μακροὶ αἰῶνες... (*Id., ibid.*)
2. III Reg., vi, 36. — II Chr., iv, 9.
3. Σαλομῶντος... τὸ κατ' ἀνατολὰς μέρος ἐκτειχίσαντος... καὶ κατά γε τὰ λοιπὰ μέρη γυμνὸς ὁ ναὸς ἦν. (Jos., *l. c.*)
4. II Chr., xx, 5. — Le roi rassemble le peuple devant « l'enceinte *neuve*. »
5. II Chr., xxiii, 5. — IV Reg., xxi, 5; xxiii, 12. Dans ces versets il est question des *deux* enceintes.
6. Ἐστάθη μία στοὰ τῷ χώματι (Jos., *l. c.*) — II Chr., iv, 9. — Le mot biblique est עֲזָרָה, *a'zerah*, que la Vulgate traduit *basilica*, et qu'il faut bien se garder de confondre avec חָצֵר, *khatser*, nom sous lequel la Bible désigne toujours les parvis : le premier mot me paraît indiquer un *lieu couvert*, tandis que le second s'applique toujours à un espace découvert entouré d'une enceinte. (Voy. l'emploi de ce mot : I Chr., xxviii, 6, 12; — II Chr., xxiii, 5; — les exemples cités plus haut, et Ézéchiel, *passim*.) Dans le langage rabbinique, le mot עֲזָרָה a prévalu, et est seul appliqué aux parvis, mais dans la Bible la distinction est constante. — La version des Septante ne fait pas la distinction; on n'y trouve que le seul mot αὐλή.
7. Jos., *l. c.* — *Ant. Jud.*, XX, ix, 7. — Ioan., x, 23. — Act. Apostol., iii, 11; v, 12.
8. Τοῦτο δὲ ἦν τὸ πᾶν περίβολος, τεττάρων σταδίων τὸν κύκλον ἔχων, ἑκάστης γωνίας στάδιον μῆκος ἀπολαμβανούσης. (*Ant. Jud.*, XV, xi, 3.) Cette phrase vient après une description de la plate-forme de l'ancien Temple, intercalée dans la description du Temple d'Hérode; pour moi il n'y a aucun doute qu'elle ne s'applique au Temple ancien. La plupart des commentateurs l'ont appliquée au nouveau Temple, et se sont alors trouvés en face d'une grave contradiction, Josèphe disant ailleurs (*Bell. Jud.*, V, v, 2) que le Temple d'Hérode, y compris Antonia, avait *six stades* de circuit. Les uns y ont vu une erreur matérielle, les autres ont pensé que la différence indiquait le périmètre d'Antonia, ce qui aurait donné à cette forteresse une surface égale à celle du Temple, hypothèse contredite par vingt passages de Josèphe qui nous montrent Antonia comme une simple tour occupant l'angle nord-ouest du parvis extérieur. En appliquant le chiffre de 4 stades à l'ancien Temple, et celui de 6 stades au nouveau, toute difficulté cesse, car nous savons d'ailleurs par Josèphe (voir plus loin) que la surface du nouveau était double de celle de l'ancien. Deux autres passages de Josèphe (*Ant. Jud.*, VIII, iii, 9, et XX, ix, 7) confirment cette manière de voir : ils donnent au mur oriental (ou de Salomon), débris de l'ancien Temple, 400 coudées ou 1 stade; ce nombre ne peut être pris que comme mesure de longueur; on a voulu en faire une mesure de hauteur; mais l'exagération serait par trop forte, même pour Josèphe. Une terrasse de 200 mètres de haut, un tiers de plus que la grande pyramide d'Égypte, pour border une colline qui en a 40 ou 50 ! C'est inadmissible.

Dieu unique, et à préparer à la vérité la conquête spirituelle du monde. Il a donc été associé à toutes les phases de cette mission et aux péripéties de la lutte engagée entre le génie de la race et l'empire de la tradition. Le monothéisme absolu répugnait au peuple juif; les Hébreux avaient une trop grande affinité d'origine et de langue avec les populations qui les entouraient, pour ne pas se sentir attirés vers les cultes sensualistes et idolâtriques des populations cananéennes et syriennes. Aussi les voyons-nous à chaque instant abandonner l'idée abstraite du Dieu d'esprit et de vérité, pour les symboles plus naturalistes, les figures concrètes, les séduisantes abominations d'Astarté, de Baal ou de Moloch. Alors le Temple se remplissait d'images, d'autels prohibés, de bois sacrés, de courtisanes; les parvis retentissaient du bruit des sacrifices impurs et des chants adressés au soleil et à toute la milice céleste. Quand, sous l'empire de revers politiques, ou entraîné par les rudes prédications des prophètes, Juda revient à la foi de ses pères, le premier acte de repentir consiste toujours à renverser ces autels, à jeter ces images dans les ravins qui entourent le Temple, à brûler les chars du Soleil, à purifier par le fer et le feu les sanctuaires profanés. Chacune de ces réactions, et elles ont été nombreuses, est l'occasion de destructions, de réparations, et introduit dans le sanctuaire maçons, charpentiers, ouvriers de toute profession[1], de sorte que l'œuvre de Salomon était déjà profondément modifiée le jour où les Chaldéens vinrent pour la dernière fois mettre le siège devant Jérusalem.

La ville succomba après dix-huit mois de résistance (588). Un mois après, Nabuzardan, lieutenant de Nabuchodonosor, fit son entrée solennelle dans la place; il pilla les richesses accumulées sur le Moriah, fit démanteler les remparts et emmena en captivité la plus grande partie de la population. Avant de partir, il fit mettre le feu au Temple, au palais royal et aux édifices publics : le bois entrait pour une grande proportion dans la construction de ces monuments, et fournit un aliment à la flamme : les pierres calcinées s'écroulèrent. La solitude se fit autour des ruines et les préserva d'une destruction plus complète; aussi quand, cinquante-deux ans plus tard, les Juifs délivrés par Cyrus purent rentrer dans leurs foyers, l'œuvre de restauration fut-elle facile. Zorobabel, chef de la nation, commença par relever le Temple; les travaux, entravés par la rivalité des Samaritains, durèrent longtemps et ne furent terminés qu'en 516. Quant aux remparts, ils ne furent restaurés que par Néhémie en 445. Cinquante-deux jours suffirent pour les remettre en état.

Nous possédons très-peu de renseignements sur le deuxième Temple : dans l'ensemble, il devait être assez semblable à celui de Salomon; mais il paraît avoir été plus petit[2]. Suivant Hécatée d'Abdère[3], le péribole n'aurait eu que 500 pieds grecs de long sur 100 coudées de large : il dura près de cinq siècles sans grandes modifications, traversant les guerres d'Alexandre, celles des Macchabées et les premières invasions romaines. A une époque indéterminée, mais qui n'est pas postérieure aux Macchabées, on allongea l'enceinte extérieure du côté du nord[4]. On sait que les rois asmonéens bâtirent à l'angle nord-ouest une forteresse nommée *Baris*, qu'Hérode transforma plus tard et nomma *Antonia*[5], et qui marqua la limite septentrionale de l'enceinte, depuis le IIe siècle jusqu'à la prise de Jérusalem par Titus. Le mur nord du péribole était en même temps le mur de la ville. Un fossé, en partie taillé dans le roc, en défendait les approches[6]; quoique, suivant Strabon, il eût 60 pieds de profondeur sur

---

1. II Chr., xxiv, xxxiv.
2. Jos., *Ant. Jud.*, XV, xi, 1.
3. Cité par Josèphe, *contr. Apion.*, i, 22.
4. Jos., *Bell. Jud.*, V, v, 1.
5. Jos., *Ant. Jud.*, XIII, xi, 2; XV, viii, 5; XV, xi, 4; XVIII, iv, 3; *Bell. Jud.*, I, v, 4; V, v, 8.
6. Τάφρον λατόμητον ἔχων. (Strabon, xvi.)

HISTOIRE DU TEMPLE.

250 de largeur, il n'empêcha pas Pompée de prendre le Temple et la cité[1] : mais le général romain respecta le sanctuaire.

La dernière transformation du Temple eut lieu sous Hérode le Grand; elle fut radicale. Hérode avait à se faire pardonner par les Juifs éclairés son origine, ses nombreuses infractions aux lois mosaïques, l'amitié des Romains ; poussé d'ailleurs par une insatiable vanité, il voulait surpasser Salomon, ou au moins s'associer à sa gloire ; il crut voir dans la reconstruction du Temple un moyen de popularité dans le présent et de renommée dans l'avenir, et se décida à l'entreprendre. Le Temple proprement dit ne pouvait guère être agrandi ; les dimensions essentielles étaient imposées par des prescriptions hiératiques : le ramener aux proportions du plan de Salomon, si elles n'étaient pas atteintes, donner de l'importance aux parties accessoires, enrichir et augmenter l'ornementation, c'est tout ce qu'on pouvait faire, et ce champ ne suffisait pas aux vastes et ambitieux projets du roi. Alors il porta ses soins sur l'enceinte extérieure ; il résolut de la faire plus grande et plus haute[2] ; et en effet, dit Josèphe, il *la doubla*[3] ; de quatre stades de circuit il la porta à six[4], tout en conservant un stade au petit côté[5], ce qui donne bien une figure double de surface. Par suite de cet agrandissement, le Temple, qui se trouvait au milieu ou à peu près de son péribole, fut relégué à une extrémité, et la Mishna[6], en nous disant qu'il était plus près de la face nord que de la face sud, nous montre

---

1. Jos., *Ant. Jud.*, XIV, iv, 2. — *Bell. Jud.*, I, vii, 1, 2, 3. Πομπήϊος δὲ κατὰ τὸ προσάρκτιον κλίμα τήν τε τάφρον ἔχου καὶ φάραγγα πᾶσαν.

2. Μείζω τε τὸν περίβολον, καὶ πρὸς ὕψος ἀξιοπρεπέστατον ἐγείρειν. (*Ant. Jud.*, XV, xi, 1.)

3. Τῆς οὔσης διπλασίαν. (*Bell. Jud.*, I, xxi, 1.)

4. Ὁ δὲ πᾶς κύκλος αὐτῶν (στοῶν) εἰς ἓξ σταδίους συνεμετρεῖτο, περιλαμβανομένης καὶ τῆς Ἀντωνίας. (*Bell. Jud.*, V, v, 2. — Voir plus haut, p. 19, note 8.)

5. Ceci ressort de la description du Portique Royal ou « basilique », qui occupait toute la longueur de la face méridionale, ἀπὸ τῆς ἑῴας φάραγγος ἐπὶ τὴν ἑσπέριον, et qui est dit avoir eu un stade de long, μῆκος δὲ στάδιον. (*Ant. Jud.*, XV, xi, 5.).

6. *Middoth*, ii, 1. Je cite le passage en entier, parce qu'il est important et demande quelques explications : הר הבית היה חמש מאות אמה על חמש מאות אמה׳ רובו מן הדרום שני לו מן המזרח שלישי לו מן הצפון מיעוטו מן המערב. « La montagne du temple (c'est-à-dire, en langage talmudique, le grand parvis extérieur) avait 500 coudées de long sur 500 cou-« dées de large. Le plus grand espace était vers le sud, le second (en dimension) vers l'orient, le troisième vers le nord, et « le plus petit était vers l'occident. » Ainsi le Temple intérieur était plus près de la face ouest que de la face nord, de la face nord que de la face est, et de la face est que de la face du sud. La pensée de l'auteur est bien claire, et la figure de la page suivante la traduit en lignes. La seule difficulté réside dans le commencement de la phrase, d'après lequel l'enceinte extérieure aurait eu la forme d'un carré de 500 coudées de côté, ce qui est en contradiction non-seulement avec l'assertion de Josèphe, mais, comme nous le verrons plus tard, avec la forme du terrain. Je n'hésite pas à trancher la difficulté ; pour moi il est évident que le compilateur talmudique s'est trompé, qu'il a pris pour les véritables dimensions de l'enceinte les chiffres de la vision d'Ézéchiel, applicables tout au plus au temple de Salomon ; qu'il a conservé à l'enceinte nouvelle la forme carrée de l'ancienne (les 500 coudées correspondant au stade approximatif de Josèphe), sans tenir compte des agrandissements d'Hérode, tout en mentionnant l'excentricité du Temple, résultat et preuve de ces mêmes agrandissements. Les chiffres de la Mishna ne peuvent pas tous être acceptés les yeux fermés ; il est certain que le livre d'Ézéchiel a influé sur les traditions historiques, et une certaine confusion a pu s'établir entre les chiffres réels et les chiffres prophétiques ; pour le Temple proprement dit, l'inconvénient n'est pas grand, car les dimensions sont à peu près les mêmes ; pour l'enceinte, la divergence est considérable et l'erreur manifeste. On trouve d'ailleurs, dans la Mishna elle-même, la trace de la vérité. L'auteur anonyme du commentaire des *Middoth*, nommé *Piské-Thossaphôth*, § 5, fait observer que la « montagne du temple », הר הבית, c'est-à-dire l'*enceinte*, excédait le carré de 500 coudées, mais que l'espace qui dépassait cette mesure n'était pas saint. D'après une autre tradition conservée dans le Talmud de Babylone (*Yoma*, fol. 12 a; *Meghilla*, fol. 26 a), une partie du parvis aurait appartenu à la tribu de Juda, tandis que le sanctuaire (espace véritablement saint) appartenait à la tribu de Benjamin ; cette fraction du parvis était portée par des voûtes superposées (בימין על גבי כיפין (cf. *Aboth* de R. Nathan, 35). Ces divers passages tendent à prouver que l'espace ajouté par Hérode au sud, et porté, à cause de la déclivité du sol, sur des substructions voûtées, n'avait pas été considéré comme saint par les prêtres, et que l'ancien carré de 500 coudées était demeuré, quoique détruit, l'enceinte virtuelle des choses saintes. Maïmonides (*Beth hab-behirah*, V, 1), qui écrivait au xe siècle, reprend, en l'altérant, cette tradition des

clairement que l'agrandissement avait eu lieu vers le sud. Nous savons d'ailleurs que la limite septentrionale marquée par la tour Baris ou Antonia ne fut pas déplacée. La figure ci-jointe fait comprendre ces modifications, en supposant que A B C D soit l'ancien péribole, T le Temple, C D E F le carré ajouté au premier.

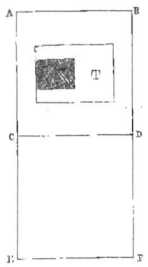

Pour exécuter ce plan, Hérode fit démolir jusqu'au sol et refaire les anciennes terrasses et les portiques qui les couronnaient [1]. Seulement il fit respecter et enclaver dans ses constructions le portique oriental, dit *de Salomon*, et son beau mur de soutènement [2]. C'est là le seul morceau du Temple antérieur qu'il semble avoir conservé; tout le reste fut détruit pour renaître rajeuni et agrandi; le sanctuaire intérieur fut arraché jusqu'à ses fondements [3], ce qui, soit dit en passant, ne fut pas très-difficile, puisqu'il était bâti sur le roc. Aussi, lorsque Josèphe prétend que les fondations étaient égales en profondeur à la hauteur des murs au-dessus du sol, faut-il ne tenir aucun compte de cette absurde et vaniteuse exagération.

Hérode donna les premiers ordres la dix-huitième année de son règne [4], mais les travaux ne commencèrent que deux ou trois ans plus tard (18-17 av. J.-C.), à cause de la promesse faite par le roi de ne toucher au Temple ancien qu'après avoir réuni tous les matériaux nécessaires. Dix mille ouvriers se mirent à l'œuvre, sous la direction de mille prêtres qui seuls pouvaient travailler dans le Saint et le Saint des Saints; dix-huit mois suffirent pour bâtir le Temple proprement dit : sans attendre que les constructions secondaires fussent achevées, Hérode fit la dédicace solennelle du sanctuaire. En huit années les parvis et les portiques furent construits; mais les travaux accessoires se prolongèrent encore longtemps [5]; ce ne fut que l'an 64 après Jésus-Christ, sous le roi Agrippa, que tout fut définitivement terminé. A cette époque, dit Josèphe [6], dix-huit mille ouvriers travaillaient au Temple; ils se trouvèrent sans ouvrage. Les habitants de Jérusalem, effrayés de voir, en ces temps de troubles, tant de bras inoccupés, demandèrent au roi de faire rebâtir le portique de Salomon et le mur oriental, dont l'aspect archaïque contrastait probablement avec l'apparence moderne des constructions nouvelles: le roi refusa, disant qu'il était plus facile de démolir ce mur que de le reconstruire. Les hommes furent employés au pavage de la ville.

Le dernier ouvrier avait à peine quitté les enceintes du Temple que la destruction commença. Ce furent les Juifs eux-mêmes qui portèrent les premiers la main sur les édifices sacrés. Les exactions et les cruautés du procurateur romain Gessius Florus avaient amené une émeute : les soldats romains avaient été maltraités et obligés de se retirer dans la ville haute; les patriotes ou zélateurs occupaient le Temple; la tour Antonia était au pouvoir des Romains, et Florus se

---

substructions : il place le Temple tout entier sur des voûtes artificielles destinées à isoler le saint édifice et à le prévenir contre la souillure des cadavres que la terre aurait pu renfermer. C'est une explication individuelle et sans valeur d'une tradition vraie.

1. Ἃς μὲν (στοὰς) γὰρ ἀνῳκοδόμησεν ἐκ θεμελίων. (*Bell. Jud.*, I, xxi, 1.)
2. *Ant. Jud.*, XV, xi, 3. — Josèphe, après avoir décrit les portiques de la nouvelle enceinte, ajoute : ἄμφω δὲ ἦσαν τοῦ μεγάλου τείχους, ce qui n'a aucun sens; je crois qu'il faut corriger ἀμφοτέρωθεν, et traduire : *ils enclavaient le grand mur*; si l'on se rapporte à la figure ci-dessus, cela signifie que les portiques nouveaux commençant au point D, décrivaient le périmètre D F E A B, et enclavaient le *grand mur* B D, seule portion conservée de l'ancien Temple.
3. *Id., ibid.*
4. *Id., ibid.*, 1. La date donnée *Bell. Jud., l. c.*, a été reconnue fausse.
5. Quadraginta sex annis aedificatum est templum istud. (Ioan., II, 20.)
6. *Ant. Jud.*, XX, ix, 7.

préparait à y jeter de nouvelles forces, afin de pénétrer dans le Temple par l'angle, et de s'emparer du trésor public. Les zélateurs n'hésitèrent pas, pour couper toute communication entre la forteresse et la première enceinte sacrée, à détruire l'extrémité des deux portiques qui venaient buter contre les ouvrages extérieurs de la Tour[1]. Peu après, sur les instances du roi Agrippa, qui voulait ménager les Romains et éviter la guerre, ils commencèrent à réparer ces brèches[2]; mais le parti de la révolte ayant pris le dessus, la Tour fut prise, la garnison massacrée, et une partie des ouvrages détruits[3]. Les Romains évacuèrent alors la ville pour se préparer à la lutte, et les horreurs de la guerre civile préludèrent aux terribles événements de la guerre étrangère. Le Temple, avec sa vigoureuse assiette, ses portiques qui ressemblaient à des fortifications[4], devient le point de mire des divers partis. Les zélateurs s'y établissent dès le début, sous le commandement d'Éléazar; refoulés par les Galiléens, ils se retranchent dans l'enceinte intérieure; Jean de Giscala s'établit dans l'enceinte extérieure, pendant que Simon et les Iduméens se fortifient dans la ville haute. Tous ces partis se font une guerre impitoyable, élevant des tours sur les portiques sacrés[5], dressant leurs machines contre les murailles saintes[6], remplissant les parvis de sang et de ruines, jusqu'au jour où l'approche des Romains établit entre eux une suprême et désormais inutile union. Tour à tour camp, arsenal, champ de bataille, le Temple devient le dernier boulevard de l'indépendance nationale; enfin il tombe sous les coups de Titus et disparaît pour toujours, entraînant avec lui les institutions dont il était le centre. Son rôle est achevé; la splendeur matérielle dont Hérode l'a entouré, n'a servi qu'à rendre plus éclatante sa chute inscrite dans les destinées de l'humanité, comme la rupture sanglante entre l'ordre ancien qui s'écroule et l'ordre nouveau qui s'élève. L'idée jusqu'alors emprisonnée dans ses enceintes, délivrée par la torche du soldat romain, va conquérir le monde sous sa forme nouvelle. Ce que les pèlerins viendront désormais chercher à Jérusalem, ce n'est plus le Moriah, lieu saint d'un peuple exclusif, c'est le Calvaire, lieu saint de l'humanité.

Nous avons terminé l'analyse des documents historiques relatifs au Temple de Jérusalem. Dans cette rapide esquisse, nous avons laissé de côté les détails techniques qui eussent entravé la marche du récit, et qui trouveront d'ailleurs leur place dans la description que nous donnerons de chaque monument en particulier. Nous n'avons aussi mis à profit, suivant notre promesse, ni notre connaissance des lieux, ni les renseignements archéologiques; nous nous sommes borné à coordonner les assertions des auteurs sacrés ou profanes, et à les expliquer les unes par les autres. Cette histoire, on a pu le voir, forme un tout complet, homogène; il n'existe pas de monument antique au monde dont les annales puissent ainsi s'établir sur un enchaînement aussi remarquable de documents authentiques. Je pourrais tirer de ce fait un enseignement profond : je me bornerai à faire remarquer les facilités qu'il nous donne pour l'identification des ruines encore existantes.

Parmi les assertions des auteurs, toutes ne méritent pas une égale confiance; je ne parle pas seulement des exagérations de langage dont nous avons déjà fait justice, mais des faits que nous avons admis dans notre récit; Josèphe, par exemple, notre principal guide, est loin d'avoir la même autorité quand il nous parle de Salomon et quand il raconte des événements auxquels il a assisté. C'est à nous de peser la valeur des témoignages et de dégager de l'ensemble des informations celles

---

1. *Bell. Jud.*, II, xv, 6.
2. *Ibid.*, xvi, 5; xvii, 1.
3. *Ibid.*, xvii, 7.
4. Ipsæ porticus queis templum ambiebatur egregium propugnaculum. (Tacite, *Hist.*, v, 12.)
5. *Bell. Jud.*, IV, ix, 11.
6. *Ibid.*, V, i, 1, 2.

qui ont un caractère particulier d'authenticité. Nous arrivons ainsi à déterminer un certain nombre de points sur lesquels l'affirmation de Josèphe équivaut presque à une certitude; tels sont les renseignements relatifs à l'ensemble des travaux d'Hérode. Très-occupé de questions religieuses dès sa plus tendre enfance, mêlé aux discussions d'école, enrôlé dans les rangs des pharisiens, appartenant lui-même à une des premières familles sacerdotales et habitant Jérusalem[1], Josèphe passa dans le Temple les trente premières années de sa vie; il vit s'achever sous ses yeux les constructions ordonnées par Hérode, et put ainsi constater leur étendue. Quand il affirme que l'enceinte extérieure fut agrandie, son affirmation a une grande valeur, et sur ce point sa pensée est bien claire; les textes sont précis; le rapprochement des deux chiffres de quatre et de six stades, qui représentent le périmètre de l'ancien et du nouveau péribole, est décisif; ces deux nombres n'ont aucune importance comme mesure absolue, mais une très-grande comme renseignement; il est évident que, dans l'esprit de Josèphe, Hérode a doublé l'enceinte du Temple; nous en conclurons qu'il l'a considérablement agrandie, car la mesure exprimée en stades est nécessairement approximative. Des deux nombres, le plus sérieux est évidemment le second, puisqu'il s'applique à l'enceinte telle que l'a vue Josèphe; mais encore ne faut-il le prendre que comme une indication en chiffres ronds : il signifie simplement que le périmètre total de l'enceinte, mesuré à l'œil, avait six fois environ la longueur du côté méridional, évalué un stade[2] par le même procédé rapide. Réduit ainsi à sa véritable valeur, le renseignement est acceptable et très-précieux. Quand Josèphe nous dit ensuite que la face orientale de l'ancienne enceinte fut conservée sur une longueur de 400 coudées, son assertion a un grand poids, car il avait vingt-sept ans à l'époque du fait que nous avons rapporté[3], et peut-être faisait-il partie de cette députation de prêtres et de notables qui vint supplier Agrippa de faire démolir ce mur vénérable, afin d'occuper les ouvriers sans ouvrage; mais quand il ajoute que ce mur était l'œuvre de Salomon, sa parole n'a plus la même autorité, car elle n'exprime qu'une opinion personnelle ou une tradition populaire, et dès lors ne peut être acceptée sans contrôle.

Ainsi deux faits saillants ressortent des récits des historiens : 1° l'agrandissement sous Hérode de l'enceinte du côté du sud; 2° la conservation du mur oriental primitif sur une longueur approximative d'un stade. Ces deux points sont bien établis ainsi que plusieurs points de détails, tels que — la forme générale du terrain, rocher abrupte entouré de terres rapportées, — la forme générale de l'enceinte, grand quadrilatère soutenu par des terrasses et défendu au nord par un fossé qui isolait le Temple et la tour Antonia du reste de la ville. Je pourrais encore en citer d'autres, mais ces faits suffisent. En effet, que voyons-nous sur le terrain?

Une grande plate-forme artificielle entourant un rocher central, — une grande enceinte soutenue par des terrasses et défendue au nord par un fossé profond. — Le côté méridional de cette enceinte a 280 mètres de longueur; le périmètre total a 1,525 mètres, qui, augmentés de 155 mètres pour les ouvrages saillants de la forteresse Antonia, font 1,680 mètres ou six fois la longueur du côté méridional. — Le système de soubassements en grand appareil à refends embrasse toute l'*extrémité méridionale* de l'enceinte; il se retrouve encore au nord, mais n'existe pas du côté de l'orient, pendant une longueur de près de 280 mètres.

La concordance entre les faits matériels et les renseignements historiques saute aux yeux; je crois même qu'elle n'existe au même degré dans aucun monument antique.

---

1. Voy. *Vita Iosephi*, 1 et 2.
2. Voir plus haut, p. 21.
3. Voir plus haut, p. 22.

Ainsi *a priori*, en dehors de toute considération architecturale ou artistique, la seule comparaison des textes et des ruines amène à conclure que l'enceinte du Haram est celle du nouveau Temple, et que les soubassements de grand appareil indiquent le tracé de l'espace ajouté par Hérode à l'enceinte primitive.

En effet, si ces grands soubassements appartenaient au Temple de Salomon, on ne les trouverait ni autour de l'extrémité méridionale de l'enceinte, qui a été ajoutée par Hérode, ni sur la face nord, qui a été reculée à l'époque asmonéenne; ils n'existeraient que sur un point de la face orientale, où précisément ils ne se rencontrent pas. Les témoignages historiques sont donc unanimes pour attribuer leur construction à Hérode.

Nous verrons, en nous occupant de chaque monument en particulier, que l'archéologie confirme entièrement les renseignements fournis par l'histoire.

CHAPITRE III.

DESCRIPTION DE L'ANCIEN TEMPLE.

L'histoire que nous venons d'esquisser démontre que le Temple de Jérusalem n'a jamais été changé de place. Une loi religieusement observée l'attachait à un point fixe, précis, choisi dès l'origine par le roi David, et toujours occupé par l'édifice sacré : de Salomon à Titus, pendant une période de dix siècles, la tradition n'est pas interrompue, et le jour où l'autel de Jehovah est définitivement chassé de ce lieu, il ne se relève plus ailleurs, tant l'existence même du Temple et du culte judaïque est attachée à la possession de cet emplacement sacré. Ce point unique, immuable, désigné par une tradition constante et une règle inflexible, c'est l'aire d'Aravnah, le sommet étroit et abrupt autour duquel se sont groupées, aux époques que nous avons signalées, les constructions modestes ou grandioses de tous les âges.

Or, vers le milieu du Haram, nous l'avons dit, s'élève un mamelon isolé, sommet naturel du mont Moriah, et qui sert de noyau à la plate-forme centrale. Ce mamelon, le seul qui se trouve dans l'intérieur de l'enceinte, est évidemment l'assiette du Temple. L'emplacement précis du sanctuaire n'est pas la Sakhrah même : la roche est trop aiguë pour avoir jamais servi d'aire à blé; de plus, elle est presque à égale distance des faces nord et sud de l'enceinte, et nous savons que le Temple était plus près du nord que du sud; enfin le point P, où commence la saillie du rocher, doit marquer à peu près la limite de la plate-forme du Temple intérieur : nous sommes donc conduits à chercher l'aire d'Aravnah un peu au nord de la Sakhrah, vers l'embouchure des citernes R et R'[1]. Cet emplacement, on le voit, est indiqué déjà par la forme du terrain; nous constaterons, à mesure que nous avancerons dans la description des édifices, que c'est le seul qui satisfasse à la fois à toutes les conditions topographiques, historiques et architecturales du problème.

David construisit l'autel de Jehovah sur l'aire même d'Aravnah; l'autel des Holocaustes prit la place de la pierre provisoire de David : si donc l'aire est en R, comme nous l'avons supposé, le sanctuaire qui était à l'ouest de l'autel devait être vers le point S (planche I).

Ainsi le Temple de Salomon était situé dans l'angle nord-ouest de la plate-forme moderne. Il n'en reste rien. Le pavage musulman en cache la place vénérable, et quand même nous pourrions

---

[1]. Le Dr Rosen a remarqué qu'à côté des aires antiques se trouve toujours une citerne creusée dans le roc : elle servait à abreuver les animaux employés au dépiquage. *Zeitung der Morgenl. Gesellschaft.* XIV. 609 et sq.

DESCRIPTION DE L'ANCIEN TEMPLE.

soulever ces dalles de marbre, nous ne retrouverions rien : Hérode a fait arracher les fondations primitives pour asseoir le nouveau Temple; et de son œuvre elle-même que reste-t-il? Bâti sur le roc, le sanctuaire aura complètement disparu; les hommes n'auront pas laissé pierre sur pierre, et auront ainsi exécuté la prophétie du Christ, qui pouvait ne pas être aussi littéralement accomplie sans cesser d'être d'une trop cruelle vérité.

Mais si les pierres des fondations ont été dispersées, les citernes creusées dans le roc pour les besoins du Temple n'ont pu disparaître; et en effet elles existent encore en partie, et notre plan en indique les bouches modernes. Je n'hésite pas à les considérer comme contemporaines de Salomon. Dès l'origine, elles étaient indispensables aux services liturgiques : les unes devaient fournir les eaux nécessaires aux ablutions, les autres devaient recevoir les eaux de lavage, le sang provenant des libations faites autour de l'autel, et emmener loin des parvis sacrés ces mélanges impurs[1]; leur creusement a donc accompagné, sinon précédé, la construction du premier Temple. La petite excavation située sous la Sakhrah n'est pas assez profonde pour avoir servi de réservoir; elle est, d'ailleurs, percée à son centre d'un puits qui traverse la montagne et communique avec le cloaque souterrain qui débouche dans le torrent de Cédron; sa destination était donc toute spéciale; elle servait évidemment à recueillir le sang, les eaux impures, et à les jeter au dehors; le puits[2] est le canal *Amah* des rabbins. Les citernes R et R' communiquent, suivant M. Pierotti, avec le même puits; elles auraient donc eu une destination analogue; ce seraient aussi des cloaques, ce qui s'accorde avec notre système, puisque nous plaçons l'autel des Holocaustes près de l'embouchure de ces excavations. Quant à la citerne M, c'était[3] et c'est encore un réservoir d'une abondance extrême, qui ne tarit jamais et qui doit recevoir ses eaux soit d'une source naturelle, soit d'un aqueduc souterrain dont l'origine est inconnue.

Les citernes et les excavations souterraines sont donc tout ce qui reste du Temple de Salomon; quant aux constructions bâties, elles ont disparu, et nous devons chercher dans les Livres saints les éléments de notre restauration.

Le Temple proprement dit avait un plan égyptien : M. de Saulcy l'a démontré rigoureusement[4].

Il se composait de trois parties essentielles : le vestibule ou pylône, *aoulem*; le Saint, *Hékal*; le Saint des Saints, *Debir*; et d'une ceinture accessoire de petites chambres latérales, *tsalaoth*. Cette disposition est tout à fait égyptienne; on peut s'en assurer en comparant notre plan (planche XIV) avec celui des temples de Khons, à Karnac, par exemple, de Louqsor ou de Dendérah.[5]

---

1. *Middoth*, III, 2. A l'angle sud-ouest de l'autel des Holocaustes, il y avait deux trous semblables à des narines, par lesquels le sang répandu sur la base occidentale et la base méridionale s'écoulait dans le canal (*amah*), se mêlait et se rendait dans le torrent de Cédron. — 3. Dans le pavé, à ce même angle, était une dalle de marbre d'une coudée carrée, avec un anneau au centre; en la soulevant, on descendait dans la fosse pour la nettoyer. — Aristée (*de Legis divinæ translations*, Ed. Havercamp, p. 112) mentionne ces citernes souterraines: elles étaient alimentées, dit-il, par une source et par les eaux de pluie, et occupaient autour du Temple un espace de cinq stades; elles étaient mises en communication par des tuyaux de plomb; il y avait, en outre, à la base de l'autel, des bouches que personne ne pouvait voir, excepté les prêtres, par lesquelles la force de l'eau entraînait le sang des sacrifices. — Josèphe, *Bell. Jud.*, V, III, 1, parle des cloaques (ὑπονόμους) du Temple *intérieur* qui servent de refuge aux partisans d'Éléazar. — Les résidus recueillis dans ces cloaques étaient vendus comme engrais aux maraîchers. Const. L'empereur, *Comment. ad Middoth*, III, 2.

2. Son nom moderne, *Bir-ar-rouah*, ne serait-il pas une corruption de *Bir-Aracnah*?

3. Le fait seul du siège soutenu dans le Temple intérieur pendant près de trois ans par un parti considérable prouve l'existence d'eaux abondantes. — « Fons perennis aquæ, cavati sub terra montes : piscinæ cisternæque servandis imbribus. » Tacite, *Hist.*, V, 12.

4. *Art judaïque*.

5. Les deux premiers sont plus anciens que le Temple de Jérusalem, et le troisième est beaucoup plus moderne; mais

28   LE TEMPLE DE JÉRUSALEM.

L'élévation du monument est bien conforme aux mêmes lois : la décroissance successive des hauteurs, principe constant de l'architecture sacrée en Égypte, est ici observée : la hauteur du pylône est le double de celle du Saint, le triple de celle du Saint des Saints, et les chambres latérales suivent évidemment la même règle : non-seulement l'analogie le réclame, mais le fait seul de l'existence de fenêtres dans le Saint[1] le prouve sans réplique ; aussi je ne m'explique pas que plusieurs commentateurs aient refusé de l'admettre[2]. Une seule différence est à signaler entre le Temple juif et les temples égyptiens analogues. En Égypte la ceinture de chambres latérales n'a qu'un rez-de-chaussée ; à Jérusalem, elle se composait de trois étages superposés : ces étages allaient en s'élargissant de bas en haut, à cause du *fruit* des murs. Le rez-de-chaussée avait quatre coudées de large, le premier étage cinq coudées, le deuxième six coudées, et la terrasse supérieure sept. Le *fruit* était obtenu à l'aide de retraites brusques d'une demi-coudée à chaque étage ; ces retraites recevaient le bout des solives de chaque plancher, qui se trouvait ainsi posé sans qu'il fût nécessaire d'entailler les murs sacrés. La Bible[3] rend parfaitement compte de cette disposition, qui est reproduite planche XIV.

Les principales dimensions du Temple nous sont données par les livres des Rois[4] et des Chroniques[5] : elles sont comptées *dans œuvre*, c'est-à-dire sans tenir compte de l'épaisseur des murs, des planchers ou des toits.

Le livre d'Ézéchiel donne l'épaisseur du mur du sanctuaire[6], celle du mur des chambres latérales[7], et la longueur totale extérieure[8], c'est-à-dire *hors œuvre*, de l'édifice : en retranchant de ce total la

---

on sait qu'en Égypte les grandes lignes de l'architecture n'ont guère été modifiées pendant un espace de deux mille ans.

1. III Reg., VI, 4.

2. La décroissance intérieure n'est niée par personne ; les textes sacrés sont formels sur ce point, il ne s'agit que de la décroissance extérieure ; pour mettre d'accord la décroissance intérieure et l'horizontalité extérieure, on était obligé d'avoir recours aux hypothèses souvent les plus bizarres.

3. III Reg., VI, 5, 6, 8. — Ézéchiel, XLI, 5, 6, 7. Voici la traduction de ces versets, défigurés dans la Vulgate :

Reg., 5. « (Salomon) fit contre le mur de la Maison un étage (m. à m. un *plancher* יצוע de יצע *stravit*) tout autour des murailles de la Maison, autour du Hekal et autour du Debir, et fit des chambres latérales tout autour. — 6. Le plancher inférieur (c'est-à-dire celui qui séparait le rez-de-chaussée du premier étage) avait cinq coudées de large, le plancher intermédiaire six, et le troisième sept, car Il donna des rétrécissements à la Maison par dehors tout autour, pour ne pas entamer le mur de la Maison.... — 8. La porte de la chambre צלע du milieu était au côté droit de la Maison, et on montait par un escalier tournant à la chambre du milieu, et de celle-ci à la chambre supérieure. »

Éz. 5. « Il mesura la muraille de la Maison, six coudées de large, puis la chambre latérale צלע quatre coudées, tout autour de la Maison. — 6. Et les chambres latérales, chambre contre chambre, (étaient) trente-trois fois : et (les planchers) entraient dans le mur qui entourait les chambres tout autour de la Maison, afin d'y être enclavés, et de ne pas être enclavés dans le mur de la Maison. — 7. Les chambres allaient en s'élargissant en montant de plus haut en plus haut..... et on montait de l'étage inférieur à l'étage supérieur par celui du milieu. »

4. III Reg., VI, 2, 3, 16, 17, 20.

5. II Chr., III, 3, 4, 8. Le livre des Rois ne donne pas la hauteur du vestibule ; les Chroniques indiquent pour cette hauteur 120 coudées ; chiffre absurde, évidemment doublé par mégarde. Josèphe (*Ant. Jud.*, VIII, III, 2) donne ce même nombre de 120 coudées ; mais en comparant ses autres chiffres avec ceux de la Bible, on remarque que, par une singulière méprise, il double toutes les hauteurs : le véritable nombre est donc 60 coudées. — Voy. la discussion de M. de Saulcy (*Art judaïque*) qui établit parfaitement ce point : la seule chose que je ne saurais admettre, c'est que Josèphe puisse être pris au sérieux quand il prétend que les fondations du Temple étaient égales en profondeur à la hauteur extérieure de l'édifice. Le roc affleure partout.

6. *Ézéchiel*, XLI, 5.

7. *Id., ibid.,* 9.

8. *Id., ibid.,* 13. Malgré la tournure mystique et prophétique du livre d'Ézéchiel, il est admis par tout le monde que sa description est celle du Temple véritable. Les obscurités du texte tiennent surtout à la présence de mots nombreux dont la valeur technique est indéterminée.

DESCRIPTION DE L'ANCIEN TEMPLE.

somme des longueurs intérieures et des épaisseurs connues, on trouve 15 coudées pour les deux murs du vestibule et le mur de refend du Debir, c'est-à-dire 5 coudées[1] pour chacun.

Tous les éléments de l'édifice sont donc donnés par les livres saints; en voici le tableau (l'unité est la coudée hébraïque[2]):

	Épaisseur.	Hauteur.	Largeur.	Longueur.
Pylône (dans œuvre).............................	»	60	20	10
Hekal..	»	30	20	40
Debir..	»	20	20	20
Murs du Pylône.................................	5	»	»	10
Murs du Hekal..................................	6	»	»	6
Mur de refend du Debir.........................	5	»	»	5
Mur des chambres latérales.....................	5	»	»	5
Chambres latérales..............................	»	»	»	4
Longueur totale hors œuvre.....................				100
Largeur totale (déduite des chiffres précédents)...................				50

Les murs étaient formés de trois rangées parallèles de pierres quadrangulaires[3]; disposition très-fréquente pendant toute l'antiquité.

Tout l'édifice était recouvert d'un solivage en cèdre posé directement sur les murs; ces poutres portaient évidemment, suivant un usage encore suivi en Orient, une épaisse couche de terre battue qui terminait toute la construction par des surfaces horizontales. L'épaisseur du solivage et de la terrasse qui recouvrait le Temple proprement dit paraît avoir été de 5 coudées[4].

Le nombre des chambres latérales, à chaque étage, était, suivant Ézéchiel, de trente-trois, nombre que j'ai adopté. Josèphe n'en compte que trente, et nous apprend qu'elles étaient toutes en communication l'une avec l'autre. Un escalier tournant, placé dans les extrémités du pylône, conduisait aux étages supérieurs.

Le vestibule était ouvert et formait un portique soutenu par deux colonnes de bronze[5], qui se nommaient l'une Iakin, l'autre Boaz; elles avaient 4 coudées de diamètre à la base, et une hauteur totale de 18 coudées[6] ou 4 diamètres 1/2, proportion tout à fait égyptienne, que l'on retrouve particulièrement aux colonnes du temple de Khons. Disposées de chaque côté de l'entrée du Saint, elles rappellent les obélisques qui flanquent la porte des principaux sanctuaires égyptiens, et, comme eux,

---

1. Ce chiffre est confirmé par Ézéchiel, xl., 48, qui donne 5 coudées aux *ailim* du vestibule, c'est-à-dire aux pilastres d'*antes*, égaux en épaisseur au mur du *aoulem*. — Le mot *aïl*, dont le sens a été si controversé, me paraît, dans la plupart des cas, signifier le *montant* des portes ou entrées; les *ailim* de la porte du Hekal ont 6 coudées, c'est-à-dire 5 coudées pour l'épaisseur du mur et 1 pour la saillie de l'encadrement de la porte.

2. C'est la coudée sacrée ou royale qui est évaluée 525 millimètres; la coudée vulgaire n'avait que 450 millimètres.

3. III Reg., vi, 36. Ce verset ne parle que du portique du parvis, mais on peut l'appliquer à toute la construction; l'épaisseur de 6 coudées ne peut s'expliquer que par la juxtaposition de 3 pierres de 2 coudées chacune.

4. III Reg., vi, 10. Le mot צלע employé dans ce verset est celui que nous avons déjà rencontré et appliqué au plancher des étages; son vrai sens est *lit*; il ne me paraît donc pas possible qu'il désigne ici une balustrade; je crois plutôt qu'il indique le solivage et la couverture horizontale.

5. Les colonnes étaient placées *dans* le vestibule, et non *devant* : cela résulte de III Reg., vii, 21, et II Chr., iii, 17. Ézéchiel, xl., 48, 49, est aussi formel sur ce point, puisqu'il ne mentionne les colonnes qu'après être *entré* dans le vestibule, et qu'il les place devant les *antes*. De plus, les chapiteaux qui couronnaient ces colonnes appellent une architrave.

6. D'après le livre des Rois et Josèphe : les Chroniques, suivant leur usage, doublent la hauteur.

elles symbolisaient sans doute la puissance créatrice de la divinité : leurs deux noms forment une phrase dont le sens est : *Il établit dans* ou *par la force*.

On peut conclure du verset 1, XLI, d'Ézéchiel que l'intervalle des deux colonnes était de 6 coudées ; le verset suivant donne la largeur de la porte du Hekal, 10 coudées, et nous apprend en outre qu'elle était placée dans l'axe de l'édifice.

C'est à l'aide de ces données que j'ai construit les figures de la planche XIV. Les seuls éléments qui ne soient pas fournis par les textes sont la hauteur totale des chambres latérales, et la longueur en façade du pylône. Cinq coudées est la hauteur généralement donnée à chaque étage dans œuvre ; c'est aussi le nombre que j'ai été conduit à adopter par des considérations graphiques tirées d'un ordre d'observations tout particulier ; ces mêmes observations, que je vais rapidement résumer, m'ont donné les dimensions de la façade.

On sait que les rapports mathématiques des nombres et des lignes jouent un grand rôle dans la symbolique des anciens ; que l'application de ces rapports à l'architecture soit née des spéculations des philosophes ou de la mise en formules des lois naturelles et instinctives du beau, peu importe ; toujours est-il que les exemples de ces combinaisons, dans les édifices antiques, sont trop fréquents pour être l'effet du hasard, et que les monuments les mieux réussis, comme proportions, sont en même temps ceux où ces combinaisons harmoniques sont le plus rigoureusement observées. C'est en Égypte que l'on rencontre les premières applications de ce système ; c'est là qu'il paraît avoir pris naissance, et c'est de là qu'il paraît s'être répandu chez tous les peuples de l'ancien monde. Les triangles sont l'élément principal de ces combinaisons, et parmi eux deux triangles déterminés : l'équilatéral, la figure parfaite par excellence, symbole d'équilibre, de stabilité, de régularité, principe d'une foule d'autres combinaisons agréables à l'œil et satisfaisantes pour l'esprit ; le rectangle dont les trois côtés sont représentés par les nombres 3, 4 et 5 : le plus beau de tous, suivant Platon, l'image de la nature suivant les Égyptiens, qui, comparant la base au principe femelle, la hauteur au principe mâle, et l'hypoténuse (dont la puissance est égale à celle des deux autres côtés) au produit des deux principes, en faisaient le symbole de l'univers vivant. Un autre triangle, dérivé de celui-ci, joue un rôle important : le triangle *égyptien* ou isocèle, dont la hauteur égale les 5/8 de la base[1].

Le Temple de Jérusalem, tracé d'après les nombres que nous avons cités plus haut, m'a offert un des exemples les plus complets de l'application de ce système harmonique. Le fait ne saurait nous étonner chez un peuple qui avait fait en Égypte son éducation artistique, et qui devait plus tard inventer la kabbale.

On voit déjà, par le tableau ci-dessus, que les nombres exprimant les principales dimensions sont des nombres entiers, dans des rapports simples ; tous sont multiples d'un ou de plusieurs des nombres 3, 4 et 5.

La largeur totale et la longueur totale sont dans le rapport de 1 à 2.

La surface du Debir et celle du Hekal sont dans le même rapport de 1 à 2, et leur cube dans le rapport de 1 à 3.

Le tracé des coupes offre des combinaisons de lignes non moins intéressantes.

La coupe transversale est basée sur le triangle équilatéral ; la coupe longitudinale, sur le triangle rectangle parfait. Ici une figure est nécessaire :

Soit $ABCD$ (planche XIV, 2) un rectangle de 60 coudées de haut sur 20 de base, il représente le vide du pylône donné par les livres saints ; sur BC, comme base, nous construisons un triangle

---

[1] Cf. Viollet-le-Duc, *Entretiens sur l'architecture*, IX.

DESCRIPTION DE L'ANCIEN TEMPLE.

équilatéral BCO, dont nous prolongeons les côtés; par les points A et D, nous menons des parallèles aux côtés du triangle. Toutes ces lignes, en se coupant, forment un réseau de triangles équilatéraux dont les sommets correspondent à autant de lignes de la construction.

Les intersections RR nous donnent la hauteur du Hekal dans œuvre, 30; TT, la hauteur de la terrasse extérieure, 34 2/3; EE, deux points situés 1/3 de coudée en dedans du pied du mur extérieur, et qui, à cause du fruit, nous indiquent l'aplomb de la corniche des bas côtés. D'autres parallèles, menées par le point S, nous donnent le pied P du mur intérieur.

En traçant les axes X du mur du Hekal, les intersections L nous donnent une hauteur $LX = 20\ 4/5$ que nous prendrons comme hauteur totale des bas côtés, hauteur qui sera, avec celle du Hekal, dans le rapport de 3 à 5. Alors toute la figure se trouvera inscrite dans un grand triangle équilatéral HMM, dont la base a 72 coudées[1], et dont le sommet H dépasse de 2 coudées 1/3 la hauteur du vestibule. Les intersections G des côtés de ce triangle avec des lignes déjà tracées donnent les axes des gros murs; en prenant la ligne YZ pour la surface supérieure du pylône, MM pour sa base, on voit que toute la figure se trouve engendrée par une combinaison de triangles équilatéraux. La seule ligne que nous n'ayons pas déterminée par ce procédé, est la hauteur intérieure du Debir; elle n'échappe pourtant pas à l'application du système; nous l'aurons par le triangle *égyptien* IdI, construit sur la largeur hors œuvre du sanctuaire; en effet, $IK = 16$ coudées, $Kd = 20$ coudées, donc $Kd = \frac{5.IK}{4}$.

Soumettons la coupe longitudinale à une analyse semblable.

Soit $ABCD$ le quadrilatère de 60 coudées de haut et 10 de large représentant, comme dans la figure précédente, le vide du pylône. Sur AB et sur CD je construis le triangle rectangle parfait, celui dont la hauteur est représentée par le nombre 3, la base par 4, et l'hypoténuse par 5. Nous obtenons ainsi les points P et Q, ou pied intérieur des deux murs extrêmes.

L'épaisseur des deux murs est donnée par la figure précédente; je prends donc $QI = 6$ et $PE = 5$.

Le triangle $ED'C'$, égal au triangle PDC, construit à partir du point E, donne l'épaisseur CC' des murs du pylône, que je reporte en BK.

Je mène ensuite les horizontales RR', dd', FF' aux hauteurs données par la figure précédente pour le Hekal et le Debir dans œuvre et pour les bas côtés hors œuvre. L'intersection de ces lignes avec les lignes déjà tracées donne les points F', d', R'. Le carré hiératique (section du Debir), construit sur Qd', donne le pied T du mur de refend; l'épaisseur TS est donnée par la perpendiculaire RS. La section du Hekal $SRR'C'$ est donc un parallélogramme engendré par le triangle rectangle *parfait*.

La hauteur totale du pylône et celle de la terrasse supérieure sont données par la figure précédente.

Je pourrais étendre encore ces observations et chercher dans des combinaisons analogues la construction des lignes secondaires de l'édifice, mais je craindrais d'aller trop loin dans cette voie et ne voudrais pas compromettre les bases de ma théorie par une application exagérée de ses principes. Il me suffit d'avoir constaté que les éléments principaux du Temple de Jérusalem étaient soumis à une règle harmonique : que leurs dimensions et leurs fonctions étaient déterminées suivant les rapports de certaines lignes et de certains nombres auxquels toute l'antiquité a attaché une signification mystique. Les coïncidences que nous avons signalées sont trop frappantes et trop nombreuses pour être l'effet du hasard. Il n'est d'ailleurs pas nécessaire, pour les expliquer, de supposer chez les architectes du Temple une intention symbolique. Qu'en Égypte, à l'époque de la construction des pyramides et de la naissance

---

[1]. 72, nombre très-commode à cause de ses nombreux diviseurs : 2, 3, 4, 6, 8, 9, 12, 18, 24, 36.

de l'art, une recherche philosophique ait présidé au choix de telle forme ou de telle autre, cela n'est pas douteux ; mais, par la suite des temps, l'esprit a dû disparaître sous la formule, et le mysticisme sous la géométrie. Des combinaisons inspirées par les croyances religieuses ou par l'observation des lois de la nature ont pu se transmettre par l'enseignement de l'école ou l'initiation, comme de simples procédés graphiques, en perdant leur sens primitif ; elles se sont transmises même chez des peuples de croyances et de mœurs différentes, et ont fait la base de toutes les conceptions architecturales. Ce rôle de la géométrie symbolique ou positive en architecture est incontestable ; il est intéressant d'en avoir constaté, à Jérusalem, une des plus curieuses applications[1].

La décoration intérieure du Temple était d'une grande richesse. Les murs, le plafond, le sol avaient été lambrissés en planches de cèdre, de manière à cacher entièrement la pierre. Les parois latérales furent couvertes d'ornements sculptés en relief, puis on plaqua le tout de feuilles d'or, fixées par des clous de même métal : ce procédé se retrouve à l'origine de tous les arts.

Dans le Saint, les bas-reliefs représentaient des coloquintes et des fleurs épanouies ; dans le Saint des Saints, des palmiers et des kéroubim se mêlaient aux fleurs.

Dans le Saint des Saints, l'arche d'alliance s'abritait sous l'aile de deux kéroubim, figures colossales de bois plaqué d'or ; autour de l'arche étaient l'autel d'or, le chandelier à sept branches, la table des pains de proposition.

Dans le Saint, dix tables et dix chandeliers[2] d'or étaient rangés le long des murs.

La forme de ces divers objets ou ornements a beaucoup exercé l'imagination des commentateurs : je me garderai de marcher sur leurs traces dans la voie fantaisiste qu'ils ont généralement adoptée, et me bornerai à quelques observations générales.

Les artistes employés au Temple étaient Phéniciens ; la Bible le dit expressément : la direction supérieure des travaux, et particulièrement des travaux de décoration, avait été confiée à un Tyrien, homme expert à travailler l'or, l'argent, l'airain, le fer, la pierre, le bois, les tissus, la teinture[3], et que le roi de Tyr, Hiram, avait envoyé à Salomon. C'est par conséquent dans le style phénicien que furent exécutés tous les détails du Temple. Il n'est parvenu jusqu'à nous aucun édifice phénicien de cette époque reculée ; mais nous avons un certain nombre de petits objets dont la date se rapproche du siècle de Salomon : pierres gravées, ivoires, coupes de métal, fragments de sculptures, ces petits monuments commencent à se multiplier dans nos collections ; leur étude m'a démontré que l'art phénicien n'a jamais eu une originalité qui lui fût propre : ouvriers de talent plutôt qu'artistes, imitateurs habiles plutôt que compositeurs, les Phéniciens se sont toujours laissé influencer par les puissantes écoles de l'Égypte et de l'Assyrie ; de là le caractère hybride qui signale leurs œuvres, sorte de compromis entre l'Asie et l'Afrique, où se retrouve le reflet de la situation politique de la Syrie. Quand la puissance égyptienne domine, comme aux xie, x^e et ixe siècles, le caractère égyptien domine dans l'art phénicien ; quand au

---

1. Ce rôle s'est continué pendant des siècles. M. Viollet-le-Duc (*Entretiens sur l'architecture*, IX) a démontré que le triangle équilatéral et le triangle égyptien étaient la base du tracé de la plupart des monuments grecs et romains, et même de nos cathédrales gothiques. Au moyen âge, par une sorte de symbolisme de seconde main, les triangles reprirent un sens mystique ; on sait qu'à cette époque l'enseignement géométrique et professionnel prit dans les corporations ouvrières une forme s'approchant de l'initiation ; le lien de la franc-maçonnerie moderne avec ces associations est incontestable. On ne peut s'empêcher, en constatant dans le Temple de Jérusalem et dans nos églises gothiques l'emploi des mêmes triangles, de songer à la place que tient l'œuvre de Salomon dans les traditions plus ou moins absurdes de la franc-maçonnerie.

2. L'expression de *chandelier* est consacrée par l'usage, mais elle est inexacte : il s'agit de supports sur lesquels on posait de petites lampes à huile. La forme des lampes antiques est bien connue.

3. II Chr., xi.

contraire le rôle de l'Assyrie grandit, comme dans les siècles suivants, les influences asiatiques sont prépondérantes. A l'époque de Salomon, la suprématie égyptienne, quoique déjà ébranlée, était encore grande en Syrie. Les troubles qui signalèrent les dernières années de la vingtième dynastie, en paralysant l'action extérieure des pharaons, avaient favorisé le réveil des nationalités asiatiques, et particulièrement le développement subit et éphémère du peuple juif; mais le rôle de l'Égypte n'était pas encore fini : la rapide et brillante campagne de Sheshonk Ier vint le prouver bientôt au faible successeur de Salomon. Aussi l'influence égyptienne régnait-elle dans les arts, et c'est elle que les ouvriers de Tyr ont apportée à Jérusalem; la structure même du Temple nous l'a déjà démontré : on peut donc se faire une idée assez exacte de la décoration intérieure; il suffit d'appliquer par la pensée le style de l'ornementation égyptienne aux descriptions de la Bible, en le modifiant un peu, suivant les tendances de l'art asiatique, tel que les découvertes de Ninive nous l'ont révélé.

Les kéroubim sont des figures symboliques dont les éléments sont empruntés au règne animal; sphinx, taureaux ailés à face humaine, conceptions bizarres dont l'imagination orientale a varié à l'infini les combinaisons suivant le goût et les croyances de chaque peuple, mais qui toutes sont l'emblème des attributs divins. Ces kéroubim, sculptés en très-bas relief, se rangeaient le long des parois sacrées en files silencieuses alternant avec des palmiers, semblables aux figures alignées sur les murs de Thèbes ou de Khorsabad; ces processions étaient encadrées dans des frises de fleurs fermées ou épanouies, lotus ou papyrus en Égypte, lotus ou pavots en Assyrie, coloquintes à Jérusalem. L'arche elle-même ressemblait à ces *naos* que les prêtres égyptiens portaient sur leurs épaules, non-

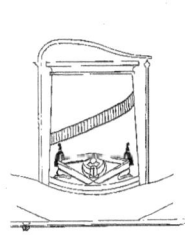

14. — Arche Égyptienne.   15. — Chandelier de l'arc de Titus.   16. — Table chargée d'offrandes.

seulement dans les cérémonies publiques, mais jusque dans de lointains voyages[1], et qu'ombrageait aussi parfois l'aile inclinée d'une déesse Ma. Les tables d'or rappellent ces séries de tables chargées des offrandes sacrées, et que les bas-reliefs égyptiens nous montrent si souvent. Quant au chandelier à sept branches, sa forme traditionnelle nous a été conservée par le célèbre bas-relief de l'arc de Titus et les sarcophages judaïques de Rome.

---

[1]. Vte de Rougé, *Étude sur une stèle égyptienne appartenant à la Bibliothèque impériale*. Cette stèle, rapportée par M. Prisse, est relative au voyage d'une statue de Khons de Thèbes à Bach'tan en Asie, où elle est envoyée pour exorciser la fille du souverain. La caravane traverse le désert et reste dix-huit mois en route; pendant ce temps, la statue, enfermée dans un naos assez semblable à celui que nous reproduisons ci-dessus, est portée dans la barque sacrée sur les épaules des prêtres. La scène est représentée dans un petit bas-relief qui occupe la partie supérieure de la stèle. M. de Rougé place vers le xiie siècle l'époque de cette curieuse translation.

Je pourrais essayer de reproduire sur le papier la forme véritable du mobilier sacré; mais ce serait là un pur jeu d'esprit, sans valeur réelle. Je ne veux pas compromettre par des restaurations imaginaires les résultats sérieux du travail précédent : contentons-nous d'entrevoir le caractère probable de tous ces objets, en nous laissant guider par la connaissance que nous avons des monuments contemporains. Pour faciliter cette recherche, je donne à la page précédente, à côté du chandelier hérodien, la figure d'une table à offrandes[1] et d'une arche égyptiennes.

Conduit par la même réserve, je me contenterai de mentionner les objets situés devant le Temple : la *mer d'airain*, vaste bassin de 10 coudées de diamètre, destiné aux ablutions des prêtres, porté par douze bœufs en ronde-bosse : l'autel des holocaustes : les dix bassins secondaires qui servaient à laver les victimes[2].

Tous ces objets avaient été coulés en bronze sous la direction de Hiram; les deux colonnes du vestibule avaient été fabriquées par le même procédé : elles étaient creuses; le métal avait 75 millimètres d'épaisseur. Leur chapiteau avait 5 coudées de haut; il avait la forme d'une fleur de lis épanouie dont la partie inférieure, renflée, était couverte d'un ornement réticulé compris entre deux rangées de grenades[3]. J'ai essayé (planche XIV) de restaurer cette curieuse composition, en m'inspirant des chapiteaux égyptiens de forme analogue.

Comme les grands temples de l'Égypte, le Temple de Salomon avait un péribole entouré de portiques : la Bible le nomme le *parvis intérieur*[4]; nous n'avons que la description très-confuse d'Ézéchiel, que je n'essayerai pas d'expliquer : la disposition générale était assez semblable à celle du nouveau Temple, que nous restaurerons en entier d'après des documents authentiques. Je renvoie donc à la planche XV : il suffit en prenant ce plan pour base de diminuer les dimensions, et de supprimer les constructions qui séparent la cour des Israélites de la cour des Femmes, pour avoir une idée assez exacte de la disposition primitive.

---

1. Tirée d'une stèle de Tell-el-Amarna, XVIII° dynastie. (Prisse, *Choix de monuments*, XIV.) Les offrandes consistent en pains empilés sur des vases de vin, ce qui complète l'analogie avec la table du Saint des Saints. Cette stèle et plusieurs autres du même genre appartiennent à la curieuse époque des réformes religieuses inaugurées par Aménophis IV (Bech-n-Aten) : ce roi avait proscrit le culte d'Ammon et développé celui du soleil sous sa forme spéciale Aten, qu'on a voulu comparer à l'*Adon* sémitique (Adonaï, Adonis). S'il est vrai qu'une influence asiatique ait présidé à ces réformes, comme plusieurs indices semblent le faire croire, le rapprochement matériel des tables à pains n'en aurait que plus de valeur. (Voy. Brugsch, *Histoire d'Égypte*, I, p. 118.)

2. Pour plus de détails, voyez M. de Saulcy, *Art judaïque*.

3. La description de ces chapiteaux est assez confuse; le texte des *Rois* a souffert; dans le verset 18 il y a une transposition évidente et un mot oublié; le verset 20 est formé de deux fragments de phrases sans liaison. Le texte des *Chroniques* est plus correct; il faut le prendre pour base et le compléter à l'aide des renseignements fournis par les *Rois*.

II Chr., IV, 12. « (Il fit) deux colonnes, les boules et les chapiteaux sur le sommet des deux colonnes, et deux treillages pour « couvrir les deux boules des chapiteaux qui étaient sur le sommet des colonnes. » — 13. « Et 400 grenades pour les deux treillages; « deux rangées de grenades pour chacun des treillages qui couvraient les deux boules des chapiteaux qui étaient sur le sommet « des colonnes. »

III Reg., VII, 16. « Il fit deux chapiteaux pour mettre sur le sommet des colonnes d'airain fondu : 5 coudées la hauteur d'un « chapiteau, 5 coudées la hauteur de l'autre. » — 17. « Des treillages façon de treillage, des filets façon de chaînes pour les « chapiteaux qui étaient sur le sommet des colonnes; 7 pour un chapiteau, 7 pour l'autre. » — 18. (Texte restitué.) « Il fit les « colonnes et deux rangées *de grenades* tout autour du treillage qui couvrait *le chapiteau* qui était sur le sommet d'une colonne, « et de même pour le second chapiteau. » — 19. « Les chapiteaux qui étaient sur le sommet des colonnes étaient façon « de lis... »

La description de Josèphe (*Ant. Jud.*, VIII, III, 4) est d'accord avec notre interprétation.

4. Voir plus haut, page 19.

DESCRIPTION DE L'ANCIEN TEMPLE.

Le parvis extérieur ne fut achevé que plusieurs siècles après la mort de Salomon[1]. Ce roi n'avait pu faire que la terrasse orientale et la basilique qu'elle supportait; le mur de soutènement était construit en très-beaux matériaux, mais il était loin d'avoir les proportions que Josèphe lui attribue; il différait peu de la terrasse actuelle, c'est-à-dire avait une dizaine de mètres de hauteur, car le sol a peu varié : le rocher affleure presque partout, et le seuil de la Porte Dorée est encore visible. Il ne reste rien de ce mur antique, ou du moins rien d'apparent. Je ne doute pas que si l'on pouvait fouiller le sol à droite et à gauche de la Porte Dorée, on ne trouvât, sous les assises de la terrasse moderne, les fondations de la construction salomonienne : malheureusement la présence d'un cimetière musulman rend cette recherche difficile. En attendant qu'elle ait pu être effectuée, il est sage de s'abstenir de toute restauration. Nous laisserons donc de côté, faute de renseignements suffisants, la description de la grande enceinte à l'époque de Salomon; nous n'essayerons pas davantage de suivre ses progrès pendant les *longs siècles* employés à sa construction; nous nous bornerons à rechercher ce qu'elle était dans sa forme dernière et définitive, c'est-à-dire immédiatement avant les profondes modifications apportées par Hérode.

Les auteurs donnent au parvis extérieur de l'ancien Temple la figure d'un carré : le côté avait, suivant Josèphe, un stade, nombre approximatif qui, dans ce cas particulier, nous l'avons démontré[2], équivalut à la longueur de la face méridionale du nouveau Temple, ou 280 mètres. La Mishna dit 500 coudées (263 mètres); mais il est à remarquer que les mesures intérieures données par les « Middôth » sont toujours comptées *dans œuvre*, et que les dimensions des cours ou parvis sont comptées de portique à portique, d'où il résulte que, pour avoir la longueur totale d'un des côtés de l'enceinte, il faudrait ajouter, au chiffre de 500 coudées, la largeur des portiques qui entouraient le parvis. Le portique dit « de Salomon, » seul débris de l'ancien Temple que Josèphe ait pu voir, avait 30 coudées[3]; en supposant qu'il ait eu partout la même largeur, c'est 60 coudées qu'il faudrait ajouter au chiffre rabbinique. Ainsi, d'après la tradition juive, le côté extérieur du grand parvis aurait eu 560 coudées de $0^m,525$, ou exactement 294 mètres.

Les anciens murs de terrasse ont complétement disparu; mais il existe encore, nous l'avons démontré, deux restes importants de l'enceinte : ce sont d'une part les deux jambages intérieurs de la Porte Orientale ou Porte Dorée, et d'autre part le grand fossé du nord : ce fossé est antérieur au siège de Pompée; de plus, la tour « Baris, » ayant été bâtie par les Macchabées à l'angle nord-ouest du parvis, et n'ayant pas été déplacée par Hérode, il en résulte nécessairement que la limite septentrionale de l'ancien Temple coïncidait avec celle du nouveau Temple, c'est-à-dire avec la limite même du Haram moderne. La ligne AG (planche XV) nous représente donc exactement cette limite, et l'angle nord-ouest, évidé dans le rocher, nous donne un des angles du parvis.

L'axe de la Porte Dorée se trouve à 147 mètres de la face nord ou ligne AG : 147 est la moitié de 294, chiffre que nous avons déduit de la Mishna; donc, en prenant au sud de cet axe une longueur $TY = TG$, la ligne GY nous représentera le côté oriental de l'ancien parvis, et la Porte Dorée en occupera précisément le centre : disposition parfaitement logique et régulière. De plus, si par le point Y on mène une parallèle à la ligne AG jusqu'à sa rencontre avec la face occidentale du Haram, la ligne XY ainsi obtenue se trouve avoir exactement 294 mètres, comme la ligne GY. Ces coïncidences sont trop frappantes pour être l'effet du hasard : donc le quadrilatère $AGYX$ nous représente le périmètre

---

1. *Id., ibid.*
2. Voir plus haut, page 24.
3. *Bell. Jud.*, V, v, 2.

extérieur du grand parvis. Les deux faces nord et ouest, dans leur état actuel, sont un peu plus longues, l'angle nord-ouest étant aigu (85 degrés); mais il se peut très-bien qu'en évidant le rocher pour recevoir l'angle des portiques, on ait déblayé un plus grand espace qu'il n'était nécessaire de le faire, et qu'ensuite, dans la construction des portiques, l'irrégularité ait été corrigée. Quoi qu'il en soit, la figure $AGYX$ diffère assez peu d'un carré parfait pour qu'en langage vulgaire elle ait pu recevoir ce nom.

Ainsi donc, en supposant sur le plan de la planche XV, le long de la ligne XY, un double portique semblable à celui qui entoure les trois autres faces, on aura une représentation assez exacte de l'enceinte de l'ancien Temple. On remarquera que l'angle sud-ouest de cette enceinte coïncide avec l'extrémité de la chaussée qui traverse la vallée Tyropœon; cette chaussée, ainsi que nous le verrons plus tard, portait le mur de la Jérusalem primitive. La face sud de l'ancien Temple aurait donc été dans le prolongement du mur, et aurait servi à défendre, du côté du nord[1], le quartier d'Ophel, bâti sur les pentes du mont Moriah.

La description des parvis nous a conduit au delà du règne de Salomon : c'est qu'en effet il nous eût été difficile d'assigner à chaque époque ce qui lui revient dans la construction de ces enceintes; il valait mieux considérer l'ancien Temple dans son ensemble et rechercher quelle était sa forme immédiatement avant le règne d'Hérode. Pour le Temple proprement dit, au contraire, nous nous en tiendrons à l'époque de Salomon. Le sanctuaire, bâti par Zorobabel, ne pouvait pas différer sensiblement du sanctuaire primitif; le style était peut-être plus assyrien, la captivité de Babylone et les conquêtes de Nabuchodonosor ayant influé sur l'art judaïque comme sur les arts de la Phénicie, et modifié dans un sens plus asiatique le style égyptien des constructions premières; mais le plan était certainement le même, et les proportions ne pouvaient guère être plus petites. Il serait oiseux de chercher à faire une description complète avec des renseignements aussi vagues et aussi peu nombreux que ceux que nous possédons. L'importance archéologique du Temple de Zorobabel n'est pas dans sa forme, mais dans son emplacement; construit à une époque où les débris du premier Temple n'étaient pas encore dispersés, il a maintenu la tradition du lieu saint, et l'a transmise de siècle en siècle; c'est l'anneau de la chaîne historique et monumentale qui relie l'œuvre d'Hérode à celle de Salomon, l'ancien Temple au nouveau.

1. Cette circonstance pourrait servir à expliquer, autrement que nous ne l'avons fait, un passage assez obscur de Josèphe : cet auteur dit (*Bell. Jud.*, V, v, 1) qu'à une époque qu'il ne détermine pas, on démolit le *mur du nord*, τὸ προσάρκτιον τεῖχος, pour agrandir l'enceinte du Temple. Il se peut très-bien que cette expression désigne la face sud du parvis, qui était le prolongement du *mur nord* de Sion, et qui formait le *mur nord* de la basse ville, puisque, avant Agrippa, Jérusalem n'avait pas de rempart au nord du Temple (voy. planche XXXVI). Dès lors, ce passage s'appliquerait aux agrandissements d'Hérode, obtenus, nous le savons d'ailleurs, en démolissant cette face du parvis et en la reculant jusqu'au point qu'elle occupe encore aujourd'hui. Cette interprétation établirait une concordance absolue entre tous les renseignements relatifs aux modifications subies par l'enceinte sacrée.

CHAPITRE IV.

DESCRIPTION DU NOUVEAU TEMPLE.

Avant d'entreprendre la description du nouveau Temple, il faut nous arrêter un instant, et jeter un coup d'œil sur l'état de l'art en Judée à l'époque où la construction fut entreprise. Les grands événements historiques survenus depuis les travaux de Zorobabel avaient profondément modifié l'état social et politique des Juifs, et l'art, reflet des mœurs, avait suivi le mouvement imprimé aux esprits. Nous pourrions examiner ce mouvement dans l'histoire, étudier la grande expansion des idées helléniques à la suite d'Alexandre le Grand et de ses successeurs, la réaction hébraïque des premiers Asmonéens, l'intervention de l'esprit romain avec les Hérodes, et analyser le singulier mélange produit par la lutte et la fusion d'éléments si divers; mais nous préférons l'étudier sur les monuments eux-mêmes, et puisque nous parlons d'art et d'architecture, marcher en nous appuyant sur des faits du même ordre.

Nous transporterons donc le lecteur au delà du Jourdain, à une journée à l'est de Jéricho, dans les montagnes formées par l'immense dépression du bassin de la mer Morte, au milieu du désert, si l'on peut donner ce nom à une région à laquelle la Providence a dispensé ses dons, mais que l'incurie de l'homme a condamnée à la stérilité. Après une marche fatigante à travers la chaude vallée du Jourdain et dans des ravins exposés aux rayons directs d'un soleil ardent, on atteint une profonde vallée, le Wadi-es-Syr, qui trace entre Hesbon et Ammân son pittoresque sillon. Au fond, une rivière roule des eaux abondantes, même au mois de juillet, sous une voûte épaisse de lauriers roses : le francolin se cache sous ces frais fourrés; pendant les chaudes heures du jour la perdrix rouge vient y chercher un abri, et, perchée au milieu des fleurs, regarde passer l'homme dont elle n'a rien à craindre; les flancs de la vallée, couverts d'une herbe touffue, sont parsemés de chênes épargnés par le nomade et couronnés de rochers qui semblent des acropoles de géants, ébréchées par la main de Dieu. L'Arabe Adouan plante ses tentes dans ces solitudes et y mène sa vie errante, singulier mélange d'indolence et d'activité, entre le soin facile de ses troupeaux et les rudes labeurs de la guerre.

De tout temps ces régions ont servi de refuge à ceux qui préféraient les hasards de la vie indépendante au séjour moins libre mais non moins dangereux des villes. Vers 180 avant J.-C., un certain Hyrcan, fils de Joseph, fils de Tobie, vint y chercher un asile. Fils d'un fermier des impôts pour le compte de Ptolémée V Épiphane, très-bien vu à la cour d'Alexandrie, il avait amassé de grandes richesses; craignant la jalousie de ses frères et les cupidités du pouvoir, il résolut de se mettre à l'abri derrière le Jourdain; il s'établit donc sur les bords du Wadi-es-Syr, dans les environs d'Hesbon, au lieu dit Tyr[1], et là, retranché dans de solides murailles, sachant se faire respecter des Arabes, il crut avoir évité tout danger. Vaine précaution; l'avénement d'Antiochus IV Épiphane lui ayant fait pressentir de nouveaux périls, il perdit tout espoir, et se donna la mort.

Son œuvre, quoique inachevée, subsiste encore : Irby et Mangles en ont retrouvé les ruines; le premier je les ai dessinées et photographiées.

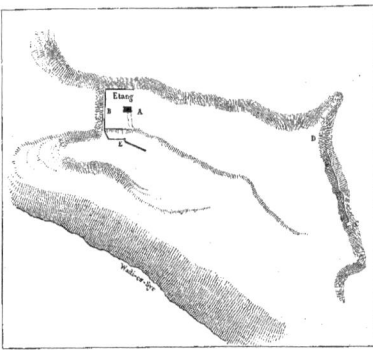

17. — Araq-el-Emir.

Le croquis ci-joint fera comprendre la disposition générale du terrain : une muraille de rochers CD forme le fond d'un cirque naturel, origine d'une petite vallée qui se jette dans le Wadi-es-Syr; une portion de cette muraille, comprise entre le ravin naturel D et la tranchée artificielle C, est percée de deux étages de chambres, mises en communication par un chemin couvert qui serpente dans la pierre, et par un couloir horizontal taillé dans le rocher. (Voy. pl. XXXV, vue prise sur le bord de la tranchée C.) Les Arabes nomment cet ensemble $Araq$-el-$Emir$ (rocher du prince). Les chambres ne sont pas sépulcrales comme la plupart des caveaux creusés dans le flanc des montagnes de la Judée; les unes, disposées avec soin, éclairées par de larges fenêtres, sont des salles d'habitation; les autres, avec leurs mangeoires et leurs anneaux taillés dans la pierre, sont des écuries; d'autres, plus grossières, ont servi de magasins; enfin un bloc réservé sur le bord du chemin couvert et percé de petites niches, est évidemment un colombier. Tout cet établissement a donc les caractères d'un lieu de refuge, mis à l'abri d'une surprise par les larges tranchées qui l'isolent et par le chemin étroit qui y mène, capable de contenir une nombreuse maison avec une suite de cinquante chevaux au moins et des provisions pour un long siége. A une certaine distance, en descendant la vallée, on trouve un grand barrage B qui la traverse de bord à bord et forme un bassin artificiel, alimenté probablement autrefois par une prise d'eau faite au Wadi-es-Syr. Au milieu de cet étang, aujourd'hui desséché, s'élèvent les ruines d'un édifice rectangulaire A, construit en blocs énormes, et dont la planche XXXIV donne le dessin; les Arabes le nomment $Qasr$-el-Abd (château de l'esclave); le trait principal de cet édifice est une frise de grands animaux qui décore la partie supérieure.

L'aspect de la construction prouve qu'elle a été bâtie d'un seul jet, puis abandonnée avant d'être finie. Tout est homogène, mais inachevé : le parement extérieur, les chapiteaux des colonnes, les animaux de la frise, ne sont qu'ébauchés; il n'y a de terminé qu'une partie des petits détails : il semble que cette habitation isolée n'ait eu qu'un jour; qu'entreprise par un caprice, elle ait été brusquement délaissée par un autre caprice ou à cause de la mort prématurée de son premier fondateur.

Un mur d'enceinte reliait ce palais aux grottes décrites plus haut : la porte d'entrée est au point E.

Il suffit de comparer cette description et ces dessins avec le texte de Josèphe pour voir que les ruines d'Araq-el-Emir sont celles du palais d'Hyrcan : on en jugera par la traduction suivante :

---

1. *Ant. Jud.*, XII, IV, 11.

DESCRIPTION DU NOUVEAU TEMPLE.

« Il (Hyrcan) bâtit un château fort (βάριν ἰσχυράν) construit du haut en bas en pierres blanches,
« et y sculpta des animaux de grande taille (ζῶα παμμεγέθεστατα). Il l'entoura d'un étang large et
« profond. Puis, attaquant le flanc de la montagne située en face, il creusa des grottes longues de
« plusieurs stades; il disposa dans le château des salles pour le repas, le sommeil ou l'habitation : des
« eaux courantes et abondantes amenées au milieu de la cour en faisaient le charme et l'ornement.
« L'entrée des grottes était étroite, afin qu'un homme seul pût passer de front : cette précaution avait
« pour but de mettre Hyrcan à l'abri d'une attaque de ses frères. Devant, il bâtit de vastes cours
« ornées de grands jardins. Ayant ainsi disposé ce lieu, il le nomma Tyr[1]. Ce lieu est situé entre la
« Judée et l'Arabie, au delà du Jourdain, non loin d'Hesbon. Hyrcan commanda sept ans dans ces
« contrées, pendant tout le règne de Séleucus. »

Ainsi, situation géographique, noms propres, détails d'architecture, tout est d'accord : la disposition des grottes, la frise d'animaux, le bassin qui entoure le château, les jardins clos de murs, tout se retrouve sur le terrain et ne laisse aucun doute quant à l'identification des ruines. Voici donc un monument dont la date est aussi certaine que si elle était inscrite sur sa façade : il a été bâti dans les sept années qui précèdent l'avènement d'Antiochus IV, c'est-à-dire de 182 à 175. Il nous donne une base excellente pour l'étude de l'art judaïque, un point de repère fixe pour la classification des styles. Étudions-le donc avec soin.

19. — Façade nord restaurée.

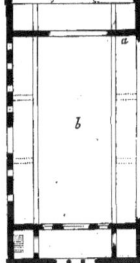
19. — Plan du palais d'Hyrcan[2].

20. — Coupe transversale restaurée.

Le plan du palais proprement dit, quoique mutilé, est facile à déterminer : c'est un grand rectangle de 37ᵐ,50 sur 19ᵐ,60, avec un vestibule ouvert à chaque extrémité, et une cour intérieure entourée d'une ceinture de chambres voûtées : les dimensions de ces chambres sont données par la courbure des voûtes dont quelques sommiers sont encore en place : un ou deux fragments de colonnes gisent à l'intérieur et indiquent qu'un portique régnait autour de la cour : un escalier situé dans l'angle nord-est conduisait aux terrasses ou à un étage supérieur. Les chambres s'éclairaient par des fenêtres percées à l'extérieur; les petites ouvertures qui se voient dans l'angle de la grande façade donnaient du jour à l'escalier.

Les murs se composent de blocs rectangulaires dont les plus grands ont de 5 à 6 mètres de

---

1. Τύρος : le nom sémitique était probablement, comme pour la capitale phénicienne, צור, $Sour$, rocher : $Araq$ en est la traduction et Syr le souvenir.
2. La teinte noire indique les murs qui s'élèvent aujourd'hui au-dessus du sol; les traits pleins, les arasements encore visibles; les traits pointillés, les restaurations. Le portique de la cour n'est pas marqué sur le plan : on le voit dans la restauration de l'intérieur, figure 20; l'échelle est de 0ᵐ,002 pour mètre.

longueur sur 2ᵐ,40 de haut, appareillés avec une recherche d'enchevêtrements et de tenons intérieurs qui indique une certaine inexpérience.

Le parement extérieur offre une série de bossages peu saillants qui n'ont pas la régularité et le fini des refends de l'enceinte du Temple, mais qui dérivent d'un principe analogue. Les voûtes des chambres intérieures sont formées de voussoirs énormes qui rappellent ceux de l'angle sud-est du Temple. Le sommier a est encore en place et accuse un berceau de 3ᵐ,77 de rayon.

Le style de l'ornementation est grec; on en jugera par les figures ci-jointes. Il ne faut pas oublier que la plupart de ces détails sont inachevés : ainsi, la petite saillie qui se voit au bas de chaque doucine était destinée à être sculptée en palmettes, celle qui se remarque sous le soffitte de l'architrave (fig. 23) avait une destination analogue; le tableau saillant qui se trouve sous la corniche supérieure, devait recevoir une frise de rinceaux ou tout autre ornement courant. De même les feuilles du chapiteau et celles qui entourent le pied des colonnes ne sont qu'ébauchées[1]. Ce dernier motif est caractéristique : il nous indique que le monument est d'une époque où l'art grec avait perdu sa pureté primitive; on trouve des bases ainsi entourées de feuilles aux temples de Siah et de Soueideh[2] (contemporains d'Hérode), aux bains romains de Nîmes[3], à Pompéi[4].

21. Corniche supérieure. — 22. Bandeau. — 23, 24, 25. Détails de la façade nord.

La même remarque s'applique aux autres éléments de la décoration; aucun n'appartient à l'art grec primitif. Le profil des corniches, celui du larmier, sont des formes secondaires : l'entablement dorique du vestibule sent déjà la décadence : le peu de largeur de l'architrave, la forme des triglyphes, les gouttes coniques, sont des caractères qui rapprochent le monument qui nous occupe du théâtre de Marcellus, beaucoup plus que du Parthénon : si l'on songe que le bandeau à denticules (fig. 22) servait de corniche à cet entablement, la ressemblance avec l'ordre inférieur du théâtre romain devient

---

1. Depuis que ces lignes sont écrites, M. de Saulcy a eu la bonté de me communiquer un chapiteau et une base qu'il a rapportés d'Araq-el-Emir : ils sont identiques à ceux que j'ai dessinés, avec cette seule différence qu'ils sont complètement terminés : les feuilles qui ne sont ici qu'ébauchées sont refendues suivant le mode grec.
2. Dans le Haouran. Voyez notre ouvrage *La Syrie centrale, Architecture civile et religieuse*, planche II et suiv.
3. Clérisseau, *Monuments de Nismes*, planche LIII et LVI.
4. Voyez une fresque rapportée de Pompéi et conservée au Louvre, *Musée Napoléon III*.

frappante. Mais l'exécution n'a rien de romain : le chapiteau corinthien n'a pas de caulicoles; le fût des colonnes, à en juger par un fragment trouvé à l'intérieur, devait être cannelé; le demi-triglyphe correspondant à la demi-colonne du pilastre d'antes est un détail grec. On pourrait s'étonner, au premier abord, du mélange des ordres dans un même portique; en effet, la colonne a un chapiteau corinthien, la frise à triglyphes est dorique, la corniche à denticules est ionique; mais cette confusion, en apparence anormale, est loin d'être un fait isolé, et n'est pas particulière à l'Orient. On peut même démontrer qu'à une certaine époque, elle est devenue systématique, que c'est une loi générale du développement de l'art grec, une des phases de l'architecture dans toutes les contrées qui ont subi l'influence hellénique. Pour moi elle caractérise les monuments élevés pendant la période qui précède immédiatement l'empire romain. De nombreux exemples tendant à cette conclusion ont déjà été signalés dans des régions fort diverses, et chaque jour on en découvre de nouveaux : il me suffira de citer en Sicile le tombeau dit « de Théron » et le temple de Sélinonte; en Italie, le petit temple de Pæstum, l'Arc d'Auguste à Aoste, et certaines décorations de Pompéi[1]; en Grèce, les propylées élevés à Éleusis par Appius Claudius[2]; en Afrique, les tombeaux des environs de Tripoli[3]; à Pétra, le grand tombeau connu sous le nom de Ed-Deir[4].

A défaut de ces faits, un passage de Vitruve[5], dont on ne paraît pas jusqu'à présent avoir tenu un compte suffisant, est là pour nous apprendre qu'à l'époque où il écrivait, c'est-à-dire à la fin de la République romaine, la distinction des ordres était loin d'avoir la rigueur qu'on voudrait aujourd'hui lui attribuer, et que l'ordre corinthien, par exemple, empruntait indifféremment ses éléments aux deux autres. Pour Vitruve, il n'y a que deux genres fondamentaux, le dorique et l'ionique; quant au corinthien, c'est le produit des deux, moins le chapiteau, seul élément original. Selon l'auteur du *Traité sur l'Architecture*, on pouvait poser sur la colonne corinthienne soit un entablement à triglyphes avec mutules et gouttes, soit une frise sculptée et une corniche à denticules. Ce n'est qu'après sa mort, c'est-à-dire sous l'Empire romain, que le style impérial reçut des règles définitives, et, pour ainsi dire, officielles; avant l'Empire, une certaine fantaisie régnait dans le choix et l'arrangement des éléments pris à des genres divers, Vitruve l'affirme et les monuments viennent confirmer son assertion.

Par tout ce qui précède, on voit qu'il y a concordance complète entre le style du palais d'Araq-el-Emir et sa date : l'histoire donne l'an 176 avant J.-C., et les caractères intrinsèques de l'ornementation, considérés en eux-mêmes, indiquent une époque comprise entre le siècle d'Alexandre et le siècle d'Auguste. Cet exemple nous démontre donc que l'art grec a suivi en Judée sa marche ordinaire, et que les règles adoptées pour classer les monuments grecs en Europe, en Asie Mineure, en Afrique, trouvent ici leur application. Est-ce à dire qu'il y ait nécessairement identité absolue de style entre les édifices d'une même époque construits sous des cieux divers? Non, certainement. Il faut tenir compte, dans chaque pays, des habitudes locales, de l'influence des écoles antérieures à

---

1. Tous ces monuments sont reproduits par M. Hittorff, *Architecture polychrome*, planches II, VI, XVII, XVIII.
2. Fr. Lenormant, *Recherches à Éleusis*, p. 390.
3. Barth, *Voyage dans l'Afrique centrale*, édition allemande, 1, 125. — Hittorf, *op. cit.*, planche XVII.
4. Comte de Laborde, *Voyage de l'Arabie Pétrée*, planche XLV. — Voy. aussi le *Tombeau corinthien*, planche XLVIII.
5. *De Architectura*, IV, 1. « Cetera membra quæ supra columnas imponuntur, aut e Doricis symmetriis aut Ionicis moribus in Corinthiis columnis collocantur : quod ipsum Corinthium genus proprium coronarum reliquorumque ornamentorum non habuerat institutionem, sed aut e triglyphorum rationibus mutuli in coronis et in epistyliis guttæ dorico more disponuntur, aut ex Ionicis institutis zophori sculpturis ornati cum denticulis et coronis distribuuntur. Ita e generibus duobus, capitulo interposito, tertium genus in operibus est procreatam. »

l'importation hellénique : ici, par exemple, la grande frise d'animaux semble un souvenir des processions de figures des palais asiatiques ; l'emploi de la voûte est un trait tout local ; mais ces détails ne sont que le reflet lointain d'une influence orientale ; le principe général est grec, grec comme la dynastie des Séleucides, comme la langue officielle du royaume, comme le mouvement hellénique qui entraînait alors la civilisation [1].

L'étude des dépendances creusées dans la montagne n'ajoute rien, au point de vue de l'art, à ce que le château d'Araq-el-Emir nous a appris. A l'exception de deux salles au rez-de-chaussée, toutes les grottes de cette étonnante ruche sont grossièrement taillées : tout a été sacrifié à l'utile, aux besoins de la défense. Les salles qui s'ouvrent au premier étage sur le couloir horizontal sont des excavations en partie naturelles, en partie artificielles, sans plan régulier ; les plus intéressantes sont celles qui ont servi d'écuries. Les deux salles du rez-de-chaussée, réservées au logement du maître, sont plus soignées ; leur plan est rectangulaire, les parois sont layées, le plafond a la forme d'une voûte surbaissée qui s'appuie sur une moulure continue, sorte de doucine grossière. Une fenêtre, placée au-dessus de la porte et largement ébrasée, répand une abondante lumière. Extérieurement, la surface aplanie du rocher encadre l'entrée. Sur une de ces tables on lit un nom propre profondément gravé en caractères de 20 centimètres de haut : טוביה. *Arabiah* (fig. 27). Est-ce le nom sémitique d'Hyrcan? Je suis porté à le croire, car, à partir des Séleucides, l'usage de porter deux noms, l'un grec, l'autre juif, était très-répandu.

26. — Coupe longitudinale.

27. — Entrée d'une grotte à Araq-el-Emir.

28. — Coupe transversale.

Les lettres ont une forme très-intéressante ; c'est un caractère de transition entre l'araméen des Dariques et l'araméen carré qui a engendré le caractère hébraïque moderne. Ce seul mot nous apprend quel était l'alphabet judaïque vulgaire au IIe siècle avant J.-C., alphabet très-différent de celui des monnaies de la même époque, ancien type juif gardé par archaïsme et que seuls les Samaritains avaient conservé.

Tel est l'ensemble curieux et instructif des ruines d'Araq-el-Emir. Déjà, par ce seul exemple, on peut voir quels sont les caractères de l'art pendant les dernières années de l'autonomie hébraïque : un mélange de principes grecs et de souvenirs des écoles asiatiques antérieures, la confusion des ordres classiques, la recherche des grands matériaux, l'emploi de la voûte en berceau, un certain goût pour

1. Pour l'influence grecque sur les Juifs sous les Séleucides, voy., outre Josèphe (*passim*), I Macchab., II, 12-16, VI, 21-24, VII, 5-7 ; II Macchab., VI, VII, XIV. L'auteur du IIe livre des Macchabées, organe de la réaction orthodoxe, désigne par le mot ἐπιμιξία ce mélange d'idées (XIV, 3) : ἐν τοῖς τῆς ἀμιξίας χρόνοις, dit-il (*id.*, 38), en parlant des temps qui ont précédé cette fusion.

DESCRIPTION DU NOUVEAU TEMPLE.

les monuments taillés dans le rocher. A ces caractères, la réaction asmonéenne ajoutera des traits propres au génie hébraïque, substituera l'ornementation végétale à l'imitation des êtres vivants antipathique au sentiment orthodoxe ; l'intervention d'Hérode y joindra quelques détails romains, et de la fusion de ces éléments divers naîtra un art qui, sans être original, aura pourtant sa physionomie distincte. L'exécution aura son caractère particulier, car il est impossible que des ornements, même identiques comme principe, soient absolument rendus de même par des ouvriers de races différentes ; cela est vrai de tous les temps et de tous les arts : le gothique d'Angleterre, d'Allemagne et d'Italie est différent du gothique français, qui les a engendrés tous. L'art grec n'a pas échappé à la loi commune : profondément original lui-même, malgré les larges emprunts faits aux écoles asiatiques primitives, il a conquis tout le monde ancien ; mais les peuples qui l'adoptaient n'abdiquaient ni leurs traditions, ni leur religion, ni leur langue ; tout en prenant les ordres grecs, les moulures grecques, ils les appliquaient suivant leurs propres tendances, leurs habitudes, leurs prescriptions hiératiques, introduisant des éléments particuliers, modifiant le style ou les procédés d'exécution. Ainsi se sont formées des écoles secondaires et locales quoique procédant de types communs. C'est dans ce sens qu'il y a un art judaïque, comme il y a un art étrusque et un art romain.

Les principaux monuments de cet art se trouvent autour de Jérusalem ; ils ont les caractères que nous venons d'énumérer, et, pour cette cause, nous n'hésitons pas à leur assigner pour date les trois siècles qui précèdent le siége de Titus. Ce sont les tombeaux dits d'Absalon, de Zacharie, des Rois, des Juges... qui forment un groupe si homogène et si intéressant. Nous retrouvons là les ordres mélangés et les profils empruntés à l'art grec, les arts antérieurs représentés par la corniche égyptienne, l'esprit judaïque par le style particulier de l'ornementation végétale, par un aspect général que la plume ne peut pas rendre, mais que le dessin fait sentir.

Le plus complet et le plus célèbre de ces monuments est celui connu sous le nom de *Tombeaux des Rois*. On ignore pour qui furent creusés ces vastes hypogées ; les efforts de M. de Saulcy pour les attribuer aux rois de Juda, malgré un grand talent de discussion, ne m'ont pas convaincu : la seule base sérieuse de son argumentation était l'identification de ces hypogées avec les σπήλαια βασιλικά de Josèphe, base qui fait complétement défaut depuis qu'il est démontré que la troisième enceinte, ou mur d'Agrippa, ne s'étendait pas aussi loin, que les *Grottes royales* sont les immenses carrières situées sous Bezetha, et que la tranchée qui les traverse est le fossé de l'enceinte antique. Quant au nom de ces tombeaux, il n'a aucune valeur traditionnelle ou historique : c'est une de ces dénominations populaires dont l'origine, relativement moderne, est facile à déterminer. Parmi les nombreux tombeaux qui entourent la ville sainte, trois surtout se font remarquer par leurs dimensions insolites et le nombre de leurs sarcophages ; l'imagination des pèlerins a attaché à ces trois hypogées le nom des trois groupes qui représentent l'histoire d'Israël : l'un est devenu le Tombeau des *Prophètes*, le second le Tombeau des *Juges*, le troisième le Tombeau des *Rois* : c'est là la seule explication naturelle et raisonnable de ces désignations que rien d'ailleurs ne justifie[1]. Il n'y a donc aucun compte à en tenir dans la recherche de la date des monuments. Nous nous trouvons en face d'un fait artistique pur et simple, sans préoccupation historique d'aucune nature, en face d'une question qui ne relève que de l'art. Dès lors la question n'est guère embarrassante. Je ne saurais refaire ici des descriptions déjà si souvent faites, mais que l'on consulte les belles planches de M. de Saulcy, les photographies de Salzmann et de tant d'autres, que l'on oublie Jérusalem, les rois de Juda, tous ces souvenirs qui excitent l'imagination et

---

1. S'il fallait absolument donner un nom royal à ces hypogées, j'adopterais celui de *Tombeau d'Hélène, reine d'Adiabène* : c'est celui qui me paraît répondre le mieux aux conditions archéologiques et topographiques.

troublent le jugement, et on ne saurait hésiter longtemps sur la date du « Tombeau des Rois. » C'est un monument d'imitation grecque, judaïque si l'on veut, d'après notre définition, comme le Tombeau de Scipion est romain, par l'exécution beaucoup plus que par la composition. Tous les éléments principaux sont empruntés à l'architecture dorique du 1er ou du 11e siècle[1] avant J.-C. (architrave étroite, gouttes coniques, métopes plus longues que larges, larmier étroit, cymaise, etc., etc.); ce n'est pas encore la décadence, c'est déjà le raffinement. Qu'il y a loin de ces moulures multipliées, de ces triglyphes et de ces métopes allongés, aux profils larges et simples, aux heureuses proportions de l'entablement du Parthénon. L'artiste qui a sculpté la frise du Tombeau a copié une disposition grecque sans en comprendre la signification; dans l'ordre dorique, en effet, la forme de chaque membre est née d'un besoin de la construction, d'une analyse raisonnée des conditions de la stabilité et de la structure; ces mêmes formes, appliquées sans discernement à une façade taillée dans le roc, n'ont aucun sens et dénotent l'imitation. On comprend très-bien que le Tombeau des Rois soit imité du dorique grec; mais que le dorique grec primitif dérive du Tombeau des Rois, c'est une impossibilité artistique, car l'art ne marche pas à reculons.

Le Tombeau des Rois a donc tous les caractères d'une œuvre d'imitation et d'un monument relativement moderne. Le seul côté qui offre quelque originalité est l'ornementation sculptée : l'exécution des palmes, des grappes de raisin, de l'encadrement de feuillages a un caractère tout spécial. Les motifs n'ont rien de bien original, la manière de comprendre la forme générale du feuillage d'ornement est grecque, mais le *faire* découpé, plat, non sans vigueur ni précision, n'est pas grec : le tympan qui surmonte l'entrée du Tombeau des Juges est encore plus curieux à étudier sous ce point de vue. C'est le spécimen le plus complet de l'art judaïque, dans le sens que nous avons attaché à cette définition, c'est-à-dire de l'art né de la fusion de l'art grec et des anciennes traditions, ou plutôt de la traduction des formes grecques par des ouvriers indigènes. La seule sculpture d'ornement qui ait quelque analogie avec celle qui nous occupe, est celle des monuments chrétiens élevés en Syrie, du IVe au VIIe siècle, comme la Porte Dorée et l'archivolte de la Porte Double du Temple. Est-ce à dire qu'il faille faire descendre jusqu'à cette époque si féconde la date du Tombeau des Rois? Je ne le pense pas; mais il est permis de supposer, avec M. Viollet-le-Duc, que les mêmes influences locales qui ont, sous les Asmonéens ou les Hérodes, imprimé à la sculpture son caractère particulier, ont plus tard contribué à la formation du style byzantin. Quoi qu'il en soit, il reste acquis que le groupe des tombeaux de Jérusalem est une imitation plus ou moins directe de l'art grec. Établir une classification complète, déterminer la succession chronologique de chacun de ces monuments, serait assez difficile, et, à tout prendre, assez inutile. Pour notre sujet, il suffit que le groupe entier appartienne à une époque déterminée, et cette époque, nous l'avons déjà dit, est la dernière période de l'autonomie hébraïque, les deux siècles et demi qui séparent la réaction asmonéenne de la chute de Jérusalem.

Une précieuse confirmation de notre opinion est fournie par le tombeau dit de « Saint-Jacques, » monument creusé dans le roc, qui appartient au même groupe. Celui-là est incontestablement dorique et d'un dorique peu ancien, comme le prouvent la proportion élancée des colonnes, l'absence de cannelures, la forme écrasée du chapiteau, la largeur de l'entrecolonnement, et le profil de la corniche ; sur l'architrave est gravée une inscription, négligée jusqu'à présent par les voyageurs, et dont je

---

[1]. Les chapiteaux ioniques des Tombeaux dits « d'Absalon » et de « Zacharie » sont empruntés à l'architecture grecque de la même époque : ils n'ont aucun rapport de style avec ceux des monuments plus anciens, tels que l'Érechthéion d'Athènes, mais ils sont identiquement semblables à ceux du théâtre de Marcellus ou du temple de la Fortune virile à Rome.

DESCRIPTION DU NOUVEAU TEMPLE.   45

donne le *fac-simile* [1]. Toutes les circonstances épigraphiques prouvent qu'elle est contemporaine du monument; la place qu'elle occupe, la couleur de la pierre au fond des lettres, les détails matériels que je ne saurais rendre ici, mais qui sont concluants, ne laissent aucun doute à cet égard.

En voici la transcription en caractères modernes :

זה קבר וה...ר לאלעזר חניה יועזר יהודה שמעון יוחנן
בני־יוסף בן־ ...כ...סף ואלעזר בני־ חניה
..ם בני־חזור

Le premier mot est clair : c'est le pronom démonstratif זה : il nous indique tout d'abord que l'inscription est rédigée en langue hébraïque, et que par conséquent elle est antérieure à la chute de Jérusalem.

On sait en effet qu'à partir de cette époque les Juifs n'ont plus habité la ville sainte, si ce n'est pendant la domination éphémère de Simon Barcocébas. Or il est impossible d'admettre qu'un aussi grand hypogée ait été exécuté dans une période d'insurrection et de guerres, il faut donc nécessairement en reculer la date au delà du siège de Titus. L'hébreu cessa d'être parlé comme langue vulgaire longtemps avant cet événement, mais l'usage de cet idiome comme langue sacrée ou savante se conserva jusqu'à la fin : les preuves de ce fait abondent. La rédaction de l'épitaphe en langue hébraïque ne prouve donc qu'une seule chose, c'est qu'elle est antérieure à l'an 70 après J.-C.; c'est une limite inférieure et rien de plus; la limite supérieure nous sera donnée par la paléographie.

Après le pronom démonstratif on distingue le mot קבר *tombeau*, dont la première lettre est presque effacée; les deux lettres suivantes, l'article précédé de la copulative, sont douteuses; puis vient une lacune impossible à combler; enfin la préposition ל *à*, suivie d'une série de quatre noms propres parfaitement lisibles, *Eleazar*, *Haniah*, *Joazar*, *Jehoudah* : le sixième, *Jehouchanan*, qui termine la première ligne, n'est pas moins clair.

Le cinquième est un peu effacé, néanmoins je crois y lire *Simon*. Les trois lettres du milieu paraissent certaines : la première me semble un *schin* d'une forme caractéristique; cette forme est celle des inscriptions araméennes et nabathéennes du siècle qui précède et de celui qui suit l'ère chrétienne; elle fut aussi employée par les Juifs, et donna naissance au *schin* rabbinique, tandis que l'autre forme produisait le *schin* carré de l'alphabet moderne ordinaire.

La seconde ligne commence par un groupe qui se retrouve trois fois dans notre texte et qui est le mot בני *fils de*... (pluriel construit) dont toutes les lettres sont liées.

Le nom du père, qui suit, est assez fruste; néanmoins le nom *Joseph* me paraît certain.

Après ce nom, les traces du mot בן *fils* sont visibles; le nom du grand-père a beaucoup souffert, il n'y a de certain que la lettre כ; sans m'arrêter à cette lacune j'arrive à la première lettre certaine, qui est un *sameech* suivi d'un *phé* et d'un *vav*; la fin de la ligne est bien claire, elle ne renferme que des mots déjà connus : c'est d'abord *Eleazar*, puis le groupe lié *fils de* et le nom *Haniah*. Le mot *fils de*, étant au pluriel, nous montre que la lacune qui précède le nom d'Eleazar renferme aussi un nom propre; ce nom, indiqué par les deux dernières lettres, ne peut être que *Joseph*.

La troisième ligne est très-courte et ne se compose que de trois mots; les deux derniers se lisent sans difficulté, *Beni-Hezir*; le premier a été atteint par le même travail de délitement qui a attaqué les deux lignes supérieures; le nombre des lettres qui le composent est même difficile à

1. Voyez planche XXXVII, fig. 1.

12

déterminer; je crois lire ביתם *leur maison* ou *leur famille*, interprétation qui s'accorde avec le reste de l'inscription.

Je traduis donc : « Ce tombeau et les... (appartiennent) à Eleazar, Haniah, Joazar, Jehoudah, « Simon et Jehouchanan fils de Joseph fils de ....., à Joseph et à Eleazar fils de Haniah... de la famille « de Hezir. »

Quel que soit le parti que l'on adopte quant aux lacunes, le sens général du texte ne peut pas être sensiblement modifié. Il reste acquis, je crois, que l'inscription a pour but d'indiquer que les propriétaires du tombeau appartiennent à la famille Hezir, représentée par six frères et les deux fils de l'un d'eux.

Les inscriptions funéraires de cette forme ne sont pas rares : on en rencontre beaucoup à Palmyre. Je citerai, par exemple, le tombeau bâti par Elabel et ses trois frères; leurs quatre noms sont inscrits au-dessus de la porte d'entrée, avec la date de la construction (102 ans après Jésus-Christ). A l'intérieur, vingt-quatre inscriptions donnent le nom et les alliances de chacun des personnages ensevelis dans le monument, ce qui m'a permis d'établir le tableau généalogique de la famille pendant sept générations. Je choisis cet exemple au milieu de beaucoup d'autres pour montrer que l'inscription des Beni-Hezir est loin d'être un fait isolé en Syrie.

Les Beni-Hezir étaient de race sacerdotale; leur nom est mentionné dans la Bible (I Chr. XXIV, 15). Ils descendaient d'Eleazar, troisième fils d'Aaron, et reçurent, sous David, le dix-septième rang dans l'ordre des fonctions sacrées. Un Hezir accompagnait Néhémias au retour de la captivité (Neh., 20).

A quelle époque vivaient les huit membres de cette famille qui firent creuser le tombeau? J'avais d'abord été tenté de voir dans les trois frères, Simon, Joazar et Eleazar, les trois beaux-frères d'Hérode le Grand qui furent successivement élevés à la dignité de grand-prêtre de l'an 10 avant J.-C. à l'an 7 après J.-C. Josèphe ne donne que le nom grec de leur père Boethos. On sait qu'à partir de l'avénement des Séleucides, une mode hellénique porta les principaux personnages juifs à adopter deux noms, l'un grec et l'autre sémitique; l'un n'était pas nécessairement la traduction de l'autre. C'est ainsi que le roi Alexandre Jannéas s'appelait Jonathan, — le roi Antigone, Mathathiah, — le grand-prêtre Onias, Ménélas, — le grand-prêtre Joachim, Alcimus. Il se peut donc très-bien que le père de Joazar et d'Eleazar se soit appelé Joseph pour les Juifs et Boethos pour les Grecs; mais ce n'est là qu'une simple conjecture à laquelle je n'attache pas une grande importance; les considérations paléographiques sont beaucoup plus sérieuses : elles nous serviront à fixer l'âge de l'inscription, ou du moins à déterminer la limite supérieure de la période pendant laquelle elle a pu être gravée. Nous savons déjà que la limite inférieure est l'an 70 après J.-C.; j'espère démontrer que la limite supérieure est le premier siècle avant notre ère, d'où il résulterait que c'est vers l'époque de Jésus-Christ qu'aurait été creusé le tombeau de la famille de Hezir.

L'alphabet de notre inscription est presque de l'hébreu carré. On sait que la forme dite *carrée* est la dernière transformation du caractère hébraïque, celle qui est encore en usage aujourd'hui dans les livres imprimés. Le type de notre inscription n'est séparé du type carré que par des nuances; il le précède immédiatement : il représente, dans l'échelle des transformations de l'alphabet, l'avant-dernier degré, la dernière étape pour ainsi dire. Les lettres *aleph*, *lamed*, *aïn*, *resch*, ont déjà la figure caractéristique de l'hébreu carré; les autres lettres n'ont pas encore atteint leur forme définitive : tel est le *iod*; sa tête à crochet le distingue tout d'abord des autres alphabets sémitiques, et le classe dans la famille des lettres carrées; mais la longueur de la haste le rattache encore aux alphabets antérieurs; c'est un caractère de transition. Il en est de même du *beth*, du *zaïn*, du *noun*; cette dernière lettre possède les deux formes qui caractérisent les alphabets relativement modernes : l'une *initiale*, liée avec la lettre qui suit; l'autre *finale*, beaucoup plus allongée.

DESCRIPTION DU NOUVEAU TEMPLE.

Ces formes doubles, et les ligatures de lettres, ne se rencontrent pas, dans les alphabets connexes, (palmyrénien, nabathéen) avant le 1ᵉʳ siècle.

Les travaux des orientalistes modernes, parmi lesquels il suffit de citer Gesenius, Kopp, Lévy[1], ont démontré que l'alphabet hébraïque carré était dérivé de l'alphabet araméen antique par une série de transformations dont les inscriptions ptolémaïques d'Égypte (Papyrus Blacas, stèle de Carpentras, stèle du Vatican) nous indiquent un des derniers degrés. C'est aujourd'hui une vérité banale, sur laquelle il est inutile d'insister. Le seul point sur lequel on ne soit pas encore complétement d'accord, c'est l'époque à laquelle s'est accomplie la transformation dernière : il était généralement admis jusqu'à présent que les Juifs n'avaient employé l'écriture carrée qu'à partir du 11ᵉ siècle après Jésus-Christ. Il est évident maintenant que cette date doit être reculée, mais pas de beaucoup, car d'une part les inscriptions araméennes d'Égypte ne sont pas antérieures au 11ᵉ siècle avant Jésus-Christ, et de l'autre l'inscription que nous avons trouvée à Araq-el-Emir[2] prouve qu'en 176 avant Jésus-Christ l'écriture hébraïque vulgaire appartenait encore au système ancien. C'est donc dans le siècle qui précède l'ère chrétienne ou vers l'époque de Jésus-Christ que s'est constituée l'écriture hébraïque carrée, en même temps que se constituaient les écritures palmyréniennes et nabathéennes[3], qui ont avec elle de si grandes analogies.

La paléographie est donc d'accord avec l'archéologie pour placer dans la période asmonéenne ou hérodienne la construction du tombeau de la famille Hezir et de tout le groupe auquel il appartient.

29. — Tombeau d'El-Messaneh.

Le dernier monument de cette série dont nous nous occuperons est le tombeau d'El-Messaneh, situé à 3 kilomètres environ au nord de Jérusalem. C'est le moins connu et l'un des plus intéressants. Il est de la famille des tombeaux des «Rois» et des «Juges», c'est-à-dire formé de salles sépulcrales entourées de niches et précédées d'un vestibule ; tout le soin a été concentré sur cette partie du monument : les colonnes qui le soutenaient ont disparu, mais il reste un morceau bien conservé du pilastre d'ante et de l'entablement. Je le reproduis ci-dessus.

---

1. Voir les articles que j'ai publiés dans la *Revue archéologique*, janvier 1862, mars et avril 1864.
2. Voir plus haut, page 42.
3. Voir les textes publiés dans notre ouvrage : *La Syrie centrale*.

Les éléments de l'ornementation sont empruntés à l'art grec et disposés avec la fantaisie que nous avons déjà souvent signalée : la frise est dorique, la corniche ionique. La disposition rappelle à s'y tromper celle du tombeau de Cornélius Scipion[1] : l'une et l'autre sont imitées d'un même type grec. Les parois du vestibule sont couvertes d'un réseau de *refends* qui simule un appareil. C'est la première fois que nous voyons apparaître cet élément essentiellement gréco-romain, qui fait le fond de la décoration murale de presque tous les édifices de Pompéi et de la plupart des temples du siècle d'Auguste. Ce motif est trop connu pour que j'insiste sur sa description : je me borne à faire remarquer que sa disposition même indique son origine, car le mur que ces lignes simulent est bâti suivant un mode grec, c'est-à-dire avec des pierres posées alternativement dans le sens de leur longueur et dans le sens de leur largeur, ce qui donne des carrés et des rectangles allongés. Le faux appareil du tombeau d'El-Messaneh n'a pas la régularité de certains monuments grecs, mais il a été inspiré par la même pensée, ou plutôt il résulte de l'imitation inconsciente du même système de construction.

Nous en avons assez dit pour faire comprendre quel était le caractère de l'art judaïque à l'époque d'Hérode : il était assez semblable à l'art gréco-romain du siècle d'Auguste, avec un reste d'influence orientale, et une ornementation végétale d'un style particulier : les monuments d'Araq-el-Emir et le tombeau dit d'Absalon nous montrent en outre que les Juifs d'alors savaient remuer de très-gros blocs et construire des voûtes en pierres énormes.

Il nous reste à appliquer ces données à la description et à la restauration du nouveau Temple.

On se rappelle qu'Hérode agrandit considérablement l'enceinte sacrée. Cette extension ne put être donnée que vers le sud : en effet Hérode ne déplaça pas la tour Baris dont il fit Antonia, ni le fossé qui formait dès l'époque de Pompée la limite septentrionale de l'enceinte ; à l'est la vallée du Cédron, à l'ouest le Tyropœon s'opposaient à tout agrandissement ; c'est donc vers le midi, et sur le prolongement du mont Moriah qu'il traça son nouveau péribole. Le terrain était en pente (planche I) ; pour racheter la différence de niveau il fallut faire une immense plate-forme artificielle soutenue de trois côtés par de hautes terrasses. Ce magnifique travail existe encore en partie ; c'est le grand système de soubassements que nous avons décrit et dont les lignes majestueuses se profilent au sommet du Moriah. Historiquement, ces substructions ne peuvent être attribuées qu'à Hérode, puisqu'avant lui l'enceinte du Temple ne s'étendait pas aussi loin ; archéologiquement aussi, car les caractères intrinsèques de la construction sont ceux que nous venons d'énumérer.

Le grand appareil, en lui-même, n'a pas de caractère défini, car la dimension des matériaux n'est pas le signe d'une époque plutôt que d'une autre ; mais les refends sont caractéristiques : rudimentaires à Araq-el-Emir, plus soignés à El-Messaneh, ils ont atteint ici leur plus grande perfection, et par la précision de leur double encadrement rappellent les appareils simulés en stuc sur les murs de Pompéi : les voûtes intérieures de l'angle sud-est, celles du pont sont plus grandes, mais du même principe que celles du palais d'Hyrcan : enfin le peu qui reste de la décoration sculptée est d'accord avec ce que nous savons de l'art au siècle d'Hérode : la moulure de l'encadrement de la Porte Triple [voir page 11], composée d'une plate-bande, d'une cymaise et de deux plates-bandes, est franchement gréco-romaine. Pour achever de convaincre le lecteur sur ce

---

1. Musée du Vatican. Voyez aussi le tombeau publié par Winckelmann, *Histoire de l'art chez les anciens*, II, pl. XXVII, et l'autel d'Esculape, trouvé à Pompéi. Overbeck, *Pompéi*, p. 81.

DESCRIPTION DU NOUVEAU TEMPLE.

point, je reproduis de nouveau ici cette moulure, en compagnie de moulures identiques empruntées à des monuments grecs et romains très-connus.

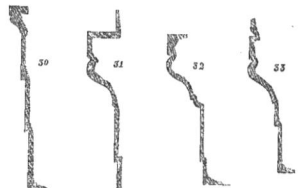

30. — Archivoltes de l'amphithéâtre de Nîmes et du Colysée à Rome. 31. — Id. de la *Stoa d'Adrien* à Athènes. 32. — Id. de l'arc romain de l'*Ecce Homo* à Jérusalem. 33. — Encadrement de la Porte Triple.

Le chapiteau du vestibule de la Porte Double, figuré à la planche IV, est imité du chapiteau corinthien grec sans volutes, comme par exemple celui de la « tour des Vents » à Athènes. C'est une simple corbeille évasée, décorée à sa surface d'une série de feuilles d'acanthe alternant avec des feuilles d'eau; la plinthe carrée qui la surmonte, et l'astragale sur laquelle elle repose, sont des détails essentiellement grecs; la feuille d'acanthe, que je reproduis ici, est identique comme style aux

34. — Détail du chapiteau.

palmes du « tombeau des rois : » c'est le même système de feuillé, le même faire sec et découpé. Que si le galbe général du chapiteau offre une ressemblance éloignée avec le chapiteau égyptien, c'est, ou une coïncidence fortuite, ou un souvenir des arts antérieurs, inspiré par la même pensée que la corniche égyptienne du tombeau dit « d'Absalon. » L'acanthe, la plinthe, l'astragale sont absolument étrangers à l'Égypte et suffisent pour caractériser l'époque du chapiteau qui nous occupe : il en est de même des chapiteaux des pilastres (planche IV) dont tous les éléments sont *exclusivement* empruntés aux moulures grecques. Enfin, les colonnes et les fractions de colonnes engagées dans les pilastres des vestibules ou les trumeaux des fenêtres indiquent nécessairement une basse époque; on n'en trouve pas d'exemple dans les temps anciens; c'est par un raffinement relativement moderne que l'on a fait servir à la décoration d'une surface, et par voie de placage, un membre qui, dans la conception première des architectes, est et n'a pu être qu'un support isolé.

Ainsi l'archéologie vient confirmer les conclusions que nous avons tirées des renseignements fournis par l'histoire.

L'extrémité sud du temple d'Hérode est donc bien nettement déterminée : l'extrémité nord aussi, car outre le fossé de défense, il existe encore à l'angle nord-est un fragment considérable de tour saillante qui appartient au même système de construction que les grands soubassements du sud : l'angle nord-ouest est donné par l'évidement du rocher : un quadrilatère dont on a les quatre angles est mathématiquement déterminé.

Nous croyons avoir établi, par ce qui précède, que l'enceinte actuelle du Haram représente exactement l'enceinte du nouveau Temple, et que les grands soubassements antiques sont les restes de l'œuvre gigantesque du roi Hérode; il nous reste maintenant à appliquer à ces débris et au sol même du Haram les descriptions des auteurs[1] et à restaurer ainsi le Temple de Jérusalem dans sa forme la plus complète.

La planche XV donne le plan d'ensemble et la planche XVI une vue à vol d'oiseau du monument ainsi restitué. La grande enceinte a été obtenue en prolongeant les côtés des quatre angles dont les faces antiques sont encore en place; son aspect extérieur est celui du grand mur occidental et des beaux débris de la face méridionale; un grand appareil à refends, percé de portes et de fenêtres d'un caractère sévère et grandiose « sans sculpture ni peinture d'aucune espèce[2]. » Ce magnifique soubassement n'était interrompu que sur la face orientale du point I au point Y, par le mur dit « de Salomon, » débris du Temple ancien conservé par Hérode et enclavé par lui dans ses constructions. Ce mur est aujourd'hui complètement détruit, au moins au-dessus du sol; des fouilles seules pourraient donner quelque indication sur le caractère de cette antique construction.

Deux portes s'ouvraient au sud; nous leur avons donné le nom de Double et de Triple, suivant le nombre de leurs baies : les rabbins les nomment portes de *Huldah*; Lightfoot a conclu de leurs assertions qu'elles partageaient en trois parties égales la longueur de la face méridionale; cette opinion se vérifie sur nature à quelques mètres près.

Nous avons déjà donné (p. 8 et 11) le plan du vestibule de ces portes, ainsi que le détail des colonnes et des pilastres qui les supportaient. La vue de la planche IV donnera une idée de leur aspect sévère et monumental. La différence de niveau entre leur seuil et le sol du Haram étant de 9 mètres, une inclinaison de $0^m,15$ par mètre fait déboucher aux points g les degrés qui conduisaient au parvis supérieur. L'extrémité de ces rampes était taillée dans le roc, comme on peut encore s'en assurer.

Quatre portes, suivant Josèphe, s'ouvraient à l'ouest : l'une conduisait par le pont[3] dans le palais royal, deux dans le faubourg[4]; par la quatrième on descendait à l'aide de degrés dans la vallée, et d'autres degrés conduisaient dans la ville haute[5]. Cette dernière est évidemment la porte « Occidentale, » souterraine comme les deux portes méridionales, à laquelle par conséquent on

---

1. Je ne saurais citer ici tous les passages, il faudrait transcrire plusieurs chapitres. Voici les sources : Josèphe, *Ant. Jud.*, XV, xi, 3; *Bell. Jud.*, V, v, et *Mischna*, traité *Middoth*. Un bon résumé des traditions talmudiques se trouve dans Reland, *Antiquit. sacræ vet. Hebr.*, I, viii, ix, et Lightfoot, *Descriptio Templi Hierosolimitani*. Voyez aussi Munk, *Palestine*.
2. Οὐδενὶ δὲ ἔξωθεν, οὔτε ζωγραφίας, οὔτε γλυφίδος ἔργῳ προσηγλάϊστο. (*Bell. Jud.*, V, v, 2.)
3. *Ant. Jud.*, XV, xi, 5, et *Bell. Jud.*, VI, vi, 2.
4. Τὸ προάστειον. Je pense que cette expression désigne la *basse ville* ou Acra.
5. Le texte porte τὴν ἄλλην πόλιν, qu'il faut corriger, je pense, en ἄνω πόλιν.

DESCRIPTION DU NOUVEAU TEMPLE.

descendait par des degrés qui se continuaient probablement dans la vallée et se retrouvaient sur le bord opposé pour gravir la ceinture de rochers qui couronne le mont Sion.

La première était au niveau du sol supérieur, au droit des arrachements du pont. Nous avons constaté en développant la courbe de la voûte[1] que le tablier du pont se trouvait précisément à la hauteur du sol actuel du Haram; la porte donnait donc directement dans la grande basilique ou portique méridional du Temple.

La place des deux autres portes est indéterminée : l'une devait être située en X à l'extrémité de la chaussée artificielle qui traverse le Tyropœon; l'autre, plus au nord, dans la portion remblayée de la vallée qui se trouve sensiblement de niveau avec le Haram; je l'ai placée au point t symétriquement à la porte Orientale. En supposant en Y un pavillon nécessité par les besoins de la construction, afin de relier le portique « de Salomon » avec les portiques nouveaux, on voit qu'il correspond avec la Porte placée à l'extrémité de la chaussée, et forme avec les trois portes un ensemble régulier.

La Mischna ne mentionne qu'une des portes de l'ouest, à laquelle elle donne le nom de *Coponius*.

Au nord il n'y avait qu'une seule entrée, à laquelle les rabbins donnent le nom de *Porte de Téri*. Josèphe ne la mentionne qu'incidemment en racontant l'attaque de Cestius Gallus contre la face septentrionale du Temple et les efforts infructueux des soldats romains pour mettre le feu aux portes[2]. Malgré le silence des auteurs sur ce point, il est évident qu'un pont, situé en face de cette entrée, traversait le grand fossé : il aura été coupé par les assiégés au moment de l'investissement de la place par Titus.

La porte Orientale existe encore; c'est celle dont les jambages se voient à l'intérieur de la Porte Dorée. Les rabbins lui donnent le nom de *Porte de Suse*, parce qu'à l'époque de la domination persane on avait sculpté sur le linteau un bas-relief représentant la capitale des vainqueurs; ils placent aussi au-dessus de la porte une chambre שׁישׁן הבירה dans laquelle on conservait deux étalons de la coudée[3]. La hauteur de cette chambre ne dépassait pas celle du portique adjacent, afin que dans le sacrifice de la vache rousse, sur le mont des Oliviers, le grand-prêtre pût, en répandant le sang de la victime, voir les portes du Temple intérieur[4]. Une autre tradition rabbinique veut que le seuil de cette porte ait été de 22 coudées en contre-bas du vestibule du Temple[5], et, en effet, le seuil est en contre-bas de 15 mètres du sommet de la Sakhrah qui, suivant nous, marque à peu près le niveau du Temple proprement dit. Ainsi qu'au sud et à l'ouest, la différence était rachetée à l'aide de degrés; en donnant à cette rampe comme aux autres une inclinaison de 0^m,15 par mètre, elle vient aboutir au point g'.

Il nous reste, pour achever la description de l'enceinte extérieure, à dire un mot de la tour Antonia, qui la défendait et la commandait à la fois. Bâtie par les rois Asmonéens, agrandie et embellie par Hérode, elle occupait l'angle nord-ouest. Les textes de Josèphe sont formels sur ce

---

1. Le rayon du cercle a 8^m,35 (Saulcy, *Voyage*, etc., II, 212); ce qui suppose, pour rejoindre la rive opposée du Tyropœon, trois arcades de 16^m,70 et deux gigantesques piles de 7 à 8 mètres d'épaisseur : un pont construit avec de tels matériaux n'était pas facile à démolir, aussi ne fut-il pas coupé pendant le siège de Titus; au contraire, le pont du temps de Pompée, situé ailleurs et plus petit, fut détruit par les Juifs au moment du siège.

2. *Bell. Jud.*, II, xix, 5.

3. *Kelim*, XVII, 9. — *Gem. Pesachim*, LXXXVI, 1.

4. Les traditions rabbiniques sur ce point sont assez confuses : suivant les unes, on voyait le Temple à travers la Porte Orientale; suivant les autres, par-dessus cette porte, et à cet effet le mur d'enceinte aurait été abaissé : il n'en ressort qu'un fait positif, c'est que la Porte Orientale était en face du Temple.

5. Maïmonides in *Beth Habbechirah*, Per. 6.

point et sont confirmés par tous les détails du siége de Titus[1]. La Tour proprement dite était située sur un rocher escarpé dont la surface, taillée de main d'homme, avait été recouverte de dalles, afin d'en rendre l'escalade impossible; un mur de trois coudées d'épaisseur entourait en outre des cours intérieures renfermant des casernes, des portiques, des bains[2]. Quatre tourelles flanquaient aux angles les courtines extérieures. Une large tranchée faite dans le roc isolait la forteresse du côté du nord et la séparait de la colline de Bezetha[3]. Les portiques septentrional et occidental du Temple extérieur buttaient contre la forteresse, qui n'avait pas de communication directe avec le parvis; deux escaliers descendant sur les portiques permettaient à la garnison d'intervenir en cas de troubles. Ces escaliers jouent un grand rôle dans le siége.

Nous avons déjà décrit l'angle nord-ouest du Haram. L'évidement du rocher est certainement antérieur à la construction de la forteresse; sa forme angulaire prouve qu'il a été exécuté au point de vue du Temple, et pour niveler le parvis extérieur. L'escarpement artificiel, résultat de ce travail, a été utilisé pour l'assiette de la tour Baris; puis à l'aide d'une tranchée faite au nord dans la crête rocheuse (ou Bezetha), on a complété l'isolement du fort. Cette tranchée existe encore au point H et achève de déterminer pour nous l'emplacement d'Antonia. Le mur de trois coudées empiétait évidemment sur le parvis; plusieurs faits le démontrent : d'abord la nécessité d'appuyer les portiques contre les fortifications, ensuite l'impossibilité de prolonger les portiques au delà des points e et f, à cause de la forme ascendante du rocher; de plus, c'est la seule manière d'expliquer un passage obscur de la guerre des Juifs (VI, v, 4) : d'après ce texte, une certaine prophétie aurait prédit que Jérusalem serait détruite lorsque l'enceinte du Temple serait devenue *carrée*, τετράγωνον; elle fut accomplie par les Juifs eux-mêmes, dit Josèphe, après la destruction d'Antonia[4]. Or il résulte de toute l'histoire du siége que la Tour proprement dite resta intacte jusqu'à sa prise par Titus, et qu'elle fut démolie par le général romain; que la seule démolition ordonnée par les Juifs est celle de la communication qui existait entre les portiques et la tour et celle des corps de garde y attenant[5]; il faut donc admettre que ces communications et ces corps de garde occupaient un des angles du parvis et que leur destruction a rendu au parvis non la forme d'un carré, mais celle d'un rectangle.

Nous avons donc tous les éléments nécessaires pour restaurer la forme générale du fort (planche XV); les défenses s'allongeaient évidemment du côté de l'ouest, sur le petit plateau P, jusqu'au bord de la vallée, afin d'enclore les dépendances nombreuses signalées par Josèphe; les renseignements nous manquent pour la restauration de ces détails intérieurs et sans importance.

Les portiques qui entouraient de trois côtés le grand parvis étaient doubles, c'est-à-dire soutenus par deux rangs de colonnes; leur largeur totale était de 30 coudées, leur hauteur de 25 coudées. Je pense qu'ils étaient d'ordre dorique, à l'exception du portique dit « de Salomon, » débris de l'ancien Temple, dont le style est difficile à déterminer.

Il ne reste de ces grandes colonnades qu'un seul fragment utilisé par les Arabes dans les substructions qui précèdent la porte Triple, et que nous avons déjà signalé[6]. Quoique très-fruste,

---

1. Je ne veux en citer que deux : quand Titus a forcé Bezetha et vient attaquer le Temple, les Juifs se défendent à la fois du haut d'Antonia et du Portique Nord (*Bell. Jud.*, V, vii, 3); quand Titus passe la revue de son armée, les Juifs regardent de ce même portique (*Id.*, ix, 1). La tour n'occupait donc pas toute la face nord. Voyez aussi les siéges déjà cités de Pompée et de Cestius Gallus.
2. *Bell. Jud.*, V, v, 8.
3. *Id.*, V, iv, 2, ἀποτεμνόμενος δὲ ὀρύγματι βαθεῖ· διετοιχεύθη γὰρ ἐπίτηδες.
4. Μετὰ τὴν καθαίρεσιν τῆς Ἀντωνίας.
5. *Bell. Jud.*, II, xvi, 5, et xvii, 1-7.
6. Page 13. La salle où se trouve ce fragment est désignée par la lettre B sur la planche XIII.

DESCRIPTION DU NOUVEAU TEMPLE.

ce fragment suffit pour restaurer tout l'ensemble. Il appartient à un entablement dorique dont l'architrave et la frise sont formés d'une seule pierre qui a 1^m,07 de hauteur, c'est-à-dire deux coudées hébraïques. Le métope est carré et mesure 0^m,50 de côté, le triglyphe a 0^m,439 de largeur, d'où il résulte que les axes des triglyphes de trois en trois sont à une distance de 2^m,88, c'est-à-dire exactement 5 1/2 coudées hébraïques de 0^m,525. Cette distance indique l'intervalle, d'axe en axe, des colonnes du portique; en appliquant à ces données les proportions du dorique du siècle d'Auguste, nous trouvons une colonne de 1 1/2 coudée de diamètre et 12 coudées de hauteur; en donnant ensuite une coudée à la corniche, on voit que la hauteur totale de l'ordre était de 15 coudées. Cette double colonnade portait un toit à un seul égout qui s'appuyait sur le mur extérieur; dans les édifices antiques connus, la section de ce toit est ordinairement un triangle rectangle dont la hauteur est le 1/3 de la base; ici la base étant, suivant Josèphe, de 30 coudées (largeur totale du portique), la hauteur était de 10 coudées qui, ajoutées aux 15 coudées de l'ordre dorique, font pour la hauteur totale du portique 25 coudées ou exactement le chiffre donné par Josèphe.

C'est sur ces données positives qu'ont été construites les planches XV et XVI.

Le « Portique royal » du sud, Στοὰ βασιλική était ce que nous appelons une *basilique*, c'est-à-dire un bâtiment à trois nefs inégales portées par des colonnes. La nef du centre avait, suivant Josèphe, 45 pieds de large et 100 pieds de haut; les bas côtés, 30 pieds de large et 50 de haut; elle était soutenue par trois rangs de colonnes corinthiennes; à chaque file correspondait une colonne engagée dans le mur latéral; un second ordre de colonnes engagées décorait le mur supérieur de la nef centrale; des plafonds de bois richement sculptés et ornés recouvraient tout l'édifice; il fallait trois hommes pour embrasser le fût des colonnes. A ces détails Josèphe ajoute que le nombre total des colonnes, y compris celles qui étaient engagées dans le mur, était de 162 : il y a erreur au moins de deux, puisque 162 n'est pas divisible par 4 : soit 164; chaque rangée avait donc 41 colonnes et 42 entre-colonnements.

Le renseignement donné par Josèphe sur la grosseur des colonnes, rapproché de la hauteur qu'il attribue à l'ordre inférieur, nous indique que le diamètre des fûts était un peu supérieur à 5 pieds, soit 1^m,70. Dans les grands portiques corinthiens des temples de Baalbeck et de Palmyre l'intervalle des colonnes d'axe en axe est généralement de 3 1/4 diamètres : en appliquant ici la même proportion on obtient pour cet intervalle 5^m,52, qui répétés 42 fois donnent 230 mètres pour la longueur totale de la basilique dans œuvre. En établissant cette longueur sur les grands soubassements du sud, il reste à chaque bout un pavillon ou tour de 25 mètres de large, qui est absolument nécessaire pour appuyer les extrémités de la basilique et pour la relier avec les portiques des autres faces dont la disposition et la hauteur sont tout à fait différentes.

On se rappelle que la largeur de la nef centrale, d'après Josèphe, était de 15 mètres ; celle des bas-côtés, de 10 mètres : or 15 mètres est précisément la largeur du grand pont qui traversait le Tyropœon, et qui se trouve à 12 mètres de l'angle sud-ouest : ainsi, en plaçant la nef centrale dans le prolongement du pont, il restera au sud du bas-côté une distance de 2 mètres qui est justement égale à l'épaisseur du mur de terrasse. Nouvelle preuve de l'homogénéité de toute cette construction et de la vérité du système que nous avons adopté ; on remarquera aussi que la grosse colonne du vestibule souterrain de la Porte Double se trouve sous une des rangées de la nef, ce qui était nécessaire en bonne construction. J'ai supposé que le mur extérieur était décoré, au droit de chaque file de colonnes, d'un pilastre carré ; disposition qui se retrouve à l'enceinte d'Hébron[1], que je considère

---

1. Voir l'Appendice de ce volume.

comme étant de la même époque, et au fragment de l'enceinte de Jérusalem que j'ai déblayé à l'est du Saint Sépulcre.

L'espace circonscrit par les portiques que nous venons de décrire formait ce qu'on a appelé le *parvis des Gentils* ou *des Nations*, parce qu'il était accessible à tous les visiteurs, quelle que fût leur nationalité : une petite barrière de pierre, haute de 3 coudées, indiquait la limite du terrain assigné aux étrangers : des inscriptions grecques et latines, gravées sur des stèles de marbre, avertissaient les païens qu'il leur était défendu de pénétrer plus loin; en effet tout l'espace compris dans l'intérieur de cette clôture était réputé saint.

Au milieu de cet espace saint était le Temple intérieur, composé lui-même de plusieurs enceintes, *la cour des femmes (Azarath naschim)*, *la cour d'Israël (Azarath Ischrael)* et celle *des prêtres (Azarath cohenim)*, au centre de laquelle s'élevait le Temple proprement dit, le Sanctuaire de Jehovah. Toutes ces enceintes étaient à des niveaux différents :

Du parvis des Gentils à la cour des femmes, on montait 14 marches ou   7 coudées.
De la cour des femmes à celle des Israélites.   2   1/2
De là à celle des prêtres.   1
De là au Temple   6
                                                        16   1/2 ou $8^m,60$.

Les 14 premières marches régnaient autour de l'enceinte, puis on trouvait un palier de 10 coudées nommé *Hêl* (antemurale). Des escaliers de 5 marches conduisaient du Hêl à la cour intérieure.

Cette différence de niveau de $8^m,60$ entre le sol du Temple et celui du premier parvis, prouve que la roche Sakhrah, dont le sommet est à 5 mètres en moyenne au-dessus du niveau du Haram, était comprise dans la plate-forme qui supportait le Temple : la même raison nous force à placer dans l'intérieur de la plate-forme le point P où le rocher commence visiblement à se relever[1]. Ainsi en mesurant à partir du point P et vers le sud une distance de $133^m,80$ correspondant à la largeur totale de la plate-forme[2], et perpendiculairement à cette direction une longueur de 200 mètres[3], dont l'extrémité soit assez éloignée du mur oriental pour que la rampe montant de la Porte Dorée puisse se développer, nous aurons mathématiquement déterminé, à quelques mètres près, l'emplacement du

---

1. Voir planche I.
2. Elle se décompose ainsi d'après la Mischna :

14 marches,   7 coudées de chaque côté. . . . . 14 coudées.
Hêl,   10   id.   20
Salles latérales, 40   id.   80
Cour. 135
A quoi il faut ajouter l'épaisseur des murs, au moins. 6
                                                    255 coudées ou $133^m,80$.

3. Elle se décompose ainsi :

14 marches (il n'y en avait pas à l'ouest). . . . . 7 coudées.
Hêl. 20
Cour des femmes. 135
Cour des Israélites et des prêtres. 187
Il faut ajouter :
  Salles et portiques entre les deux cours. 25
  Épaisseur des murs. 6
                                                    380 coudées ou 200 mètres.

DESCRIPTION DU NOUVEAU TEMPLE.

Temple. Quant à la petite clôture qui indiquait la limite de l'espace saint, je persiste à croire, d'après les passages talmudiques cités plus haut[1], qu'elle correspondait avec le périmètre de l'ancien Temple, et laissait en dehors l'espace ajouté au sud par Hérode et porté sur des substructions voûtées. Je la trace ainsi sur le plan.

On entrait dans le Temple intérieur par neuf portes, quatre au nord et au midi, une à l'orient. Leur forme, dit Josèphe, était celle d'une tour de 40 coudées de hauteur : chacune avait deux entrées[2], et renfermait un vestibule intérieur supporté par deux grosses colonnes de 12 coudées de circonférence. Cette disposition est celle des vestibules de la Double et de la Triple Porte ; aussi nous sommes-nous inspirés de ces deux exemples dans notre restauration.

La porte qui faisait communiquer la cour des femmes avec celle des Israélites était un peu plus grande : elle se nommait *Porte de Nicanor*, et était célèbre non-seulement à cause de ses belles proportions, mais à cause de la richesse des matériaux employés : les battants étaient en bronze de Corinthe, il fallait vingt hommes pour les fermer[3]. C'est elle qui dans le Nouveau-Testament est appelée la *belle porte* (Porta speciosa, θύρα ὡραία); on y montait par un perron demi-circulaire de quinze marches dont la hauteur équivalait à celle des cinq marches des portes latérales.

La « cour des femmes » était ainsi nommée parce qu'elle était la seule dont l'accès fût permis aux femmes. Aux quatre angles étaient des salles hypètres de 40 coudées en carré et qui, comme toutes les salles dépendant du Temple intérieur, portaient le nom de *Lishca*. La première servait à conserver les bois jugés impropres au service de l'autel; la seconde, aux ablutions des lépreux ; la troisième, aux provisions d'huile et de vin ; la quatrième, aux exercices particuliers des Nazaréens. En outre, une série de salles consacrées à divers usages garnissait les flancs de la cour : parmi elles se trouvait le *trésor* (γαζοφυλάκιον). On y conservait les espèces monnayées provenant des troncs disposés autour de la cour : ces troncs étaient au nombre de treize et avaient chacun une destination spéciale indiquée par une inscription : capitation, holocauste, purification, sacrifice de tel ou tel animal, etc., etc... Ceux dont l'argent servait à des usages quotidiens étaient ouverts chaque jour : tels étaient les troncs nommés *qinin* ou *nids* destinés aux offrandes de colombes : les prêtres en retiraient l'argent tous les soirs et offraient le lendemain un nombre de colombes équivalant à la somme trouvée. Les fonds destinés à des usages généraux étaient recueillis dans la chambre du trésor. Trois fois par an, quinze jours avant les trois grandes fêtes, on en tirait trois coffres de sicles, qui se dépensaient en préparatifs, en acquisition de victimes et d'offrandes pour l'autel.

De chaque côté de la cour était une petite enceinte de bois exclusivement réservée aux femmes qui venaient prier ou assister aux cérémonies.

En quittant la « cour des femmes » et en passant par la « porte de Nicanor », on trouvait un premier parvis, de 11 coudées de large, terminé par une marche d'une coudée que les prêtres seuls pouvaient franchir : cet espace, nommé « cour d'Israël, » était réservé aux laïques qui avaient rempli les conditions de purification prescrites par la loi de Moïse : au milieu de la « cour des prêtres » étaient le Temple proprement dit et l'autel des holocaustes. L'ensemble de ces deux parvis était entouré de trois côtés par une série de salles pour le service du lieu saint. Devant les salles et entre les portes[4] régnait un portique soutenu par une rangée de colonnes; cette disposition s'applique aussi à la cour des femmes.

1. Pages 21 et 35.
2. Josèphe leur donne 15 coudées de large sur 30 de hauteur, chiffre évidemment exagéré; la Mischna, 10 coudées sur 20.
3. Bell. Jud., VI, v, 3.
4. Στοαὶ δὲ μεταξὺ τῶν πυλῶν... ἔνδον ἐστραμμέναι πρὸ τῶν γαζοφυλακίων... ἁπλαῖ. (Bell. Jud., V, v, 2.)

Voici, d'après les *Middoth*, la liste des salles qui entouraient le parvis intérieur :

Au nord : la salle où on conservait le sel des sacrifices ; — celle où on salait les peaux des victimes (*Lishcath parveh*); — celle où on lavait les intestins des victimes ; — le *Beth-moked*, où se conservait le feu perpétuel, et où venaient se chauffer les prêtres.

Au sud : le magasin des bois de choix pour l'autel; — la salle du puits; — la salle des séances du Synedrium (*Lishcath gazith*) qui avait une entrée par le Hêl.

A l'orient : d'un côté de la porte de Nicanor, la salle commune où se réunissaient les prêtres, et qui était en connexion avec le Beth-moked ; de l'autre, le vestiaire des prêtres.

Dans l'angle sud-est, le magasin des instruments de musique, qui avait une entrée par la cour des femmes. La Mishna mentionne encore d'autres appartements secondaires, qui n'étaient probablement que des subdivisions des salles précédentes et que je n'ai pas indiquées sur le plan faute de renseignements suffisants.

L'autel des holocaustes était placé à onze coudées de la limite de la cour : je n'entrerai pas dans tous les détails donnés par les rabbins sur la construction de ce monument, on les trouvera dans les traités spéciaux sur la matière. Il suffit de dire qu'il était formé de trois étages de pierres non polies, en retraite d'une coudée l'un sur l'autre ; la base formait un carré de 32 coudées, la hauteur totale était de 15 ; on y montait par un plan incliné situé au sud, et qui occupait une longueur horizontale de 30 coudées ; deux rampes plus petites conduisaient à l'étage intermédiaire. Sur la surface supérieure brûlait le feu des sacrifices et aux quatre angles étaient des espèces de cornes sur lesquelles se faisaient les aspersions de sang, les libations d'eau et de vin. Un conduit, situé à l'angle sud-ouest de l'autel, recevait ces liquides et les conduisait dans les cloaques souterrains [1] et de là dans la vallée du Cédron.

Au nord de l'autel se trouvaient six rangées de quatre anneaux fixés dans le sol et auxquels on attachait les victimes pour les égorger, puis huit tables de marbre sur lesquelles on déposait la chair des victimes et les intestins lavés dans la salle adjacente ; enfin huit colonnes auxquelles on suspendait les victimes pour les écorcher. L'intervalle de ces divers objets est donné par la Mishna, et j'ai fidèlement suivi les chiffres indiqués dans la construction du plan de la planche XV.

A 22 coudées à l'ouest de l'autel était le Temple, assis sur une plate-forme de 6 coudées de haut, à laquelle on parvenait par un escalier de 12 marches.

La disposition générale de l'édifice était celle du Temple de Salomon ; elle était imposée par la force de la tradition, quoique certains détails fussent en contradiction avec le style grec de l'époque : ainsi le pylône antérieur n'avait plus de sens ; néanmoins il fut conservé et décoré probablement d'ordres grecs superposés [2] ; on lui donna une hauteur et une largeur de 100 coudées, et une profondeur de 20. Le Saint, et le Saint des Saints, qui ne faisaient qu'un, et qui n'étaient, à l'intérieur, séparés que par un voile, avaient une hauteur uniforme de 60 coudées sur une largeur de 30 et une longueur de 65 hors œuvre ; une ceinture de trois étages de 38 chambres était, comme dans l'ancien Temple, accolée au sanctuaire sur une largeur hors œuvre de 15 coudées, ce qui donnait extérieurement au sanctuaire, dit Josèphe, l'aspect d'une basilique. Tout l'édifice était recouvert de terrasses, sur lesquelles on avait planté des pointes dorées pour écarter les oiseaux.

---

1. Voir plus haut, page 27, note 1.
2. Nous avons retrouvé à Siah, dans le Haouran, un temple bâti sous Hérode Agrippa, réminiscence éloignée, mais évidente du Temple de Jérusalem, et qui nous a servi pour la restauration du Temple d'Hérode : la façade est aussi décorée de deux ordres de pilastres. Voyez notre ouvrage *La Syrie centrale, Architecture civile et religieuse*, planche II et suiv.

DESCRIPTION DU NOUVEAU TEMPLE.

Les deux chambres situées de chaque côté du pronaos, dans ce que Josèphe appelle les *épaules* du vestibule, servaient à renfermer les couteaux des sacrifices.

Notre plan a été construit en suivant scrupuleusement ces indications et les autres mesures de détail données par les auteurs, qu'il serait trop long de reproduire ici. On voit qu'il s'adapte parfaitement au terrain, et que, tout en remplissant les conditions énoncées plus haut, il reste dans les limites indiquées par la forme du sol, et s'ajuste, pour ainsi dire, au rocher. On remarquera particulièrement l'exactitude avec laquelle les citernes viennent occuper la place que l'histoire leur assigne.

J'ai déjà dit que le sommet du Moriah était percé d'un certain nombre d'excavations artificielles, et j'ai indiqué les bouches extérieures sur le plan de la planche I. Je n'ai pu pénétrer dans l'intérieur de ces réservoirs et étudier la disposition des canaux qui les mettent en communication; mais un voyageur italien, M. Pierotti, est parvenu à y descendre, et voici le résultat de ses observations [1]. Sous la grotte de la Sakhrah se trouve une seconde citerne [2] avec laquelle elle communique par le « Puits des âmes ». De là un conduit descend au nord et débouche dans les deux citernes R et R', qui reçoivent également un conduit venant de la citerne R^2 située à l'ouest; enfin la citerne R^3, située plus à l'est et en contre-bas, recevait les eaux de la citerne R, et, par un canal que M. Pierotti a également retrouvé, les envoyait dans la vallée du Cédron. Tout le réseau souterrain est parfaitement combiné pour la vidange du parvis; en supposant que les réservoirs R et R' fussent les cloaques qui recevaient le sang des libations et le sang des victimes égorgées au nord de l'autel, en supposant ensuite que la Sakhrah d'une part et la citerne R^2 de l'autre reçussent directement du dehors l'eau amenée par les aqueducs, le double courant venait laver les cloaques et entraîner dans la vallée les immondices qu'ils contenaient. La principale source, on le sait d'ailleurs [3], était amenée d'Étham, c'est-à-dire des environs de Bethléhem; parmi les fontaines qu'elle alimentait, le Talmud cite spécialement celle qui se trouvait dans la salle « du Puits », au sud du « parvis des prêtres », et celle qui était entre l'autel et le pronaos du Temple.

Avec le plan tel que nous l'avons tracé, toutes ces hypothèses se vérifient : en effet la citerne R' se trouve sous les anneaux où on égorgeait les victimes; le petit conduit venant de l'ouest passe sous l'autel; la seconde citerne de la Sakhrah se place précisément sous une des chambres latérales qui devient alors la salle « du Puits », et la petite excavation R^1 coïncide avec le pronaos du Temple. J'ignore d'où cette excavation tirait son eau, mais quant à celle qui est sous la Sakhrah, elle la recevait d'Étham; M. Pierotti a constaté qu'elle était alimentée par une branche du grand aqueduc qui prend son origine aux « vasques de Salomon », près de Bethléhem, et pénètre dans le Haram par la chaussée du Bab-el-Silsileh.

On peut donc accueillir avec confiance le plan du Temple tel que nous l'avons restauré.

Le sanctuaire avait été construit et orné avec un luxe inouï. Les murs étaient de marbre blanc; l'or, l'argent, les matières les plus précieuses étaient employées dans la décoration. On peut lire dans Josèphe le récit de ces magnificences, objet d'admiration du monde antique. Un symbolisme religieux avait présidé au choix des ornements : le voile de soie suspendu devant la porte du sanctuaire offrait l'image du monde entier, et chacune des quatre couleurs qui entraient dans sa composition était la

---

1. *Jerusalem explored*. Londres 1863. Planche XII et p. 94-100. C'est d'après ses indications que j'ai complété le tracé des citernes R dans les deux coupes de la planche I.

2. Je suis porté à croire que ces deux citernes n'en formaient primitivement qu'une seule, et que la voûte qui les sépare est artificielle et a été bâtie par les Musulmans, afin de diminuer la profondeur de ce sanctuaire souterrain.

3. *Ant. Jud.*, VIII, vii, 3. — Reland, *O. C. de Locis sacris*, XIII. — Lightfoot, *in Joan.*, V.

figure d'un élément; le safran représentait le feu, le byssus la terre, l'hyacinthe l'air, et la pourpre la mer. De même les sept lampes du chandelier intérieur symbolisaient les sept planètes; les douze pains de proposition représentaient le cycle zodiacal et les douze mois de l'année; les treize aromates qui brûlaient sur l'autel d'or, empruntés à la terre et à la mer, indiquaient que tout appartenait à Dieu et devait être employé à son service. Quand les rayons du soleil levant frappaient sur les lames de métal qui recouvraient les portes et le toit du sanctuaire, quand ils éclairaient les dorures de la façade et la gigantesque vigne d'or qui s'enroulait sur le marbre blanc du pronaos, « les yeux « éblouis étaient obligés de se détourner..... et l'étranger qui apercevait au loin le Temple croyait « voir une montagne couverte d'une neige étincelante. »

Même en faisant la part de l'imagination de Josèphe, et en réduisant les quantités d'or et d'argent qu'il énumère, il n'en reste pas moins acquis que le Temple de Jérusalem était une œuvre magnifique. La disposition générale, à elle seule, est une des conceptions les plus grandioses que l'antiquité ait réalisées. Cette succession d'enceintes à des plans différents, continuant les pentes escarpées de la montagne par une sorte de pyramide de plates-formes couronnée par la haute façade du sanctuaire, est certainement une composition pleine d'ampleur; la science avec laquelle on avait utilisé la forme du terrain pour donner au Temple une base digne de lui, fait honneur à l'artiste inconnu qui a dirigé ce grand travail. Quand la foule, pénétrant par ces larges entrées et franchissant ces degrés, mêlait sa voix confuse au bruit des cérémonies sacrées, et donnait à cette immense masse de pierre sa signification et sa vie, l'effet du monument devait être d'une remarquable grandeur.

Le spectacle qu'il offrait alors était étrange. Le Temple était à la fois la tête et le cœur de la nation : c'était le centre spirituel et profane non-seulement des Juifs de Palestine, mais de tous les fidèles répandus en Asie, en Égypte, à Athènes et à Rome, ardents prosélytes que le retour des grandes solennités ramenait périodiquement à Jérusalem; là se rencontraient la vie religieuse et civile, le mouvement des affaires et des idées, la politique et l'école, la liturgie et le commerce. Le Temple était donc loin d'avoir cette physionomie recueillie que nous sommes habitués à associer à l'idée de prière et aux actes religieux; en cela il ressemblait plus au Haram musulman qu'à une église chrétienne; encore faut-il ajouter au tableau les détails du sacrifice, souvent hideux, toujours agités et bruyants.

Le Saint des Saints était le seul point tranquille et mystérieux : un silence absolu régnait derrière le voile qui le dérobait aux regards, et là, au milieu de la fumée de l'encens qui brûlait sur les tables d'or, le grand-prêtre venait prier seul devant la majesté du Très-Haut. Partout ailleurs régnaient le tumulte et le bruit : les lévites allaient et venaient pour le service du sanctuaire; les Pharisiens, assis en cercle, discutaient les difficultés de la casuistique rabbinique, poursuivant de leurs arguments les Sadducéens, qu'ils accusaient de relâchement et de ménagements politiques; les prêtres, les docteurs enseignaient dans les écoles[1] du deuxième parvis, en attendant la séance du Sanhédrin; le cultivateur, apportant les prémisses de son champ, se rencontrait avec le riche citadin faisant traîner derrière lui un taureau ou un agneau sans tache; le lépreux ou l'impur venant d'accomplir les rites de la purification[2] croisait, sur les larges degrés, l'époux inquiet qui amenait sa femme infidèle à l'épreuve de l'eau « d'amertume[3] ». Sous les larges portiques du parvis extérieur, dans la basilique d'Hérode, une foule bigarrée se pressait autour du rabbin en renom, les

---

1. Cf. Luc., II, 46.
2. Levit., XII, XIII, XIV, XV. — Cf. Marc., I, 44. — Luc., II, 21-24. — Joan., v, 14.
3. Num., v, 11-31.

DESCRIPTION DU NOUVEAU TEMPLE.

marchands de colombes, de gâteaux, dressaient leurs boutiques [1], les prêtres trafiquaient des peaux [2] des victimes, les changeurs [3] offraient des sicles nationaux ou des petits bronzes orthodoxes [4] frappés par le gouverneur romain, en échange des deniers impériaux et des drachmes grecques, effigies prohibées que le trésor sacré ne voulait pas recevoir. Tout ce tumulte de négociations, de discussions, de prières, était dominé par l'éclat des trompettes sacrées, par le mugissement des victimes égorgées, par le pétillement de la flamme de l'autel, qui lançait vers le ciel les flocons d'une fumée opaque toute chargée des âcres odeurs des chairs brûlées.

Un jour on vit apparaître sur cette scène un personnage nouveau; et tout d'abord son arrivée produisit une sensation profonde [5]. La majesté simple de sa démarche, le caractère miraculeux de ses œuvres, mais surtout l'élévation de sa doctrine, la pureté incomparable de sa morale, par leur nouveauté même, annonçaient une origine qui n'avait rien d'humain. Au milieu de ces classes divisées par l'esclavage et par les préjugés égoïstes de la société antique, il prêchait le renoncement, la douceur, le pardon réciproque, le mérite de la pauvreté et de la souffrance; dans ce lieu rempli des pompes rajeunies d'un culte exclusif, il annonçait l'abolition des sacrifices sanglants, l'union de tous les peuples dans une même religion d'amour et d'abnégation. Les Pharisiens l'appelaient avec mépris le « Galiléen », tout en reconnaissant avec dépit que son langage n'était pas celui d'un homme [6]; la foule, avec le merveilleux instinct des masses populaires, l'avait reconnu, elle l'appelait le « Messie », en attendant que le monde, transformé par sa parole, proclamât sa divinité. Pendant son séjour à Jérusalem, Jésus-Christ passait ses journées dans le Temple, tantôt sous le « Portique de Salomon [7] », tantôt dans la « cour des Femmes » où il s'asseyait devant le portique du Trésor [8]. Entouré de disciples fidèles, d'affligés qu'il avait guéris ou consolés, de Pharisiens irrités, ici il discutait, là il enseignait, empruntant le sujet de ses enseignements ou le texte de ses réparties aux scènes variées qui se passaient sous ses yeux : une veuve qui venait jeter son « quadrant » dans un des troncs sacrés [9], un Pharisien et un Publicain qui montaient prier [10], une femme accusée d'adultère [11], lui fournissaient l'occasion de ces hautes leçons de morale qui établissaient le véritable caractère des vertus chrétiennes, l'humilité et la charité. Quand le jour baissait, il descendait par une des rampes souterraines que nous avons décrites, sortait du Temple, traversait la vallée du Cédron, et se retirait sur le mont des Oliviers [12].

Un soir, avant de gagner la demeure hospitalière de ses amis de Béthanie, il s'arrêta sur le revers de la montagne, et se prit à contempler le magnifique spectacle qui se déroulait devant lui. L'enceinte sacrée, comme aujourd'hui celle du Haram, se développait tout entière sous son regard, le Temple, comme aujourd'hui la mosquée, formait une masse sombre que la lumière frisante du soleil couchant

---

1. Matth., xxi, 12. — Marc., xi, 15. — Joan., ii, 14.
2. Levit., vii, 8.
3. Matth., xxi, 12. — Marc., xi, 15. — Joan., ii, 15.
4. Saulcy, *Recherches sur la numismatique judaïque*, planches VIII et IX. Les types de ces pièces se rapportent tous aux sacrifices : blé, vigne, dattier, simpulum, vase, lituus, etc.
5. Matth., xxi, 10.
6. Joan., vii, 46.
7. Id., x, 23.
8. Marc., xii, 41. — Luc., xxi, 1. — Joan., viii, 20.
9. Id., ibid.
10. Luc., xviii, 10.
11. Joan., viii, 3-11.
12. Luc., xxi, 37. — Joan., viii, 1-2.

entourait d'une auréole dorée; au-dessus, la ville s'étageait en amphithéâtre, jusqu'aux tours d'Hérode dont la noire silhouette se détachait sur l'horizon lumineux, comme aujourd'hui la « Tour de David, » seul reste de ces formidables défenses : tout autour, les mêmes montagnes croisaient leurs lignes sévères et faisaient au tableau un cadre digne de lui.

Les disciples galiléens, gens grossiers pour la plupart, et peu sensibles aux beautés de la nature, étaient surtout frappés par la structure du Temple : ils admiraient ces blocs de pierre nouvellement taillés, ces puissantes assises qui semblaient devoir défier le temps et assurer au monument une durée éternelle; mais le Christ portait plus loin son regard; sous cette apparente sécurité, il voyait la fin prochaine, il voyait les malheurs prêts à fondre sur la cité orgueilleuse et incrédule. Alors il annonça à ses disciples étonnés la ruine de toutes ces merveilles : « Lorsque vous verrez Jérusalem entourée par « une armée, dit-il, sachez que le moment de sa destruction est proche[1]. » Et dans quelques paroles prophétiques il leur dévoila les affreuses destinées de la ville sainte; sous l'intensité de sa pensée divine, sa nature humaine s'attendrit, et il se mit à pleurer : « Jérusalem! Jérusalem! disait-il, qui « tues les prophètes et lapides ceux qui te sont envoyés, que de fois j'ai voulu rassembler tes enfants, « comme la poule recueille ses petits sous son aile, et tu ne l'as pas voulu! Voici venir tes ennemis, « ils t'entoureront de tranchées et te serreront de toutes parts, ils te détruiront et ne laisseront pas de « toi pierre sur pierre[2]! »

L'accomplissement de la prophétie ne se fit pas longtemps attendre.

Le 12 artemisius (mai) de l'an 70 après J.-C.[3], Titus vint mettre le siège devant le Temple. Maître de la troisième et de la deuxième enceinte de Jérusalem, il avait refoulé les assiégés d'une part sur le mont Sion, d'autre part dans l'intérieur des parvis sacrés; la tour Antonia était la clef du mont Moriah : c'est sur elle qu'il dirigea ses efforts. La défense fut énergique, désespérée : la mine, le feu, détruisirent les premiers ouvrages des Romains; un mur construit à la hâte s'éleva derrière la brèche; des sorties furieuses firent parfois reculer les légionnaires : néanmoins, le 5 panemus (juillet), après deux mois d'une lutte incessante, Antonia fut emportée, et les Juifs se retirèrent dans le Temple en brûlant l'extrémité des portiques qui communiquaient avec la Tour.

Titus fit alors immédiatement détruire la Tour, afin d'ouvrir un large passage à ses troupes et à ses machines de guerre; pendant ce temps les Juifs se retranchaient dans le Temple intérieur, dont la plate-forme massive, couronnée de murs épais, constituait un réduit formidable, et s'établissaient sur les toits des portiques extérieurs, afin de défendre les approches du réduit. La cour des Gentils devint comme un champ clos dans lequel se livraient des combats journaliers, sous les yeux des deux armées. La communication une fois établie entre le camp des Romains et la cour par la large brèche d'Antonia, Titus fit commencer les approches contre le Temple intérieur à l'aide de deux *aggeres*, l'un contre l'angle nord-ouest, l'autre contre la face nord[4]. En même temps deux autres *aggeres* furent dressés, l'un contre le portique ouest, l'autre contre le portique nord du Temple extérieur; la possession de ces deux portiques était très-importante, parce que les archers logés sur leurs toits devaient gêner par leur tir les travailleurs occupés aux *aggeres* intérieurs; ils furent emportés le 27 et le 28 panemus et détruits par le feu; la prise du portique ouest coûta beaucoup de monde aux

---

1. Luc., XXI, 20.
2. Matth., XVIII, 37; XXIV, 2. — Luc., XIII, 34; XIX, 43, 44. — Marc., XIII.
3. Tout le récit suivant est tiré de Josèphe, *Bell. Jud.*, V, XI; VI, I, II, III, IV, V, VI.
4. Voir planche XV. — *a*, angle nord-ouest du Temple intérieur, attaqué par Titus, en même temps que le point *b*; *c* et *d*, *aggeres* élevés contre les portiques du Temple extérieur, afin de déloger les défenseurs; *e*, *f*, parties de ces mêmes portiques brûlés par les Juifs.

Romains : les Juifs, désespérant de le défendre, avaient accumulé des matières inflammables dans la charpente du toit, et y avaient mis le feu en se retirant devant l'attaque ennemie; les légionnaires, accourus en foule à la poursuite des assiégés, furent enveloppés par les flammes, brûlés ou tués en tombant du haut des colonnes.

Libres de ce côté, les Romains poussèrent alors activement le siége du sanctuaire intérieur : les béliers furent dressés le 2 loüs (septembre), mais ils battirent en vain pendant six jours les puissantes murailles des exèdres; en vain on essaya de desceller une des portes, le feu seul put avoir raison de la défense. Le 15 loüs, un soldat romain, se faisant soulever par un de ses camarades, jeta un tison enflammé par une des fenêtres des chambres qui étaient adossées au mur du nord; la flamme se propagea rapidement, et bientôt ce fut une conflagration générale. L'armée entière pénétra à la faveur du tumulte et de l'incendie. Je ne décrirai pas les scènes de carnage qui suivirent, et craindrais d'affaiblir le récit dramatique de Josèphe : la foule réfugiée dans le Temple fut massacrée impitoyablement, sans distinction d'âge ni de sexe; le feu fut mis à ce qui restait des portiques extérieurs et à la magnifique basilique d'Hérode; les soldats, ivres de sang et de pillage, plantèrent leurs aigles dans le parvis sacré, devant la porte Orientale, et là, aux sombres lueurs de l'incendie, acclamant Titus empereur, ils sacrifièrent aux dieux vainqueurs et à la défaite de Jéhovah.

CHAPITRE V.

L'ENCEINTE DU TEMPLE SOUS L'EMPIRE ROMAIN

JULIEN ET JUSTINIEN.

Le Temple ne devait plus se relever, malgré les efforts d'une nation héroïque et d'un prince apostat; plusieurs tentatives faites par les débris du peuple juif pour secouer le joug des Romains furent étouffées dans le sang; la plus sérieuse et la dernière fut l'insurrection dirigée par Simon Bar-Kokéba ; elle dura près de trois années (c. 133-135). Maîtres de Jérusalem, les insurgés essayèrent de reconstruire le Temple, mais ils ne purent accomplir leur dessein, et le sanctuaire ne reparut que sur les monnaies frappées pendant leur éphémère autonomie[1]. Julius Severus, à la tête des troupes romaines, reprit la ville après un siége opiniâtre, massacra ou dispersa les combattants[2]. Pour prévenir le retour de semblables événements, l'empereur Hadrien expulsa tous les Juifs de Jérusalem, avec défense, sous peine de mort, d'approcher des murailles; puis il établit du milieu des ruines une colonie de vétérans[3] avec la mission de substituer une ville romaine à l'ancienne capitale judaïque. Fidèle à la politique impériale qui consistait à assimiler les dieux des vaincus aux divinités de l'État, il fit élever des sanctuaires païens sur l'emplacement des sanctuaires indigènes, un Temple de Jupiter Capitolin[4] fut construit sur le Moriah, pendant que des statues de Vénus et d'Adonis étaient consacrées sur le Calvaire et le Saint-Sépulcre, et que les mystères de Tammouz prenaient possession de la grotte de Bethléhem[5]. La nouvelle colonie prit, du nom de son fondateur et de celui de son nouveau patron, le nom de Colonia Ælia Capitolina.

35. — Temple de Jupiter.

Il ne reste rien du Temple romain qui remplaça le Temple juif : nous savons par les monnaies coloniales d'Antonin, Marc-Aurèle, Diaduménien[6], qu'il était tétrastyle : l'entablement du fronton était interrompu par une arcade; ce détail est particulier à presque tous les temples romains élevés en Syrie à partir d'Hadrien ; nous en avons trouvé dans le Haouran, à Damas, de nombreux exemples.

Quand la religion chrétienne monta sur le trône avec Constantin, le sanctuaire de Jupiter fut

---

1. De Saulcy, *Rech. sur la numismatique judaïque*, planches XI, XIV.
2. Dion Cassius, LXIX, 12. — S. Jérôme, *in Daniel.*, IX, 27 ; *in Is.*, II, 8. — Eusèbe, *Hist. Eccl.*, IV, 6, et les *Commentaires* de Valois. — S. J. Chrysost., *in Jud.*, III.
3. Voy. Vaillant, *De num. ær. Col.*, planche I, p. 154.
4. Dion Cassius, loc. cit. Ἐς τὸν τοῦ ναοῦ Θεοῦ τόπον ναὸν τῷ Διῒ ἕτερον ἀντεγείραντος. Devant ce temple était la statue d'Hadrien. — S. Jérôme, *in Matth.*, XXIV, 15. — *Pèlerin de Bordeaux*.
5. Voy. nos *Églises de la Terre Sainte*, p. 28, 51, 127.
6. De Saulcy, *Rech. sur la numismatique judaïque*, pl. XVI, XVIII.

renversé et détruit comme la plupart des sanctuaires païens; aucun édifice ne le remplaça, car les souvenirs judaïques éloignaient les chrétiens de l'enceinte du Temple. Les Juifs eurent alors la permission de venir une fois par an, et moyennant tribut, vénérer l'emplacement et les ruines de leur sanctuaire national [1]. Le sommet du Moriah, dépouillé de son magnifique revêtement, était nu et rocailleux comme au temps du Jébusite Aravnah; la Sakhrah, par sa position culminante et par l'effet de traditions encore vivantes, devint le rendez-vous naturel de tous les pèlerins Juifs; réunis autour de l'embouchure du petit canal qui traverse la roche, ils oignaient d'huile la pierre sacrée et la baignaient de leurs larmes [2], préludant ainsi aux cérémonies qui chaque vendredi réunissent encore les descendants d'Israël autour des soubassements ruinés de leur Temple. Un instant ils purent croire à l'avénement de jours meilleurs pour eux et à la reconstruction possible de la maison de Jéhovah : l'empereur Julien cherchait partout des adversaires aux chrétiens; il avait relevé les autels des dieux de l'Olympe, et voulait exploiter contre la religion du Christ le souvenir qui attachait encore certaines populations aux cultes nationaux des divinités locales; il s'adressa donc aux Juifs; des rapports intimes s'établirent bientôt entre l'empereur et les rabbins sur le terrain commun de la haine. Un jour qu'il s'étonnait de la cessation des sacrifices sanglants ordonnés par Moïse, Julien apprit que les rites sacrés ne pouvaient s'accomplir qu'à Jérusalem, et aussitôt il ordonna la reconstruction du Temple de Salomon, ouvrant un crédit sur le trésor impérial, présidant lui-même à l'expédition des ordres nécessaires, et chargeant un de ses confidents les plus intimes, le comte Alype d'Antioche, de la direction des travaux. Ce fut une grande rumeur et une grande joie dans Israël. De tous côtés on vit affluer à Jérusalem une foule enthousiaste offrant ses bras, ses trésors, s'associant avec ivresse à l'œuvre qui devait à la fois donner raison aux vagues et prophétiques espérances du peuple, et faire mentir la célèbre prédiction du Christ. Les femmes donnaient leurs bracelets; les hommes transformaient en outils de travail leurs vaisselles d'argent; de toutes les synagogues répandues dans l'empire venaient des encouragements, des offrandes; les païens eux-mêmes, par haine des chrétiens, s'associaient au mouvement, quittant pour ce travail toute entreprise commencée. Aussi, en peu de temps eut-on rassemblé les matériaux nécessaires, enlevé ce qui restait des ruines du Temple primitif, et ouvert les tranchées qui devaient recevoir les fondations du nouveau. Le jour même de la pose de la première pierre (363 ap. J.-C.), un violent tremblement de terre interrompit les travaux : les terres s'éboulèrent, les matériaux amoncelés s'écroulèrent; un grand nombre d'hommes furent tués ou blessés. Néanmoins, sans se laisser décourager par cette catastrophe, on se remit à l'œuvre, on creusa de nouveau et plus profondément le sol; mais alors de vives explosions vinrent jeter l'épouvante au milieu des travailleurs : brûlés par la flamme, éperdus, voyant dans ces accidents multipliés un signe manifeste de la colère céleste, tous ceux que la mort avait épargnés s'enfuirent et refusèrent de revenir sur ce chantier maudit. Les travaux, définitivement arrêtés, ne furent pas repris, et le seul résultat de cette entreprise fut l'accomplissement plus littéral des sévères prophéties qu'elle était destinée à taxer de mensonge.

« Peu de faits de l'histoire sont mieux avérés [3] »; tous les auteurs contemporains de cette époque [4] sont unanimes sur ce point, qu'ils soient chrétiens, juifs ou païens. Le texte souvent cité d'Ammien

---

1. S. Jérôme, in Sophon., I, 15, 16. « Prohibentur ingredi Jerusalem, et ut ruinam suæ eis flere liceat civitatis, pretio redimunt....... Videas in die quo capta est a Romanis et diruta Jerusalem, venire populum lugubrem...... plangere ruinas templi sui. »
2. Pèlerin de Bordeaux.
3. A. de Broglie, L'Église et l'Emp. Rom. au IVe siècle, IV, 337.
4. Amm. Marcell., XXIII, 1. — Rufin, Hist. Eccl., 1, 37. — Socrate, III, 20. — Sozomène, V, 22. — S. Grég. de Nazianze, in Jul., 3.

Marcellin, écrivain païen et compagnon de l'empereur Julien [1], est positif; quelques années plus tard Sozomène écrivait : « Si quelqu'un trouvait ce récit incroyable, qu'il s'en rapporte au témoignage « des hommes qui le tiennent des témoins oculaires et qui vivent encore aujourd'hui; qu'il s'en « rapporte aux Juifs et aux païens qui ont abandonné leur œuvre inachevée, ou plutôt qui n'ont « même pas pu la commencer. »

Cette tentative de restauration, si solennellement avortée, fut la dernière. La mort de Julien (27 juin 363) acheva de ruiner les espérances des Juifs; bientôt il ne resta de ces événements qu'une scission plus profonde entre les adeptes des deux religions ennemies, et de la part des chrétiens un éloignement plus marqué pour tout ce qui se rattachait au culte judaïque. Les pèlerins se montraient assez indifférents aux souvenirs bibliques : ils réservaient leur dévotion pour les lieux saints du Nouveau Testament, c'est-à-dire pour les emplacements désignés comme ayant été le théâtre des miracles racontés par les Évangiles et les Actes des apôtres. Or le seul miracle que ces livres placent dans l'enceinte du Temple est la guérison du boiteux opérée par saint Pierre et saint Paul auprès de la « Belle Porte ». C'est le seul événement dont on ait cherché la trace et voulu fixer l'emplacement. On savait par tradition que la Porte du miracle était à l'est du Temple; mais les enceintes intérieures étaient détruites; la Porte Orientale de l'enceinte extérieure était seule encore visible, protégée par sa position demi-souterraine et les grandes dimensions de ses jambages monolithes; la tradition s'attacha à ses ruines; elle devint la *Porta Speciosa*, la ϑύρα ὡραία des Actes, en attendant que par une suite de contre-sens elle s'appelât la *Porte Dorée*. Les pèlerins vinrent la vénérer; les poètes, comme Prudence, la célébrèrent dans leurs vers [2], et un sanctuaire commémoratif s'éleva sans doute sur ses ruines. J'ignore ce qui fut construit au IV° siècle, mais au V° ou au VI° on bâtit un monument qui subsiste encore, et qui, sauf quelques restaurations partielles, est parvenu intact jusqu'à nous. J'en donne, planches VII-XII, tous les détails. On peut voir par la disposition intérieure qu'il a la forme d'une porte à double entrée avec un grand vestibule intermédiaire. Mais son emplacement en contre-bas de la plate-forme du Haram, sa situation pour ainsi dire enterrée, me font supposer qu'il n'a jamais servi d'entrée régulière, que c'est un monument commémoratif destiné à rappeler par sa forme la porte du Temple et le miracle dont elle avait été le témoin [3]. Le service des piétons se faisait par une petite poterne percée dans le rempart quelques pas au sud de la Porte Dorée, et communiquant avec elle par un portique voûté, aujourd'hui détruit, dont on voit les arrachements à côté de la porte latérale du vestibule (voyez planche VII). La poterne est de l'époque chrétienne, comme la Porte Dorée : une croix nimbée, peinte sur le linteau, est encore parfaitement visible [4].

1. Il fit avec lui la campagne de 363 contre les Perses. (*Am. Marc.*, XXIV.)
2. Aurel. Prudent., *Diptychon*, XLVI.

> Porta manet Templi, speciosam quam vocitarunt
> Egregium Salomonis opus; sed majus in illa
> Christi opus emicuit; nam claudus surgere jussus
> Ore Petri, stupuit damnatos currere gressus.

3. D'après une autre tradition, ce serait par cette porte que Jésus-Christ serait entré à Jérusalem le jour des Rameaux : mais je ne la crois pas fondée; la porte primitive ne donnait pas dans la ville, mais dans le Temple; de plus, sa disposition souterraine et les longs degrés qui la suivaient à l'intérieur ne permettent pas de supposer qu'on ait pu passer par à monté sur une ânesse.
4. M. de Saulcy donne une très-bonne description de cette poterne; mais, trompé par le texte incomplet de la « *Cités de Jérusalem* » qu'il avait entre les mains, il l'a identifiée à tort avec la *Porte de Josaphat* des Croisés : la *Porte de Josaphat* est celle qui s'appelle aujourd'hui Bab-Sitty-Mariam. (Voyez le texte beaucoup plus correct que j'ai publié à la fin des *Églises de la Terre Sainte*, pages 440 et 443.)

L'ENCEINTE DU TEMPLE SOUS L'EMPIRE ROMAIN.

Le plan du monument est bien simple : les gros jambages monolithes A et B étant pris pour point de départ, on les encastra dans deux piliers qui ont une saillie extérieure de deux mètres sur l'ancien alignement du mur; entre deux on construisit un pilier décoré sur ses deux faces de colonnes engagées, et sur ces trois supports on banda les archivoltes de l'entrée extérieure. Les deux baies sont aujourd'hui fermées par un mur de remplissage (voy. planche VIII) qui a fait disparaître la colonne médiane. A l'intérieur on disposa un long vestibule, en superbe appareil, couvert de six

36. — Vue intérieure de la Porte Dorée.

coupoles[1] appareillées, à pendentifs sphériques, dont les grands arcs, très-surbaissés, s'appuient d'une part sur les murs latéraux, de l'autre sur deux colonnes centrales; à l'extrémité occidentale on répéta les deux baies de l'entrée orientale avec leur pilier intermédiaire.

Cette disposition est byzantine; l'ornementation est encore plus caractéristique. Les planches X et XI donnent le détail des chapiteaux, des entablements et des archivoltes extérieures; la forme surbaissée des arcs, la multiplicité des ornements, le profil écrasé et l'ordre arbitraire des moulures, la forme altérée des oves, la disposition anormale des denticules, le galbe cubique des chapiteaux latéraux, l'exécution sèche et découpée des rinceaux, tout indique une basse époque. Il en est de même de l'entablement intérieur et des pilastres qui le supportent, dont le caractère est identique (planche XII). On remarquera dans ces trois planches les retours de feuilles des chapiteaux : ces retours brusques, cassés, aplatis, indiquent nécessairement (en Syrie du moins) une époque postérieure au IVe siècle.

Les colonnes centrales sont bien franchement byzantines : leur chapiteau à grosses volutes, que je reproduis ici, est une imitation lointaine du chapiteau ionique; quant au gros abaque qui le

---

1. Les deux coupoles à tambours et la tour qui surmonte l'extrémité orientale de l'édifice sont des additions arabes.

surmonte, c'est un des caractères spéciaux de l'architecture byzantine; on ne le rencontre guère avant le vi^e siècle. Au centre de ce lourd tailloir est une petite couronne dont l'intérieur, martelé

37. — Chapiteau intérieur de la Porte Dorée.

par les Musulmans, montre les traces d'une croix, indice de l'âge du monument[1]. La base de ces colonnes n'est pas moins caractéristique; la profondeur de la scotie, la forme renflée du tore inférieur, font déjà pressentir la base du moyen âge. Comme point de comparaison, je reproduis à la page suivante le détail des colonnes de la grande basilique de Bethléhem, œuvre évidente de l'empereur Constantin. La différence saute aux yeux : les retours de feuilles sont particulièrement dissemblables. A Bethléhem les formes sont encore tout à fait classiques, et sans la croix sculptée au centre du tailloir, sans le caractère chrétien de toute l'église, on pourrait croire ce chapiteau et cette base de l'époque du haut empire. C'est qu'en effet l'art était loin d'avoir suivi en Syrie la même marche qu'en Italie, et il faut se garder de juger les monuments orientaux en les comparant à ceux de Rome. En Occident, les procédés romains ont rapidement étouffé le génie grec; la dimension des matériaux diminue à mesure que les proportions des édifices augmentent; le blocage, le mortier, la brique, le stuc, remplacent le grand appareil; la sculpture perd de bonne heure son caractère; elle devient lourde, molle, plate de style quoique matériellement saillante et arrondie. En Syrie au contraire, les traditions grecques se conservent plus longtemps; jusqu'à une époque assez basse, on bâtit en gros blocs à joints vifs, on sculpte bien l'ornement; ainsi, tandis qu'à Rome, sous Constantin, on ne savait déjà plus tailler un chapiteau, qu'on était obligé de dépouiller les monuments antérieurs pour élever un arc de triomphe, à Bethléhem on construisait une basilique de très-bon style, avec des colonnes monolithes faites exprès pour le bâtiment et des chapiteaux originaux. Dans les trois siècles suivants

38. — Base des colonnes.

---

1. La présence de cette croix est pour moi indubitable; dans l'état de mutilation où elle se trouve, elle peut échapper à des yeux prévenus ou peu exercés, aussi l'on remarquera qu'elle ne sert pas de base à mon raisonnement; le style de la construction est un guide certain.

la différence est encore plus grande; tandis qu'en Occident tout s'éteint et meurt sous la brutale étreinte des barbares, en Orient tout vit et se transforme par une féconde évolution du génie grec. En Occident, du v° au viii° siècle, ce qui se bâtit est misérable; les basiliques de Rome construites pendant cette période sont un informe assemblage de matériaux arrachés aux monuments antiques, appuyés sur de mauvais murs de blocage; l'architecture vit péniblement sur un ancien fonds de traditions romaines qui s'épuise de plus en plus. En Orient, ou du moins en Syrie, pendant la même

39. — De la basilique de Bethléhem.

période, l'art ne suit pas la même décadence; sous l'impulsion du christianisme émancipé, une société riche, habituée au bien-être matériel, moins menacée dans son existence que celle des provinces occidentales de l'empire, se bâtit des maisons de ville et de campagne, des églises, des tombeaux. Les artistes grecs qu'elle emploie restent fidèles aux bonnes traditions de leur école, c'est-à-dire au grand appareil sans mortier, à l'emploi judicieux et raisonné des matériaux, à l'étude des conditions spéciales de climat, de destination : dans cette voie, et sous l'empire de besoins nouveaux, ils créent peu à peu un style nouveau qui n'a ni la finesse ni la perfection de l'ancien, mais qui a sa logique et parfois son originalité. Les procédés antiques leur sont familiers; ils savent encore appareiller de gros blocs de quatre et cinq mètres, dresser des colonnes monolithes, les superposer en portiques, les aligner dans les églises; ils savent tailler des portes et des fenêtres dans des plaques de basalte, couvrir en longues dalles de pierre des maisons de pierre, sculpter des chapiteaux d'un style altéré, il est vrai, mais encore vigoureux. L'art byzantin a été généralement mal jugé jusqu'à présent, parce qu'on manquait des éléments nécessaires à une sérieuse appréciation. On ne le connaissait guère que par de petits monuments de basse époque, élevés pendant une période de décadence réelle, c'est-à-dire après l'invasion musulmane et les grandes perturbations qu'elle a apportées. L'époque vraiment féconde et importante au point de vue de l'histoire de l'art, celle qui s'étend du v° au viii° siècle, n'était pas représentée, ou plutôt les monuments de cette époque qui se trouvent en Syrie n'étaient pas connus; et pourtant ils sont nombreux et très-bien conservés, mais jusqu'à présent ils avaient échappé aux voyageurs. Des villes entières subsistent dans les montagnes qui entourent Antioche, avec leurs édifices publics et privés, civils et religieux, encore debout et accompagnés d'inscriptions qui en fixent la date. Tout cet ensemble a été relevé par nous, et j'ose dire qu'après la publication de nos dessins[1], nulle époque ne sera mieux connue dans ses détails les plus intimes. Qu'il suffise de dire aujourd'hui que le style de ce groupe est celui de la Porte Dorée; on s'en convaincra en jetant les yeux sur les planches de notre publication. Je ne veux citer ici qu'un seul exemple, mais il est décisif; voici, choisi entre cent, le linteau d'une porte des ruines d'El-Barah, dans le Djebel-Riha; le monogramme du Christ, sculpté au centre, ne laisse aucun doute sur sa date; la frise à rinceaux est identiquement celle de la Porte Dorée : c'est le même feuillage aigu et plat, découpé dans un boudin. Je pourrais citer une quantité de portes, de tombeaux, d'églises, dans lesquels le même ornement, d'un caractère si particulier, se rencontre. Mais je n'insiste pas, tant la question me paraît simple et évidente. Il ne peut donc subsister aucun doute quant à l'âge de la Porte Dorée. C'est un monument byzantin construit au plus tard pendant le vi^e siècle[2].

40. — Porte à El-Barah. vi^e siècle après J.-C.

A la même époque on utilisa les débris de l'angle sud-ouest de l'enceinte du Temple, et ceux de la Porte Double. On construisit sur les deux faces de l'angle les terrasses que nous avons déjà décrites, et on donna à la porte la forme que reproduisent les figures de la planche IV. Ce travail

---

1. *La Syrie centrale. Architecture civile et religieuse du Ier au VIIe siècle*.

2. Le seul pèlerin antérieur aux Croisades qui mentionne ce monument est Antonin de Plaisance (570 ap. J.-C.). « De Gethsemane ascendimus ad portam Hierosolymæ... Porta civitatis quæ cohæret Portæ Speciosæ quæ fuit Templi, cujus liminare et trabulatio stat. » Pour Antonin, comme pour nous, il ne restait de l'ancienne porte que les gros blocs de l'entrée. Les Croisés déplacèrent la tradition : ayant fait de la Θύρα Ὡραία la « Porte Dorée », ils donnèrent le nom de « Porte spécieuse » à l'entrée occidentale du Haram, aujourd'hui Bab-el-Cattanin. (Voy. *Églises de la Terre Sainte*, p. 439; *Guillaume de Tyr*, VIII, 3.)

Le premier itinéraire latin, à ma connaissance, qui contienne ce nom de *Porta Aurea* est celui de Sæwulf, pèlerin anglais, dans les années 1102 et 1103 (*Rec. de voyages publ. par la Soc. de Géographie*, IV, 844). Voici le passage : « Porta... quæ vocatur Aurea, ubi Joachim pater B. Mariæ jubentu angelo Domini occurrit uxori suæ Annæ. » Le fait auquel il est fait allusion est tiré de l'Évangile apocryphe « de la Nativité de la Sainte Vierge, » très en faveur au moyen âge : il y est dit en effet que sainte Anne et Joachim, après l'apparition de l'ange, se rencontrèrent près de la porte « quæ Aurea, pro eo quod deaurata est, vocatur » (*Evangelia apocrypha*, éd. Tischendorf, p. 59, 109); mais ce passage a toutes les apparences d'une glose interpolée dans les manuscrits : en effet, le prototype grec (*Protevangelium Jacobi*, *id.*, *ibid.*) des Évangiles apocryphes de « l'Enfance du Sauveur » et de « la Nativité de la Vierge » ne renferme aucune allusion au nom ou à la couleur de cette porte : dans les vingt et un manuscrits que M. Tischendorf a collationnés (*id.*, *ibid.*, p. 9), on ne trouve que πρὸς τὴν πύλην, quelquefois πύλην τοῦ οἴκου αὐτῆς, car il résulte du contexte que la scène se passe auprès de l'habitation des deux époux. Quand même les mots « quæ dicitur Aurea » ne seraient pas interpolés, il serait difficile de les appliquer à une des entrées du Temple : en effet, dans les deux passages que nous avons cités, Joachim est montré rentrant chez lui à la tête de ses troupeaux, or il est peu probable qu'il ait fait passer ses animaux par le Temple, et surtout par la porte orientale, d'un accès si difficile à cause de la pente du terrain. On est donc porté à croire que, si ce surnom de *Dorée* a appartenu à une des portes de Jérusalem, ce n'est pas à celle qui est ainsi désignée aujourd'hui; les pèlerins latins ont appliqué la légende à cette dernière, à cause de la coïncidence de son

est évidemment contemporain de la construction de la Porte Dorée. L'appareil est le même, l'ornementation de l'archivolte extérieure (planche V) est la même, la disposition intérieure des arcs surbaissés et des coupoles appareillées est la même : tout est identique, jusqu'aux plus petits détails, tels, par exemple, que l'arasement des sommiers des arcs à l'aide de petites plaques de marbre blanc, dépouilles d'un ancien dallage. Comme confirmation de la date que nous avons assignée à ce double travail, nous avons ici l'inscription retournée d'Antonin[1], et enfin l'ornementation d'une de ces mêmes coupoles (planche VI) dont le caractère gréco-romain ne saurait être méconnu[2].

A quel monument du vi° siècle cette entrée souterraine et ces magnifiques soubassements ont-ils appartenu? Une tradition déjà ancienne veut que ce soit la grande église de la Vierge, bâtie par Justinien, et dont Procope[3] nous a laissé la description. On croyait même, jusqu'à présent, que la mosquée El-Aksa était l'église elle-même, enlevée au culte chrétien et transformée par les Musulmans. J'ai moi-même partagé cette erreur jusqu'au jour où il m'a été permis d'entrer dans la mosquée : un simple coup d'œil m'a suffi pour me convaincre que l'édifice dans son état actuel est entièrement arabe; il n'en est pas moins vrai que sa forme de basilique, son plan cruciforme, l'existence de certains débris que je décrirai en leurs temps et lieu, prouvent qu'il a été précédé par une église chrétienne dont les ruines ont servi de noyau aux constructions arabes, et dont les lignes principales se sont maintenues à travers les transformations successives de la mosquée. Cette église ne peut être que la basilique de Justinien : tout le monde est d'accord sur ce point. Il suffit, pour s'en convaincre, de comparer la description de Procope avec la situation si particulière de la mosquée et des grandes substructions qui la supportent.

« Les autres édifices de Jérusalem, dit l'historien de Justinien, sont construits sur une même
« surface, qu'ils soient situés sur une montagne ou dans un fond; *seule* l'église de la Vierge est
« bâtie dans des conditions toutes différentes. En effet, l'empereur ordonna de la placer sur une
« montagne proéminente, et donna les indications générales, la longueur et la largeur de l'édifice;
« mais la colline n'était pas assez grande pour les plans indiqués par l'empereur : il s'en fallait
« d'un quart du monument; il manquait au sud et à l'est l'espace consacré par l'usage aux
« cérémonies des prêtres. Les architectes eurent alors recours au moyen suivant : ils construisirent
« des substructions sur la pente extrême du terrain, et les adaptèrent au rocher; puis, après les
« avoir montées jusqu'à la hauteur du plateau, ils jetèrent des voûtes sur les murs, et obtinrent
« ainsi une surface de niveau avec le reste de l'enceinte sacrée. Ainsi cette église est en partie
« fondée sur le rocher, en partie suspendue en l'air, la puissance de l'empereur ayant artificiellement
« ajouté aux dimensions naturelles de la colline. Les pierres de cette construction sont d'une
« grandeur extraordinaire : les architectes, ayant à vaincre la nature particulière de l'emplacement
« et à atteindre la hauteur du rocher, dédaignèrent les moyens ordinaires et employèrent des
« procédés nouveaux et sans précédents. Ils taillèrent dans les hautes montagnes qui entourent la
« ville des pierres d'une grandeur insolite, et, les ayant dressées avec soin, les amenèrent par le
« moyen suivant. Des chariots furent construits de la dimension des blocs; chaque chariot reçut
« un bloc, et quarante bœufs choisis par l'empereur le traînèrent. Les routes qui mènent à la

---

1. Voir plus haut, page 10.
2. La couche de chaux qui recouvre la surface de la pierre m'a empêché de dessiner plus complètement cette curieuse décoration.
3. De Ædificiis Justiniani, V, vi.

« ville n'étaient pas en état de porter de semblables attelages : on entailla la montagne pour les
« faire passer. De cette façon on parvint à donner à l'église la longueur exigée par l'empereur;
« la largeur fut faite en proportion ; mais on éprouva de grandes difficultés pour couvrir l'édifice.
« Les architectes parcoururent les forêts, les bois, tous les endroits signalés comme plantés de
« grands arbres, et finirent par trouver, dans un bois ombragé, des cèdres d'une hauteur suffisante.
« Avec ces poutres, ils firent le toit de l'église, après lui avoir donné une hauteur proportionnée
« à sa longueur et à sa largeur.

« Telle est l'œuvre accomplie par l'empereur Justinien, avec des moyens purement humains.
« Sa foi et sa piété furent récompensées et lui valurent un puissant secours. On manquait en effet
« de colonnes dont la beauté fût en rapport avec la magnificence de l'enceinte et qui fussent
« assez grandes pour supporter la charge qui devait leur être imposée. De plus, le pays étant
« dans le milieu des terres, loin de la mer, et, ainsi que je l'ai dit, coupé de montagnes très-
« accidentées, il était impossible de faire venir des colonnes du dehors. L'empereur étant à ce
« sujet dans une grande perplexité, Dieu lui montra dans des collines très-rapprochées une pierre
« parfaitement appropriée; elle était restée cachée jusque-là, ou fut créée au moment même;
« dans les deux cas il faut croire ceux qui admettent une intervention divine : car, si nous
« rapportons tout à la puissance humaine, nous devons ranger beaucoup de faits parmi les choses
« impossibles, tandis que rien n'est difficile ni impossible pour le dieu de l'univers. On tira de
« là une quantité de colonnes très-grandes, et d'une couleur qui rappelle celle de la flamme : elles
« supportent l'église de toutes parts, les unes en bas, les autres en haut; d'autres forment des
« portiques qui entourent l'édifice, excepté du côté de l'orient. Deux colonnes splendides, placées
« devant la porte, ne le cèdent en rien à aucune colonne du monde; le portique situé en cet
« endroit tire son nom du Νάρθηξ, probablement à cause de son peu de largeur. Ensuite vient une
« cour entourée des quatre côtés de colonnes semblables; la porte intermédiaire est si belle qu'elle
« donne à ceux qui entrent un avant-goût des splendeurs qu'ils vont trouver; les propylées ne
« sont pas moins admirables et comprennent une arcade portée sur deux colonnes à une grande
« hauteur; on rencontre ensuite deux hémicycles placés en regard, de chaque côté de la route.
« D'autre part sont deux hospices, en face l'un de l'autre : l'un est destiné aux pèlerins étrangers,
« l'autre aux pauvres malades. Telle est l'œuvre de l'empereur Justinien. »

Procope, en nous disant que l'église de la Vierge était le *seul* monument de Jérusalem qui fût situé sur le penchant d'une colline escarpée, de telle sorte qu'une partie fut fondée sur le roc, et l'autre soutenue par de hautes substructions, désigne par cela même la mosquée El-Aksa, ou du moins le monument qui l'a précédée. C'est en effet le seul point de la ville qui satisfasse aux conditions énoncées. Les magnifiques terrasses de l'angle sud-ouest répondent parfaitement à la description que nous avons transcrite; le caractère architectural des restaurations de la Porte Double et de la Porte Occidentale, dont la liaison avec ces terrasses est incontestable, est bien le caractère qui convient à des constructions du vi° siècle. Enfin, Antonin de Plaisance, pèlerin de la fin du vi° siècle [1], par l'ordre dans lequel il énumère les lieux qu'il visite, prouve que la basilique de la Vierge et son grand hospice étaient près des ruines du Temple. Ainsi tous les témoignages concordent. Ce que nous avons appelé en commençant l'appareil du second système est l'œuvre de Justinien; il est évident que, dans la construction de ce grand ensemble ecclésiastique et hospitalier, on a voulu utiliser les inébranlables fondations des soubassements antiques du Temple. Quant à la forme même de l'église, il est assez facile

---

1. *La Syrie centrale. Architect.*, etc.

de s'en rendre compte en comparant le texte de Procope aux nombreuses églises de la même époque que nous avons relevées en Syrie. C'était une basilique à trois nefs, couverte en charpente, soutenue par deux ordres de colonnes superposés, soit qu'il y eût un triforium au-dessus des bas-côtés, soit plutôt que l'extrémité des poutres de la charpente fût supportée par des colonnes plaquées contre le mur et posées sur des corbeaux, comme à Kalb-Louzé, à Deir-Semâan etc., etc.[1]. Les trois portes qui, sur la façade nord, donnaient accès dans ces trois nefs, subsistent encore; c'est tout ce qui reste du monument primitif. Ces débris sont teintés en noir sur le plan de la planche XXX. Les pilastres intérieurs restés en place indiquent la largeur de l'ancienne nef centrale, qui est de 12 mètres. La disposition de ces portes est celle de la plupart des portes des nombreuses églises de la même époque que j'ai pu voir dans le Haouran et dans les environs d'Alep, c'est-à-dire un encadrement rectangulaire avec un arc de décharge au-dessus du linteau. Voici un exemple choisi entre mille : c'est la porte d'un sanctuaire chrétien de Chakkah (Haouran), bâti au ve ou au vi^e siècle ; je le mets en regard de la porte centrale de la mosquée El-Aksa ; l'identité est complète ; les profils des encadrements sont évidemment de la même famille.

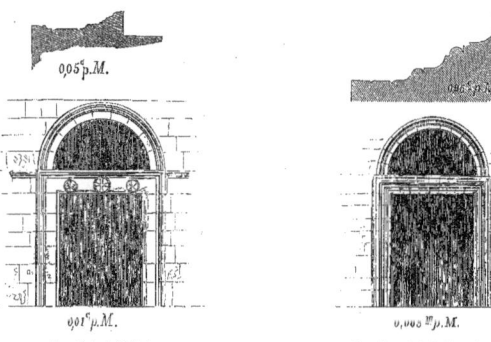

41. — Porte de Chakkah.   42. — Porte de la Basilique de Justinien.

A l'intérieur, les pilastres engagés dans le mur, de chaque côté de la porte, ont un caractère qui les distingue du reste de la construction; les bases sont plus antiques; les chapiteaux semblent être originaux, quoique je ne puisse l'affirmer; j'en reproduis un à la planche XXXII; on voit que le style de la sculpture se rapproche de la Porte Dorée. Pour moi, il est incontestable que ce fragment de façade appartient à l'ancienne église; par lui, nous savons quelles étaient la disposition des nefs et la longueur de l'édifice principal; au besoin ce fragment suffirait pour restaurer le plan de la basilique, mais je crois ce jeu d'esprit inutile. L'église était dirigée du nord au sud[2], ce qui n'est pas contraire au texte de Procope. L'extrémité méridionale était portée sur les substructions qui existent encore,

---

1. M. T. Tobler, dans la nouvelle édition qu'il vient de donner, fixe la date du voyage à l'année 570.
2. Quoique prescrite par les *Constitutions apostoliques*, II, 57, l'orientation des Églises n'est devenue une règle absolue que plus tard. Dans la primitive Église, l'usage était de tourner l'autel vers l'orient, mais il y avait de nombreuses exceptions à cette habitude : ainsi à Antioche (*Socrates*, V, 22), à Nole (*Paulin. Nol.*, epist. *XII ad Severum*). « Prospectus basilicæ non, ut usitatior mos est, orientem spectat. » La basilique de Constantin à Jérusalem était aussi tournée vers l'occident; d'autres regardaient le sud (Selvaggius, *Antiq. Christ. institutiones*, II, I, 2), telle, par exemple, que la basilique de Kennaouât dans le Haouran. (*La Syrie centrale*.)

et le bas-côté oriental sur le souterrain qui mène à la Porte Double. Ainsi se trouve confirmée l'assertion de Procope. A l'est de l'église, tout l'espace aujourd'hui rempli par les grandes substructions arabes était vide, car l'appareil du second système, ou appareil de Justinien, ne se prolonge pas au delà de la Porte Double; ce qui explique pourquoi, suivant Procope, l'église n'avait pas de portiques extérieurs du côté de l'est. Le narthex, l'atrium et ses colonnades, la grande entrée et ses hémicycles, s'étendaient au nord de la façade, dans l'espace aujourd'hui vide qui sépare le porche d'El-Aksa de la plate-forme de la Sakhrah; les grands hospices étaient à l'ouest, et s'appuyaient probablement en partie sur les belles terrasses de l'angle sud-ouest de l'enceinte.

Antonin de Plaisance est le dernier pèlerin européen qui ait vu ce grand et bel ensemble; quelques années après son voyage, les Perses de Chosroës saccageaient la ville sainte, brûlaient l'église du Saint-Sépulcre, et probablement aussi la basilique de la Vierge (614); il n'est plus fait mention dans les siècles suivants des grands édifices et des milliers de lits qui firent l'admiration du naïf pèlerin: toute trace en a disparu. Quant à l'église proprement dite, elle fut probablement restaurée à la hâte, car vingt-quatre ans après (638), quand la ville fut prise par les Arabes, il en est question dans le récit de la capitulation. Le khalife Omar, qui était venu lui-même recevoir la soumission de la ville sainte, alla prier dans «l'église Sainte-Marie,» située près de la roche Sakhrah, et dit qu'à l'avenir elle serait consacrée au culte du dieu de l'Islam. De cette parole date la période musulmane de l'enceinte du Temple. A cette époque commença la série des travaux qui, modifiant peu à peu les monuments de la piété de quinze siècles, et prêtant une forme mahométane aux traditions accumulées dans ce lieu, donnèrent au Haram-Ech-Chérif l'aspect qu'il conserve encore aujourd'hui.

CHAPITRE VI.

L'ENCEINTE DU TEMPLE DEPUIS LA CONQUÊTE MUSULMANE

ARABES ET TEMPLIERS.

L'histoire des événements qui ont fait alternativement passer l'enceinte du Temple des mains des chrétiens à celles des musulmans est trop connue pour que j'aie à la refaire. Je l'ai moi-même déjà résumée ailleurs : il suffira de rappeler ici les faits principaux dans leur rapport avec les monuments que nous allons décrire.

Omar-ibn-Khattab, deuxième khalife, s'empara de Jérusalem en 638, à la suite d'une capitulation conclue avec le patriarche Sophronius, qui garantissait aux chrétiens, moyennant le payement d'un tribut, leur vie, leurs biens et leurs églises. « Le khalife était campé sur le mont des Oliviers, à l'Orient de la ville... Lorsque la rédaction du traité fut achevée, il dit au patriarche : « Conduis-moi au Temple de « David. » Omar entra dans Jérusalem précédé par le patriarche, suivi par quatre mille compagnons du prophète et par une troupe de guerriers qui n'avaient d'autre arme que leur sabre. Le khalife lui-même n'avait que son sabre. Sophronius le mena d'abord à l'église de la Résurrection : « Voici, lui dit-il, « le Temple de David. — Tu ne dis pas la vérité, » s'écria Omar, après quelques instants de réflexion ; « le prophète m'a fait une description du Temple de David qui ne se rapporte pas à l'édifice que « je vois en ce moment. » Le patriarche le conduisit alors à l'église de Sion : « C'est ici, lui dit-il, « le Temple de David. — C'est un mensonge, » repartit Omar, et il sortit en se dirigeant vers la porte que l'on nomme Bab-Mohammed. L'emplacement où se trouve aujourd'hui la mosquée était tellement encombré d'immondices, que les escaliers conduisant à la rue en étaient couverts, et que les décombres atteignaient presque le sommet de la voûte. — « On ne peut pénétrer ici qu'en « rampant, » dit le patriarche. — « Soit, » — répondit Omar. Le patriarche passa le premier : Omar et ses gens le suivirent, et on arriva à l'espace qui forme aujourd'hui le parvis de la mosquée. Tout le monde put s'y tenir debout. Après avoir jeté les yeux à droite et à gauche, et avoir attentivement considéré : — « Allah Akhbar! s'écria-t-il, c'est ici le Temple de David dont le prophète m'a donné « la description! » — Il trouva la Sakhrah couverte d'immondices que les chrétiens y avaient accumulés en haine des Juifs ; Omar étendit son manteau sur la roche et se mit à la balayer : tous les musulmans qui l'accompagnaient suivirent son exemple [1]. »

---

1. Kemal-ed-Din. La traduction de ce passage et celle des autres emprunts faits aux manuscrits orientaux est due à M. Schefer; il a bien voulu aussi revoir la traduction des inscriptions arabes que nous avons rapportées, et donner ainsi à ces recherches l'autorité de son savoir et de sa profonde connaissance de l'histoire et de la littérature orientales.

Suivant un autre auteur[1], Omar, après avoir ainsi désigné la Sakhrah à la vénération des vrais croyants, alla prier dans l'église Sainte-Marie placée auprès; puis il se rendit dans la chapelle de David, située dans la citadelle, y récita un chapitre du Koran et reprit le chemin de son désert.

Les détails de ce récit, qui se retrouvent dans plusieurs historiens arabes, en termes presque identiques, sont parfaitement concordants : le « Bab-Mohammed » est la Porte souterraine que nous avons désignée sous le nom de « Porte occidentale : » en effet, d'après Djelal-ed-Din[2], c'est près du Bab-Mohammed que la célèbre jument Borak aurait été attachée par l'ange Gabriel, dans la fameuse nuit du Miradj, et c'est dans le couloir de la « Porte occidentale » que cette tradition s'est fixée : les gardiens musulmans y montrent l'anneau qui aurait servi à retenir la céleste monture du prophète[3].

Omar descendait du mont Sion, et pour gagner le mont Moriah il se présenta naturellement à cette porte : comme aujourd'hui, et plus qu'aujourd'hui, l'entrée était obstruée par les décombres; le mur intérieur moderne qui ferme le couloir n'existait pas; la petite troupe s'avança en rampant et déboucha devant le portail actuel d'El-Aksa; le khalife avait à sa droite les ruines de la basilique de Justinien, à sa gauche la Sakhrah; il se dirigea vers ce rocher qu'une tradition juive toujours vivante, attestée par les injures mêmes des chrétiens, lui désignait comme se rattachant au Temple israélite.

La visite d'Omar fit de l'enceinte du Temple un sanctuaire musulman de premier ordre : les événements bibliques tiennent une place trop grande dans le Koran, pour qu'il pût en être autrement; les successeurs de Mahomet se hâtèrent de rattacher, par un signe extérieur et sensible, le symbole nouveau aux croyances qui l'avaient inspiré : le *Haram-ech-Chérif* dut continuer le *Temple*, comme le Koran continuait la Bible, comme Mahomet continuait et complétait Moïse et Jésus-Christ. On vit dans un verset du Koran[4] une allusion au Temple de Jérusalem : l'expression *Mesdjid-el-Aksa*, (oratoire éloigné) lui fut appliquée, et c'est sous ce nom que le sanctuaire fut immédiatement désigné[5].

Les commentateurs mirent dans la bouche du Prophète des paroles telles que celles-ci : « La « résidence de la Divinité sera dans trois oratoires : le Mesdjid-el-Haram (la Mecque), le Mesdjid-el-« Aksa et celui de Médine. Abou-Tharir demandait au Prophète quel était le premier oratoire qui eût « été élevé sur terre. Il répondit : La Kaaba. — Et ensuite? — Il dit : Le Mesdjid-el-Aksa. — A combien « d'années de distance? — Quarante ans. — Il ajouta : Les prières prononcées séparément dans ces « deux mosquées se réunissent devant Dieu[6]. » — En fait, après les lieux saints de la Mecque et de Médine, le Haram de Jérusalem est le sanctuaire le plus vénéré de l'islamisme : des traditions de toute nature, curieux mélange des souvenirs bibliques et des fantastiques légendes de Mahomet, s'attachèrent aux différents points de l'enceinte; la roche Sakhrah, à elle seule, a fourni la matière de toute une littérature : c'est le centre mystique du monde, le séjour de toutes les bénédictions, une pierre isolée

---

1. Cité par Djelal-ed-Din, p. 182 de la traduction de Reynolds; *History of the Temple of Jerusalem*, London, 1836. Voyez Williams, *Holy city*, II, 377.
2. Page 125 de la traduction anglaise.
3. Voyez plus haut, page 7 et planche III.
4. Surate XVII, 1.
5. Medjr-ed-Din. Il faut se garder de confondre l'expression *Mesdjid-el-Aksa* avec celle de *Djami-el-Aksa* : la première désigne toute l'enceinte; la seconde, la *mosquée* qui a remplacé la basilique de Justinien; par la suite des temps il s'est produit une certaine confusion, et le nom d'El-Aksa s'est localisé dans la mosquée.
6. Voyez Djelal-ed-Din, trad. Reynolds, p. 8 et suiv.

sans points d'appui sur le sol, soutenue par des légions d'anges et de génies invisibles : ici, David a prié; là, le Prophète a laissé l'empreinte de son pied la nuit de son ascension; partout se sont accomplis ou s'accompliront des événements extraordinaires, contes ridicules, dont je fais grâce au lecteur, et dans lesquels interviennent les patriarches et Mahomet, Jésus-Christ et Omar, l'ange Gabriel, saint Georges et la jument Borak.

De grands édifices furent construits pour honorer ces traditions et fixer leur emplacement : le plus célèbre de ces monuments est le *Qoubbet-es-Sakhrah*, magnifique coupole qui recouvre la *roche* sacrée; puis vient la mosquée *El-Aksa*, la seule mosquée (*Djami*) proprement dite de toute l'enceinte, c'est-à-dire le seul édifice destiné à l'exercice régulier d'un culte public; tous les autres monuments sont des lieux de visitation ou de pèlerinage, consacrés au souvenir d'un événement religieux, à la vénération d'un objet ou d'un emplacement particuliers. Dans le Qoubbet-es-Sakhrah lui-même, malgré ses grandes dimensions, rien n'est disposé ni pour la prière publique ni pour la prédication, toute l'ordonnance intérieure est subordonnée au rocher central et aux honneurs que l'on voulait lui rendre ; c'est un *qoubbeh* de la même famille que les petits *qoubbeh* qui peuplent l'intérieur du Haram ou qui, dans chaque ville musulmane, rappellent un événement célèbre ou recouvrent la tombe d'un santon; il est plus grand, mais il a le même caractère, non-seulement au point de vue liturgique, mais dans ses formes architecturales; *El-Aksa*, au contraire, est une véritable mosquée, par le culte et par l'architecture.

Ce fut Abd-el-Melik Ibn-Merwân, dixième khalife, qui fit exécuter ces grands travaux. Le but qu'il poursuivait était à la fois religieux et politique. Depuis huit années, un schisme profond divisait les musulmans : les habitants de la Mecque et de Médine, insurgés contre les khalifes légitimes, avaient mis à leur tête Abdallah-ben-Zobéir et l'avaient proclamé khalife. Vainqueur des armées envoyées contre lui par Yezid et Moaviah, l'usurpateur s'était fait reconnaître par l'Arabie et par les provinces d'Afrique; il tirait sa force principale de la possession du grand sanctuaire de la Mecque; aussi, avant de l'attaquer par les armes, Abd-el-Melik voulut-il affaiblir son prestige religieux en élevant, en Palestine, un sanctuaire de premier ordre, et en y attirant le courant de pèlerinage qui chaque année entraînait vers la Kaaba des milliers de musulmans. « Pendant son séjour à Jérusalem, dit un auteur contemporain[1], Taher-ibn-Ridja-ibn-Haywah, il adressa à tous les gouverneurs de provinces une circulaire conçue en ces termes : « Le khalife a résolu de faire élever une coupole au-dessus de la roche *Es-« Sakhrah* à Jérusalem, pour servir de lieu d'adoration aux musulmans libres : il lui répugne « d'exécuter ce travail sans avoir l'opinion de ses sujets; ils devront donc la lui communiquer par « écrit et lui faire connaître leurs observations à cet égard. » Les réponses qui parvinrent au khalife étaient toutes conçues en ce sens : « L'idée du prince des croyants est à notre avis digne et « juste; Dieu mènera à bonne fin, s'il le veut, la construction d'Es-Sakhrah et du Mesdjid, et « cette œuvre sera accomplie par l'intermédiaire et les mains du prince des croyants, qui s'atti« rera ainsi toutes bénédictions et toutes grâces pour lui et pour ceux qui auront travaillé sous ses « ordres. »

« Abd-el-Melik rassembla les maîtres et les ouvriers et affecta à cette construction des sommes considérables. On dit qu'il y consacra les revenus de l'Égypte pendant sept années.

« Abd-el-Melik préposa à l'inspection des travaux et des dépenses Abou-Mikdam-Ridja-ben-Haroul-el-Kendy, savant des plus distingués et ancien commensal d'Omar-ben-Elaziz. Il lui adjoignit un autre

---

[1]. Cité par Djelal-Eddin (p. 185) et Medjr-ed-Din. Les mêmes historiens citent un grand nombre d'auteurs qui rapportent les mêmes faits avec très-peu de variantes.

personnage nommé Yezid-ibn-Soilam, client d'Abel-el-Melik, fils de Merwân, né lui-même à Jérusalem, et ses deux fils. »

Le Qoubbet-es-Sakhrah fut commencé l'an 69 de l'hégire et terminé en 72 (688-691). Cette date, donnée par un grand nombre d'historiens arabes, est confirmée par une inscription dont nous parlerons plus loin.

Pour entourer cette magnifique construction, on releva l'ancienne enceinte du Temple, qui devint ainsi l'enceinte du sanctuaire musulman ; les ruines des soubassements judaïques servirent de fondations aux murs nouveaux : « Les soubassements extérieurs de Mesdjid-el-Aksa, dit Abd-Allah-Jaqout-« el-Hamawi[1], sont du temps du roi David[2] (sur qui soit salut) : ils sont faits en pierres de 10 coudées « et moins, bien dressées par dehors et bien appareillées. Abd-el-Melik-ibn-Merwân appuya sur ces « fondations un mur d'enceinte en pierres plus petites, mais plus grandes pourtant que celles du haram « de Damas. » On reconnaît parfaitement à cette description les restes du grand appareil hérodien, qui servent en effet de base au rempart arabe. Les grandes substructions voûtées, qui supportent la plate-forme, datent aussi de la même époque. Une fois le mur d'enceinte bâti sur l'ancien plan, il avait fallu reprendre l'idée d'Hérode, quoiqu'en l'affaiblissant, et remplir à l'aide de voûtes l'espace resté vide entre le mur et les pentes naturelles. Nous avons déjà dit, en décrivant les parties souterraines du Haram, que le caractère architectural de ces voûtes appartenait aux premiers siècles de l'islamisme : c'est un travail irrégulier, fait avec des matériaux d'emprunt, des pierres arrachées aux ruines antiques; mais le seul arc employé est le plein-cintre, ce qui, en pays arabe, indique nécessairement une époque primitive. Dès le IXe siècle, en Syrie et en Égypte, l'ogive remplace, dans les édifices musulmans, l'ancien arc romain : les preuves de ce fait sont nombreuses, les seules mosquées à plein-cintre que je connaisse sont la mosquée d'Amrou au Caire (VIIe siècle), et celle de Damas, que tous les historiens arabes attribuent au khalife El-Walid, fils d'Abd-el-Melik (705-714). Toutes les autres sont bâties à l'aide d'ogives, et pourtant il y en a d'anciennes, telles que la mosquée de Touloun (869) au Caire; et, sans sortir de la Palestine, à Ramleh, la magnifique citerne dite « de Sainte-Hélène, » tout entière couverte en voûtes ogivales, est nécessairement antérieure au XIe siècle, car une grande inscription en caractères karmatiques, tracée sur la paroi intérieure, porte la date de l'an 372 de l'hégire.

Ainsi, c'est au khalife Abd-el-Melik qu'il faut attribuer les grandes substructions de l'angle sud-est du Haram : tout ce qui est visible aujourd'hui n'appartient pas à la construction première, car il y a eu des restaurations, des remaniements ; néanmoins l'œuvre du khalife subsiste encore dans son ensemble. Sur la plate-forme ainsi obtenue, Abel-el-Melik fit élever la mosquée El-Aksa. Le monument primitif était très-différent du monument actuel, assemblage confus de constructions d'époques très-diverses : l'aspect seul du monument, ainsi que nous le verrons plus tard, indique des remaniements nombreux et des transformations radicales. Les descriptions des historiens, quoique confuses et difficiles à comprendre, ne s'appliquent en aucune façon au monument que nous voyons aujourd'hui. Ibn-Asakir, cité par Djelal-ed-Din[3], parle de six cents colonnes de marbre, entre lesquelles il y avait des balustrades de bois, avec cinquante portes; de sept galeries pour annoncer les prières, d'un toit plat, recouvert à l'aide de sept mille sept cents lames de plomb. D'après Abd-Allah-Jaqout-el-Hamawi,

---

1. Chrétien d'Asie Mineure, qui écrivait à la fin du XIIe siècle sur de très-anciens documents. Manuscrit inédit de la collection de M. Schefer.
2. Pour les Arabes du moyen âge comme pour ceux de nos jours, toute construction antique est de David ou de Salomon, à moins qu'elle ne soit de Moïse.
3. Trad. Reynolds, p. 191.

l'édifice aurait été ouvert du côté de l'Orient, porté sur des colonnes de marbre, et avec un certain nombre de coupoles. Tout me porte à croire que la mosquée d'Abd-el-Melik avait la forme de toutes les mosquées primitives, c'est-à-dire la forme d'une cour entourée de portiques d'une largeur variable; telles sont les plus anciennes mosquées du Caire, de la Mecque, de Damas, de Bostra... Tout cet ensemble fut terminé l'an 73 de l'hégire (692), année de la mort d'Abd-Allah-ben-Zobéir[1], assiégé et tué dans la Mecque par Abd-el-Melik.

L'œuvre à peine achevée eut à souffrir des tremblements de terre : ce fut la partie méridionale du Haram, portée sur un sol artificiel, qui fut le plus endommagée : les deux extrémités orientale et occidentale de la mosquée El-Aksa tombèrent sous le khalifat d'Abou-Djaafer-Mansour-l'Abbasside (754-775). Pour subvenir aux frais de la dépense, il fallut arracher les lames d'or et d'argent qui recouvraient les portes de l'édifice d'Abd-el-Melik. La partie restaurée ne dura pas longtemps. Sous El-Mahdy (775-785) la mosquée était de nouveau en ruine et presque abandonnée; on en changea alors le plan : on diminua la longueur au profit de la largeur[2], et on donna au monument la forme qu'à travers de nombreuses modifications de détail il a conservée jusqu'à présent.

Ce fut ensuite le tour du Qoubbet-es-Sakhrah : en 1016 (407 A. H.) une nouvelle secousse fit tomber la grande coupole[3], mais sans beaucoup endommager le fond de la construction. Les murs d'enceinte du côté de l'angle sud-est eurent aussi à souffrir, car une inscription coufique tracée sur deux créneaux près du « Berceau de Jésus-Christ » fait mention de réparations exécutées en 425 (1033).

En voici le texte assez mutilé :

ايام الامام الطاهر لا عزاز دين لله امير المومنين .... الا و اولم امهر ... الحايط القبلى والحايط ...
... سنة خمس وعشرين واربع ماية ....

« Dans les jours de l'imam Daher-li-azaz-din-lillah, prince des croyants........ le mur « du sud et le mur (de l'est?)........ l'an 425..... »

Le dommage fait à la coupole d'Es-Sakhrah fut promptement réparé, et l'édifice était rendu à sa magnificence primitive quand les Croisés vinrent mettre le siège devant Jérusalem.

La ville sainte fut prise le 14 juillet 1099. L'enceinte du Temple reprit alors son ancien nom, et les dénominations bibliques furent appliquées aux édifices musulmans[4]. Le Qoubbet-es-Sakhrah devint le « Temple du Seigneur » (*Templum Domini*); transformé en église, il reçut une décoration intérieure de peintures chrétiennes, un autel placé sur le rocher central, et un collège de chanoines augustins : la mosquée El-Aksa fut changée en résidence royale sous le nom de « Palais de Salomon, » « Temple de Salomon » (*Palatium Salomonis, Templum Salomonis*). C'est dans ce palais qu'en 1118, le roi Baudouin donna asile à Hugues de Payens et à ses huit compagnons; les neuf chevaliers-moines fondèrent dans les dépendances de la mosquée El-Aksa l'ordre célèbre du *Temple*, ainsi nommé à cause de l'emplacement de la maison mère. Les Templiers se firent une église, des salles d'habitation : ils installèrent leurs chevaux dans les grandes substructions de l'angle sud-est, qui prirent le nom d'« écuries de Salomon. » La grande coupole de la Sakhrah, qui pour le vulgaire était le Temple même des Juifs, devint le symbole de l'Ordre : elle parut sur le

---

1. Medjr-Eddin.
2. Djelal-Eddin.
3. Medjr-Eddin.
4. Voir toutes les sources, *Églises de la Terre Sainte*, p. 280 et suiv.

sceau du grand-maître, elle devint le type des églises du « Temple » bâties en France, en Angleterre, en Allemagne, et des représentations figurées du Temple de Salomon [1].

Le royaume de Jérusalem ne pouvait pas durer : malgré des prodiges de valeur et de persévérance, il devait céder aux attaques des Arabes et aux éléments de dissolution qu'il portait dans son propre sein : la lutte qu'il soutenait n'était pas égale ; l'Occident n'avait pas alors sur l'Orient la supériorité que lui ont assurée le développement du christianisme et les progrès de la civilisation : à cette époque les conditions morales et matérielles étaient à peu près les mêmes dans les deux camps : la valeur militaire, l'ardeur religieuse, la constitution politique, l'armement, étaient les mêmes de part et d'autre : toutes choses étant égales d'ailleurs, la victoire devait rester à celui des deux adversaires qui combattait sur son propre sol ; l'avantage du terrain était contre les Croisés, obligés de se ravitailler par mer avec une marine imparfaite, à une distance énorme de leur base d'opérations, tandis que le centre de l'Asie fournissait une source inépuisable au flot sans cesse renaissant de leurs ennemis. On sait le rôle brillant que jouèrent les Templiers dans ce combat d'un siècle : ils retardèrent, sans l'empêcher, la catastrophe finale : le jour vint où ils durent quitter Jérusalem et l'enceinte célèbre dont le nom, rajeuni par leur épée, devait rester désormais associé au souvenir des plus belles vertus militaires.

La victoire de Saladin rendit le Temple aux musulmans (1187) : leur premier soin fut d'effacer autant que possible les traces de l'occupation chrétienne ; mais laissons parler Ibn-al-Athir, écrivain contemporain :

« Il y avait, au sommet du Qoubbet-es-Sakhrah, une grande croix dorée. Le vendredi, jour de la prise de la ville, une troupe de musulmans monta sur la coupole pour abattre la croix ; les musulmans et les chrétiens étaient spectateurs. Lorsque la croix tomba, il s'éleva un cri de joie chez les musulmans, et une clameur de rage parmi les chrétiens. Salah-Eddin donna l'ordre de rendre tous les édifices à leur destination primitive. Les chevaliers du Temple avaient construit à l'occident d'El-Aksa un édifice pour leur servir de logement ; ils l'avaient disposé selon leur convenance. On y pénétra ainsi que dans le sanctuaire, qui fut rétabli dans sa forme ancienne. La mosquée et le rocher furent lavés à l'eau de rose [2] et purifiés de toutes les impuretés qui les souillaient ; puis le vendredi suivant, 4 du mois de Chaaban, les musulmans firent la prière sous la voûte d'Es-Sakhrah. Salah-Eddin y assista ; l'iman Mouhy-Eddin-Ben-Ezzeky, Kadi de Damas, remplit les fonctions de katib. Salah-Eddin donna l'ordre d'établir un minber : on lui parla à cette occasion d'un minber que Noureddin avait fait faire à Alep, en recommandant aux ouvriers d'exécuter un ouvrage digne de tous les éloges par son élégance et sa beauté ; Noureddin, en le commandant, avait dit : « Nous faisons faire ce minber pour le placer à Jérusalem ; » il coûta plusieurs années de travail aux ouvriers qui en furent chargés. Le sultan donna l'ordre de le faire venir et de le placer dans la mosquée : il s'était écoulé vingt ans [3] entre l'achèvement de ce travail et le transport à Jérusalem.

« Après la prière, Salah-Eddin donna ses ordres pour la restauration de la mosquée El-Aksa, pour son embellissement, pour la réparation des murs qui durent être ornés d'arabesques et d'inscrip-

---

[1]. Cet usage s'est maintenu jusqu'au XVIe siècle : dans le célèbre tableau de Raphaël qui représente le mariage de la sainte Vierge, le Temple juif est figuré par un édifice polygonal, imitation lointaine de la mosquée d'Omar.

[2]. Suivant Emad-ed-Din, ce fut un des petits-fils de Saladin, Taki-Eddin, qui balaya lui-même la Sakhrah et lava tout l'intérieur à l'eau de rose. Reinaud, *Biblioth. des Croisades*, § XL.

[3]. Ce minber existe encore, ainsi que nous le verrons plus tard ; il porte en effet la date de 564.

tions, pour la restauration du dallage; on fit venir les marbres les plus précieux, des cubes de verre doré de Constantinople pour les mosaïques, et tout ce qui était nécessaire pour assurer une longue durée à ces réparations et embellissements.

« On y mit donc la main et on effaça toutes les peintures et figures qui se trouvaient dans ces édifices; les Francs avaient recouvert le rocher d'Es-Sakhrah d'un revêtement de marbre : l'ordre fut donné de l'enlever. Voici la cause qui avait fait dissimuler le roc sous un placage de marbre : les prêtres en détachaient des fragments et les vendaient au poids de l'or aux pèlerins qui venaient visiter les saints lieux [1]; à leur retour dans leur pays, ceux qui possédaient un morceau de cette pierre bâtissaient des églises et le plaçaient sur l'autel. Un roi de Jérusalem, craignant pour ce rocher une destruction complète, donna l'ordre de le revêtir de marbre. Quand le revêtement fut enlevé, Salah-Eddin fit déposer sur la roche des corans magnifiques, des manuscrits du livre saint de la plus belle écriture, et institua des lecteurs auxquels il assigna des pensions.

« Les Francs avaient laissé à Jérusalem des marbres précieux en dalles et en colonnes, et des pierres pour faire des mosaïques. »

Saladin compléta son œuvre par de généreuses fondations destinées à assurer l'entretien d'un nombreux personnel chargé du service des sanctuaires.

Rendu aux musulmans par le vainqueur de Tibériade, le Haram-ech-Chérif n'a pas cessé de leur appartenir; même pendant la domination éphémère de Frédéric II (1229-1244), le culte mahométan ne fut pas interrompu, et c'est à la garde de l'Islam que sont restés confiés les grands souvenirs des temps bibliques. Chaque génération a ajouté au nombre des petits sanctuaires ou à la décoration des grandes mosquées : la plus importante et la dernière des restaurations est celle qui fut exécutée peu après la conquête ottomane par le sultan Soliman II le Magnifique (1520-1566). Dans les siècles suivants, l'incurie croissante des autorités turques, la dilapidation des finances, ont fait des ruines nombreuses; il y a une trentaine d'années, quelques réparations ordonnées par le sultan Mahmoud ont encore été faites avec une certaine intelligence, mais, depuis lors, la destruction a fait de grands progrès : chaque jour voit tomber une plaque de faïence, une dalle de marbre, quelques cubes de mosaïque, et les revenus destinés à prévenir ces ruines restent entre les mains des curateurs des waqoufs. Faut-il se plaindre de cette cupide insouciance? On est presque tenté de répondre négativement, tant le sentiment de l'art est éteint chez les descendants abrutis et ignorants d'Abd-el-Melik et de Soliman. Quelques peintures exécutées dernièrement dans la mosquée El-Aksa, honteuses caricatures indignes d'un barbouilleur de village, font regretter le tardif scrupule de conscience qui leur a malencontreusement donné le jour.

Telle est en peu de mots l'histoire de la période moderne du Temple de Jérusalem : quand même les livres arabes, qui nous en ont fourni les éléments, auraient entièrement disparu, nous eussions encore pu la refaire avec certitude, grâce aux nombreuses inscriptions qui se lisent encore à la surface des mosquées : les Arabes ont eu la sage habitude de dater leurs œuvres et de faire concourir à la décoration de leurs monuments les inscriptions qui devaient plus tard guider les recherches des archéologues. Chaque édifice porte donc en lui-même sa propre histoire, écrite en pièces authentiques et originales, et c'est là que nous en retrouverons tous les détails, à mesure que nous décrirons les grands édifices modernes du Haram-ech-Chérif.

---

1. Djelal-Eddin (p. 249) dit qu'un de ces fragments fut porté à Constantinople, et un autre envoyé dans le pays des Slaves.

QOUBBET-ES-SAKHRAH.

Le Haram-ech-Chérif, dans sa disposition générale, offre une certaine analogie avec le Temple d'Hérode; le contour extérieur est le même, et les plates-formes intérieures sont un souvenir des terrasses successives qui portaient le sanctuaire israélite : dans les deux cas, la forme du terrain avait imposé un plan analogue; aussi le terre-plein central occupe-t-il, à quelques mètres près, l'emplacement couvert par le massif du Temple intérieur; sa hauteur est un peu moins grande, les architectes musulmans ayant laissé à découvert le sommet de la montagne ou roche Sakhrah, entièrement caché autrefois par l'ancien massif; la surface du terre-plein supérieur est à $1^m,80$ environ en contre-bas du point culminant[1]. Le terre-plein est formé de terres accumulées autour du rocher central, et soutenues par des murs de terrasse assez grossiers; on y monte par une série de perrons de hauteur variable, qui aboutissent à des arcades assez élégantes, véritables entrées du sanctuaire; les colonnes qui les supportent, comme autrefois celles qui précédaient le Temple intérieur, marquent la limite de l'espace particulièrement saint : nul ne saurait les franchir sans avoir ôté ses souliers ou mis une chaussure spéciale qui préserve de toute souillure le dallage du parvis.

C'est dans un des angles de ce parvis que s'élève le Qoubbet-es-Sakhrah, vulgairement connu sous le nom de « Mosquée d'Omar. » Le plan se compose d'un octogone régulier, inscrit dans un cercle de 27 mètres de rayon, et divisé par deux rangées concentriques de colonnes et de piliers. La rangée centrale supporte le tambour de la coupole qui a $21^m,60$ de diamètre intérieur; la rangée intermédiaire porte les poutres du toit des bas-côtés. En soumettant les hauteurs à une analyse géométrique, j'ai reconnu qu'elles avaient été obtenues par des combinaisons de triangles : j'ai retrouvé là les deux triangles des monuments antiques, les mêmes qui avaient servi au tracé du Temple de Salomon, le triangle équilatéral et le triangle égyptien[2]; par une ingénieuse concordance, les mêmes points satisfont à la fois aux combinaisons des deux triangles.

La coupe faite sur les apothèmes de l'octogone régulier qui sert de plan est engendrée par le triangle équilatéral; celle qui est faite sur le diamètre du cercle circonscrit est engendrée par le triangle égyptien.

Le tracé figuré à la page suivante fera comprendre à la fois les deux systèmes : la partie droite représente la moitié de la coupe faite sur le rayon, et la partie gauche, la moitié de la coupe faite sur l'apothème.

L'apothème OA étant divisée en 16 parties égales, la 9e a été choisie comme axe du mur du tambour : elle a cela de particulier que, si l'on divise le rayon en 15, ces divisions sont avec les premières dans le rapport de 7 à 6, d'où il suit que la 9e de chaque série est à la même distance du centre, c'est-à-dire sur l'axe du mur du tambour.

---

1. Voyez les deux coupes de la planche I. Pour ne pas charger le plan et laisser aux débris du Temple toute leur importance, je n'ai pas reproduit la disposition intérieure des grands édifices musulmans, qui se trouvent à une grande échelle sur les planches XVIII et suivantes. Pour la même raison, j'ai renvoyé à une autre planche les noms modernes et tous les petits détails musulmans; pour augmenter l'intérêt de cette nouvelle planche (pl. XVII), au lieu de reproduire ma planche I, j'ai fait réduire à la même échelle le plan levé en 1833 par Catherwood avec l'aide de MM. Arundale et Bonomi, et gravé dernièrement par les soins de M. Fergusson : ce travail et le mien se contrôleront l'un par l'autre; le plan de Catherwood a été fait avec une minutie et un soin d'autant plus méritoires qu'il y avait alors un véritable danger à séjourner dans le Haram; je suis heureux de pouvoir ainsi rendre hommage aux travaux très-sérieux de mon devancier, qui est mort avant d'avoir pu tirer parti de son œuvre.

2. Celui dont la hauteur égale les $5/8^{es}$ de la base (voyez plus haut, page 50).

Le triangle[1] équilatéral CD, construit à partir de cet axe, donne la hauteur OD du tambour; le second triangle ABC, construit à la suite, donne la hauteur du mur extérieur et le nu du mur intermédiaire; enfin le triangle IE, construit à partir de l'axe du triangle ABC, donne la hauteur OE de

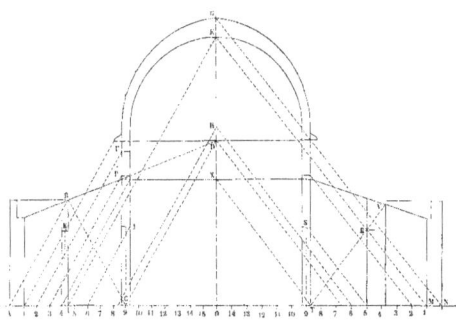

43. — Coupe sur l'apothème.   Coupe sur le rayon.

la coupole intérieure. Ainsi, trois triangles équilatéraux, ABC, CD et IE, liés l'un à l'autre, donnent tous les éléments constitutifs du monument. Si de plus, par chacune des divisions de l'apothème ou par leurs milieux, on mène des parallèles au côté du triangle, chacune d'elles donne un point de détail : c'est ainsi qu'on obtient les hauteurs des arcades KI, CJ; — la position des fenêtres PF, celle du bandeau X, — le centre H de la coupole; en joignant les points B et D, on a l'inclinaison du toit. L'épaisseur du mur extérieur est précisément égale à une des divisions de l'apothème.

Si maintenant on se reporte à la figure placée en regard, on remarquera des combinaisons analogues : l'épaisseur du mur MN est égale à une des divisions du rayon; et, en menant par ces divisions des parallèles au côté du triangle égyptien, on trouve, soit des points déjà obtenus par le système précédent, soit des points qui complètent la construction : telle est la hauteur OG de la coupole extérieure. De plus les triangles MRT et TX, qui ont pour point commun l'aplomb extérieur du mur du tambour, donnent le bandeau X, le point R, c'est-à-dire le nu du gros pilier angulaire et la hauteur des arcades latérales.

En poussant plus loin l'analyse, on retrouverait tous les détails du monument à l'aide de parallèles nouvelles; mais ces exemples suffisent pour montrer le système suivi par les architectes de la mosquée.

Il est intéressant de retrouver dans cet édifice musulman, mais bâti par des chrétiens, le maintien des traditions architecturales de l'antiquité[2].

---

1. La figure étant coupée en deux, je ne désignerai chaque triangle que par un des côtés.
2. Nous avons déjà rappelé le rôle que ces deux triangles ont joué dans le tracé des édifices du moyen âge, et nous l'avons attribué à une sorte d'initiation en usage dans les corporations ouvrières; cette initiation s'appuyait soit sur une tradition conservée parmi les gens de métier, soit sur l'étude des monuments antiques où ces triangles sont employés. N'oublions pas que pour le vulgaire le Qoubbet-es-Sakhrah était le « Temple » lui-même : ses combinaisons si simples ont pu être découvertes par les architectes croisés et dès lors attribuées à Salomon et imitées comme telles, d'où il résulterait que le Temple maçonnique ne serait autre que la mosquée d'Omar, et le triangle symbolique la figure qui a servi à le tracer. Quoique je n'aime pas à multiplier les rapprochements de ce genre, celui-là m'a paru assez frappant pour être noté en passant.

La disposition de l'édifice, prise dans son ensemble, est toute byzantine : un siècle avant l'hégire, les architectes byzantins bâtissaient des églises polygonales ou rondes, telles que celles de Bostra et d'Ezra, édifices datés du vi° siècle[1], qui se rattachent eux-mêmes par les églises constantiniennes d'Antioche, de Sainte-Constance de Rome, aux temples circulaires de l'antiquité. Sous Abd-el-Melik, les Arabes n'avaient pas d'art qui leur fût propre; ou du moins, s'ils avaient des tendances spéciales, un goût particulier pour telle forme ou tel motif de décoration, ils n'avaient ni écoles ni artistes de profession, et surtout ils n'avaient pas d'ouvriers en état de mener à bonne fin une grande construction; il serait injuste de dire qu'ils n'avaient aucune notion de l'art de bâtir, puisque les villes du centre de l'Arabie sont construites en maçonnerie de pierre et de bois, et certainement ces constructions, sur lesquelles nous manquons absolument de renseignements précis, devaient par quelque côté avoir leur originalité; mais à Jérusalem, en Syrie, en Égypte, dans les pays récemment soumis à leur domination, ils n'avaient que des soldats et des fonctionnaires; pour bâtir les nouveaux monuments de leur culte ils durent s'adresser aux vaincus, à la population indigène qu'ils avaient convertie de force, mais non changée ni déplacée. Souvent même ils firent venir du dehors les artistes que le pays ne pouvait pas leur fournir : la grande mosquée de Damas fut décorée par des mosaïstes que le khalife Al-Walid demanda directement à l'empereur d'Orient[2], et nous avons vu plus haut que Saladin, lorsqu'il voulut refaire les mosaïques d'El-Aksa, s'adressa à Constantinople. Les renseignements historiques manquent sur la nationalité des architectes du Qoubbet-es-Sakhrah, mais le style du monument est un guide au moins aussi sûr que les chroniques arabes, et ne laisse aucun doute sur le caractère byzantin de l'édifice.

Mais quoique byzantin par le style, il n'a rien de chrétien : le trait principal qui le distingue des églises qui lui ont servi de modèle est l'absence d'abside : l'habitude primitive conservée par l'Église orientale, et qui consistait à cacher l'autel pendant la Consécration et à d'autres moments déterminés des cérémonies liturgiques, avait, dès le début, fait donner aux chœurs une forme qui permettait de les fermer facilement : la forme absidale est celle qui convenait le mieux : aussi fut-elle appliquée non-seulement aux basiliques, dont elle constitue l'extrémité normale, mais aux églises à coupoles, dont l'usage se substituait peu à peu à celui des basiliques; par des combinaisons plus ou moins ingénieuses, on est arrivé à ajuster une ou plusieurs absides à un plan circulaire ou polygonal, et à produire ainsi des édifices très-homogènes, tels que Sainte-Sophie de Constantinople, les églises d'Ezra, de Bostra, ou de Deïr-Semâan, et plus tard Saint-Vital de Ravenne, Saint-Étienne de Rome et tant d'autres. L'abside est donc le signe distinctif des églises primitives, et son absence ici prouve que les architectes du Qoubbet-es-Sakhrah, tout en bâtissant suivant les habitudes byzantines, surent donner au monument le caractère musulman.

Tout le gros œuvre de la mosquée date de la fondation même : les réparations postérieures n'ont atteint que les détails extérieurs et la surface des murs, ils ont laissé intact le fond même de la construction. L'appareil des murs (que la chute du placage de faïence du côté de l'ouest a laissé à découvert) est formé de petites assises assez mal jointes, d'une hauteur irrégulière. Les fenêtres primitives sont en plein cintre[3] : les portes situées aux quatre points cardinaux sont rectangulaires et surmontées d'un arc de décharge, comme les portes byzantines que nous avons figurées plus haut[4] :

---

1. Voyez notre *Syrie centrale. Architecture*, etc. Pl. 21, 22, 23.
2. Djelal-Eddin. O. C., p. 412.
3. La forme *en accolade*, qu'elles ont actuellement, a été obtenue au xvi° siècle à l'aide d'un plâtrage recouvert de faïence, appliqué à l'intérieur de l'archivolte primitive.
4. Voyez p. 71, fig. 41 et 42.

devant chaque entrée est un porche non moins byzantin : dans sa disposition primitive, il se composait de quatre colonnes à jour portant une petite voûte en berceau[1]. Plus tard, on ajouta des colonnes de chaque côté, et on ferma les entre-colonnements, excepté à la porte méridionale, qui fut précédée d'un véritable portique de huit colonnes accouplées. Le porche de l'ouest a été refait, au commencement de ce siècle, dans le goût bâtard de Constantinople.

Le système intérieur est entièrement conservé, et se compose, nous l'avons dit, de deux rangées concentriques de supports; la rangée intermédiaire est formée de huit gros piliers angulaires, entre lesquels sont des colonnes portant des arcs en plein cintre : les fûts, monolithes, en marbre précieux, sont tous de hauteur et de module différents; ils ont été arrachés à des monuments antiques ainsi que les chapiteaux; ceux-ci forment une curieuse série des types les plus variés; la plupart appartiennent au composite romain des bas-temps et au byzantin primitif : l'un d'eux, arraché à quelque église, porte une croix au centre du tailloir; c'est celui que j'ai dessiné à la planche XX : cette même planche reproduit à une grande échelle la disposition de l'entablement : on voit au-dessus du chapiteau un gros abaque cubique, détail essentiellement byzantin[2], recouvert au XVIe siècle d'un placage en marbre blanc; puis vient une grosse poutre de bois, qui est posée d'une colonne à l'autre, et au-dessus de laquelle on voit l'amorce de l'arc en plein cintre qui, d'une part, s'appuie sur le gros pilier angulaire et de l'autre sur l'abaque de la colonne. La présence du tirant de bois est caractéristique; c'est la première fois que nous voyons apparaître ce détail, qui joue un grand rôle dans l'architecture musulmane du moyen âge; il paraît d'invention arabe, car il se rencontre dans la plupart des mosquées primitives, telles que la mosquée d'Amrou au Caire et la mosquée El-Aksa, et ne s'est pas encore trouvé, que je sache, dans aucune église du Ve ou du VIe siècle. La face interne de la poutre est couverte d'une décoration sculptée, stuquée et peinte, qui se continue sur le pilier angulaire : elle se compose d'une frise de rinceaux dorés sur fond bleu, d'un sentiment encore assez antique, puis d'une corniche peinte et dorée, imitation grossière d'une disposition romaine. La face externe est à moitié cachée par un placage de marbre du XVIe siècle, qui laisse voir, à la partie inférieure, des feuilles de bronze repoussé faisant partie de la décoration primitive. Ces mêmes feuilles se replient sous la poutre et décorent le soffite : la planche XXII reproduit trois de ces feuilles de bronze repoussé : elles sont ornées de rinceaux de vigne et de fleurons d'un style assez particulier.

Pour en finir avec la planche XX, disons tout de suite que le placage de marbre qui recouvre le pilier angulaire est aussi du XVIe siècle, c'est-à-dire des grandes restaurations de Soliman; la série d'arcatures qui le termine est sculptée en très-bas relief et comme gravée dans le marbre : les traits sont rehaussés d'or, tandis que le fond est noirci à l'aide d'une couche de peinture qui est tombée en beaucoup d'endroits. Les bases des colonnes ont été refaites à la même époque : on a entouré le pied du fût d'une bague de bronze, puis on a maçonné autour des bases primitives un petit massif plaqué de marbre, sorte de piédestal sans caractère.

Le mur, percé d'arcs, qui s'appuie sur ces colonnes est couvert de mosaïques du plus grand intérêt : excepté quelques rares restaurations du Xe siècle, elles datent toutes de la fondation de la mosquée, c'est-à-dire des années 69-72 de l'hégire : il serait difficile de décrire une à une les curieuses compositions qui forment cette brillante décoration : les dessins qui accompagnent ces

---

1. Les porches de ce genre sont très-fréquents dans les églises des Ve, VIe et VIIe siècles : nous en donnerons un grand nombre d'exemples dans la *Syrie centrale*.

2. Les colonnes étant toutes de hauteur différente, ces abaques, d'épaisseur variable, servent à rétablir le niveau et à araser les sommets de tous les arcs.

lignes en apprendront plus que la description la plus détaillée; on comprend aussi que je n'aie pu reproduire toute la série des figures qui se déroulent sur les tympans des arcs et sur la partie supérieure des gros piliers; mais les dessins réunis sur la planche XXI suffisent pour donner une idée complète de la nature et du caractère de ces peintures : les soixante-quatre sujets qui ornent les deux faces du mur, quoique variés dans leurs petits détails, sont tous de la même famille, et se rapportent tous aux types que nous avons choisis et reproduits.

L'un de ces types (pl. XXI, fig. 1) offre des combinaisons de joyaux appliquées aux enroulements d'une végétation fantastique; le groupe central, qui sert de tige commune aux branches gemmées qui garnissent le tympan, se compose d'une superposition de couronnes, de colliers, de ceintures d'or, enrichies de pierres enchâssées et de pendeloques de perles. Ces bijoux figurés rappellent, à s'y tromper, les bijoux byzantins des VIIe, VIIIe et IXe siècles, imités alors dans toute l'Europe, et surtout dans les pays où la décadence romaine et l'invasion des barbares avaient momentanément détruit toute tradition artistique : telles sont les couronnes votives du roi wisigoth Recceswinthus d'Espagne[1], et les parures trouvées en France dans les sépultures mérovingiennes[2] : les premières avec leurs charnières, leurs pendeloques, leurs incrustations; les secondes, avec leurs disques de verres rouges, trouvent ici des représentations très-fidèles.

Le second type (pl. XXI, fig. 2 et 3) se rapproche un peu plus de la nature, en ce sens que l'imitation des pierreries y joue un moins grand rôle; car la nature qu'il reproduit est une nature de convention. De larges fleurs, comme il n'en fleurit que dans les régions fantastiques où se complait l'imagination orientale, étalent leurs corolles découpées, diaprées d'or, constellées comme la queue d'un paon, miroitantes comme un riche plumage, accompagnées de larges feuilles qui laissent échapper, par leurs intervalles, des tiges chargées de boutons gemmés, de fruits bizarres, au milieu desquels on s'étonne de voir des grappes de raisin rendues avec une remarquable fidélité.

L'encadrement de ces tableaux est formé de figures géométriques; des figures du même genre ornent la plupart des intrados des arcs; un fragment est reproduit à la planche XX : il est décoré de rosaces, dont la ressemblance avec les émaux cloisonnés des Xe et XIe siècles est frappante. Nous pourrions multiplier les rapprochements de ce genre, s'ils ne se présentaient d'eux-mêmes à l'esprit du lecteur : nous pourrions comparer les enroulements gemmés, les galons perlés, les feuillages conventionnels des décorations sculptées de nos églises romanes aux figures de ces mosaïques plus vieilles de quatre siècles, et constater une fois de plus l'origine orientale de tout ce système de décoration. Si l'on songe à l'état de barbarie dans lequel était plongé l'Europe pendant que se bâtissait la mosquée d'Omar, et à l'état de civilisation que suppose la construction d'un semblable monument, on ne saurait s'étonner de la supériorité acquise à l'Orient, ni se refuser à reconnaître le rôle joué par Byzance dans l'éducation artistique de l'Occident.

Sur la bordure supérieure de ces mosaïques, large bandeau bleu qui fait tout le tour de l'édifice, on lit une inscription en lettres d'or, d'un beau caractère coufique : ce sont des versets du Coran, séparés, comme dans les manuscrits, par des étoiles; il est à remarquer qu'ils se rapportent presque tous à Jésus-Christ, comme si, en élevant le premier monument musulman à Jérusalem, la ville chrétienne par excellence, Abd-el-Melik avait voulu affirmer le dogme nouveau et préciser les points qui le séparaient de la religion vaincue. Voici les principaux passages :

---

1. Conservées au Musée de Cluny. Voyez F. de Lasteyrie, *Trésor de Guarrazar*. Peigné-Delacourt, *Recherches sur le lieu de la bataille d'Attila*.

2. Cochet, *Tombeau de Chilpéric*. Gaussen, *Portefeuille archéologique*. Mémoires de l'Académie de Dijon.

L'ENCEINTE DU TEMPLE DEPUIS LA CONQUÊTE MUSULMANE.

« Louange à Dieu! Il n'a pas de fils, il ne partage pas l'empire de l'univers, il n'a pas besoin
« d'aide. Publie ses grandeurs. » (17, 111.)

« Le ciel et la terre sont son domaine; il donne la vie et la mort; sa puissance s'étend sur
« toute chose. » (57, 2.)

« O vous qui avez reçu les Écritures, ne sortez pas de la foi, ne dites de Dieu que la
« vérité. Jésus est le fils de Marie, l'envoyé de Dieu et son Verbe; Dieu l'a fait descendre dans Marie;
« il est son souffle. Croyez en Dieu et en ses envoyés; ne dites pas qu'il y a une Trinité en Dieu,
« cette croyance vous sera meilleure. Il est un. Gloire à lui! Comment aurait-il un fils? Tout ce qui est
« au ciel et sur la terre est à lui; il se suffit à lui-même. » (4, 169.)

« La grâce de Dieu est sur ton apostolat, Jésus fils de Marie! La paix sera sur moi au jour de
« ma naissance, au jour de ma mort et au jour de ma résurrection, a dit Jésus, vrai fils de Marie,
« celui sur lequel ils élèvent des doutes. Dieu ne saurait avoir de fils; loué soit son nom; il parle,
« et ce qui n'était pas est; Dieu est mon Seigneur et le vôtre; adorez-le, c'est le chemin du
« salut. » (19, 34, 37.)

Cette série de textes constitue certainement une des plus anciennes éditions connues du Coran; il serait curieux de la comparer avec la version ordinaire, mais je laisse ce soin à de plus compétents que moi; les différences, s'il y en a, ne sont pas nombreuses, je me contenterai de reproduire ici les passages qui se trouvent sur la planche XXI [1].

Le premier est emprunté au verset IV, 169.

[ان يكون] له ولد له ما فى السموات وما فى الارض

« [Comment aurait-il] un fils? Tout ce qui est dans le ciel et sur la terre lui appartient. »

Le second est très-important, c'est la date de l'édifice intercalée entre deux sentences pieuses, à droite en entrant par la grande porte du sud. Nous avons déjà signalé ce curieux document; en voici le texte complet.

بنى هذه القبه عبد الله عبد [الله الامام المامون] امير المومنين فى سنة اثنتين و سبعين يقـبـل
الله منه ورضى عنه امين

« A construit cette coupole [2] le serviteur de Dieu Abd-[Allah-el-Imam-al-Mamoun], prince des
« croyants, l'année 72; que Dieu l'ait pour agréable et soit content de lui! Amen. »

Le nom que nous avons mis entre crochets est celui qui se lit aujourd'hui sur le monument; mais il est facile de voir que c'est une correction postérieure; la couleur du bleu est différente, les lettres sont plus petites et plus serrées; le khalife Al-Mamoun, qui régnait de 198 à 218 de l'hégire (813-833), a substitué son nom à celui d'Abd-el-Melik, afin de s'approprier la gloire de son prédécesseur. Supercherie

---

1. Le bout des lettres a été coupé quand on a restauré le plafond en 1776 et disposé, en guise de corniche, la petite arcature de bois peint qui est figurée planche XXII a.
2. Le mot *coupole* traduit imparfaitement l'expression arabe *qoubbeh*, qui désigne non-seulement la calotte hémisphérique ou coupole, mais aussi, par extension, l'ensemble du monument recouvert par une coupole.

inutile, car il oublia de changer en même temps le millésime de l'inscription, et, obligé de placer son nom dans un espace beaucoup trop court, il dut serrer les lettres et donner à la surcharge une apparence qui ne trompe personne. Aucun historien arabe ne s'y est trompé; tous, sans exception, attribuent à Abd-el-Melik la construction de la mosquée, et mentionnent cette même date de l'an 72. Le nom d'Al-Mamoun ne paraît nulle part, si ce n'est sur les inscriptions falsifiées par lesquelles il espérait donner le change à la postérité; et pourtant, non content de glisser son nom dans les mosaïques, il l'avait inscrit dans un lieu beaucoup plus apparent, sur les entrées mêmes de la mosquée : celles des quatre portes qui n'ont pas été remaniées ont leur linteau recouvert de feuilles de bronze, sur lesquelles sont estampés, en beaux caractères coufiques, des versets du Coran; au-dessous, se trouve l'inscription suivante, répétée deux fois à chaque porte :

مما امر به عبد الله الامام المامون امير المؤمنين اطال الله بقاءه في ولاية اخي امير المؤمنين ابي اسحاق بن امير المؤمنين الرشيد ابقاه الله وجرى على يدي صالح بن يحيى مولى امير المؤمنين في شهر ربيع الآخر سنة ست عشرة ومائتين

« Ceci a été fait par les ordres du serviteur de Dieu Abd-Allah-el-Imam-al-Mamoun, prince des « croyants, que Dieu prolonge son existence! sous le gouvernement du frère du prince des croyants, « Abou-Ishâq, fils du prince des croyants, Ar-Raschid, que Dieu lui assure longue durée! Exécuté « par la main de Salah, fils de Yahia, client du prince des croyants, au mois de Rebï'-el-Akhir, l'an « 216. » (831)[1].

Quelques réparations de détail auront sans doute été le prétexte de ces inscriptions pompeuses et multipliées. Quoi qu'il en soit, il est bien démontré qu'elles ne s'appliquent aucunement à la construction de l'édifice, laquelle date indubitablement de l'an 72; la grande inscription des mosaïques est formelle sur ce point, et la maladroite interpolation dont elle a été l'objet est une preuve de plus de son authenticité. Ainsi, pour avoir le texte dans sa pureté primitive, il faut au nom d'Al-Mamoun substituer celui du véritable fondateur عبد الملك et traduire :

« A construit cette coupole le serviteur de Dieu Abd-el-Melik, prince des croyants, l'an 72. Que « Dieu l'ait pour agréable et soit content de lui! Amen. »

La place occupée par la longue inscription dont fait partie ce passage important prouve que le plan du monument et le fond de la construction n'ont pas été changés depuis l'origine; il prouve en outre que les mosaïques des bas-côtés, celles que nous venons de décrire, datent de la fondation même, c'est-à-dire de la fin du VIIe siècle : il est pourtant quelques petits fragments qui ont été refaits un peu plus tard, particulièrement sur la surface interne des piliers angulaires; en même temps on reprenait les quatre maîtres-piliers de la coupole et on recommençait les mosaïques qui décorent la partie supérieure de leur face externe (planche XXII). Le style de ces restaurations est un peu différent de celui des peintures que nous venons de décrire, mais il est identiquement semblable à celui des mosaïques du tambour qui, elles aussi, sont datées (planche XXIII); il n'y a donc aucun doute à avoir sur l'époque où elles ont été exécutées : c'est dans l'année 418 de l'hégire (1027) qu'elles ont été

---

1. Abou-Ishâq est le surnom du khalife Mou'tassem-Billah, frère et successeur d'Al-Mamoun, fils comme lui du célèbre Haroun-ar-Raschid. Il apparaît dans cette inscription soit comme gouverneur de la Syrie, soit comme successeur désigné, et déjà investi d'une certaine puissance : Al-Mamoun mourut le 16 redjeb 218.

terminées : l'inscription qui donne cette indication est située dans la partie occidentale du tambour ; le commencement est effacé, mais la fin est parfaitement claire.

...... فى سنة ثمان عشرة و اربعيں

« ..... Dans l'année quatre cent et dix-huit. »

On se rappelle qu'un tremblement de terre, survenu en 407, renversa la coupole centrale ; la date de notre inscription coïncide avec la fin des travaux nécessités par cet accident, et comme, de plus, le grand ensemble de mosaïques auquel cette inscription est attachée, est situé sur le tambour de la coupole et sur ses supports, il est évident que l'exécution de ces peintures se rapporte à l'événement mentionné par les historiens.

Les mosaïques du tambour forment deux registres séparés par une corniche[1] ; le registre supérieur est divisé lui-même par les fenêtres de la claire-voie, mais il règne une grande unité dans la décoration ; elle se compose d'une série de vases à large panse dont le goulot étroit laisse échapper des branches de feuillage ; leurs enroulements symétriques se développent de chaque côté d'une tige capricieuse composée de dessins géométriques et couronnée par une sorte de fleur ailée dont les formes fantastiques sont impossibles à décrire : des fleurs et des fruits, parmi lesquels le raisin tient la première place, pendent aux rinceaux de cette nature conventionnelle, et des tiges de blé accompagnent le pied des vases de la zone inférieure. Il serait inutile de chercher une signification symbolique, dans le sens musulman, à ces bizarres conceptions ; comme celles des bas-côtés, elles sont l'œuvre de mosaïstes byzantins, et le seul indice musulman qu'elles renferment est l'absence totale de figures animées ; obligés de se conformer sur ce point aux exigences impérieuses de leurs clients, les artistes grecs ont d'ailleurs reproduit les formes végétales qui leur étaient habituelles ; la vigne et le blé, symboles ordinaires du sacrement eucharistique, leur sont venus naturellement sous la main : il n'est pas jusqu'aux ailes qui ne semblent un souvenir et comme la signature chrétienne du peintre, accoutumé à reproduire sur les coupoles sacrées les représentations mystiques de la divine liturgie ; à la tête d'ange que ces ailes auraient dû accompagner, il a substitué une fleur, au corps séraphique, des jeux de compas vides de sens, restant ainsi fidèle au programme qui lui était imposé, et à la secrète protestation de son cœur[2].

Ces mosaïques, et celles des bas-côtés, forment un ensemble unique et d'un grand intérêt au point de vue de l'histoire de l'art, car elles embrassent une période de temps dont les monuments sont rarement parvenus jusqu'à nous. Quoique exécutées à trois siècles d'intervalle, elles sont faites par le même procédé : la matière employée est le verre coloré, divisé en petits cubes d'un centimètre à peu près de côté : chaque ton possède trois teintes servant à modeler les formes et à obtenir l'ombre et la lumière ; les fonds sont uniformément dorés ; des rehauts d'or appellent la lumière de place en place, sur les arêtes de feuilles, sur des points saillants ; quelquefois, le point lumineux d'une surface arrondie est simulé à l'aide d'un morceau de nacre : cette matière est surtout employée dans les mosaïques du tambour, les plus modernes ; c'est à l'aide de ses tons opalins que sont rendus les grains de raisin, les pétales des fleurs, les ornements blancs qui décorent la panse des vases ; leur effet n'est pas toujours heureux : sous un certain jour, elles sont trop brillantes, et tranchent par leur vivacité sur l'harmonie

---

1. La corniche (pl. XXIII, fig. 1 a) a été refaite au XVIe siècle comme celle des piliers, et couverte en placages de marbre gravé, peint et doré.
2. Le mot par lequel les Arabes désignent les mosaïques prouve à lui seul qu'ils ont emprunté cet art aux Grecs : ils les appellent فسيفساء Phsiphissa, qui n'est autre que la transcription du mot grec ψῆφις.

chaude, mais toujours très-solide, des verres colorés; elles *font trou*, et par cela même nuisent à l'ensemble. Cette réserve faite, l'effet général est puissant, et témoigne d'une connaissance sérieuse des conditions de l'art décoratif.

Le procédé en lui-même est antérieur à l'époque byzantine : quelle qu'en soit l'origine, assez difficile d'ailleurs à déterminer, on le trouve en usage dans les maisons romaines, dès la fin de la République : les nuances sont même plus nombreuses, la palette plus riche à Pompeï au 1er siècle, qu'à Constantinople ou à Jérusalem au viie. La seule innovation dont on puisse faire honneur à l'art chrétien est la dorure des fonds, et elle n'est pas sans valeur, car c'est le ton solide et brillant de l'or qui est le grand élément harmonisateur; sans la tranquille uniformité de cette surface, les ornements de verre coloré paraîtraient criards et lourds, et c'est à sa présence qu'il faut surtout attribuer le grand effet décoratif des mosaïques byzantines, même imparfaites sous d'autres rapports. A cela près, le procédé est antique : le dessin même, malgré sa physionomie orientale, procède de l'antique; la manière de tourner un rinceau, de refendre une feuille, est grecque, et, chose curieuse, dans le groupe que nous étudions, ce sont les compositions les plus modernes qui, par le style, se rapprochent le plus de l'antiquité. Les enroulements du maître-pilier de la coupole et ceux du tambour rappellent certaines décorations romaines du ive siècle, et particulièrement l'ornementation sculptée du tombeau de sainte Constance; c'est la même nature de convention, ce sont les mêmes tiges, un peu lourdes, formées de petits éléments s'emboîtant les uns dans les autres; la parenté est évidente, malgré les écarts d'imagination qui empêchent la confusion et rétablissent les droits de la chronologie. Les mosaïques des bas-côtés, au contraire, quoique beaucoup plus rapprochées par leur date des temps antiques, sont d'un style plus original : une fantaisie plus libre, une bizarrerie plus capricieuse, un plus grand mépris de la vraisemblance, et en même temps une hardiesse plus féconde les caractérisent et les distinguent. Le souvenir antique apparaît encore, mais transformé et comme rajeuni par un souffle venu de l'Orient : le résultat est incohérent, fautif, mais je le préfère à la plate correction des dernières œuvres romaines : on sent une vie plus active, un besoin d'invention, de changement, qui doit engendrer le progrès. Ces qualités se retrouvent dans les mosaïques du xie siècle, mais à un moindre degré; en revanche, elles sont d'un goût meilleur et d'un dessin plus soigné.

D'où vient cette apparente contradiction, et comment l'expliquer? Faut-il lui chercher une cause générale ou une cause particulière? l'attribuer à l'influence d'une école ou au goût d'un artiste isolé? Nous ne connaissons pas encore assez complétement l'histoire de l'art byzantin pour pouvoir répondre d'une manière péremptoire. L'art byzantin, pendant la longue et féconde période qui s'étend du ve au xiie siècle, a subi nécessairement des fluctuations dont le détail nous échappe, mais dont un jour les mystères s'éclairciront : déjà on est arrivé à lui rendre justice, à reconnaître ses mérites réels, à lui restituer la place honorable qu'il a droit d'occuper dans l'histoire générale de l'art. On peut maintenant, suivant la spirituelle expression de M. Vitet[1], sans crainte de passer pour mauvais Français, avouer que l'Orient grec a joué un rôle considérable dans le moyen âge primitif; qu'il a conservé, en face de la barbarie occidentale, le dépôt des traditions; que la diffusion de ses œuvres en Occident a largement contribué à notre renaissance du xiie siècle. A mesure que les monuments seront découverts ou mieux étudiés, on entrera dans le détail des causes et des effets, et un travail analogue à celui qui depuis trente ans se fait sur nos monuments français classera les monuments byzantins par époques, par écoles, par régions, analysera les caractères chronologiques et locaux, déterminera la part d'influence que chaque centre a pu exercer et les limites dans lesquelles son action s'est étendue.

1. Voyez ses excellents articles sur les mosaïques de Rome dans le *Journal des Savants*, 1862-1863.

L'ENCEINTE DU TEMPLE DEPUIS LA CONQUÊTE MUSULMANE.

Déjà, dans le précédent chapitre, nous avons indiqué en quelques lignes le grand fait architectural que les villes découvertes dans la Syrie centrale nous ont révélé, c'est-à-dire l'existence, du IV° au VII° siècle, d'une école de constructeurs habiles, ingénieurs, artistes, nourris des traditions grecques, mais en même temps animés d'un esprit nouveau. Les conséquences de ce fait sont immenses, et nous essayerons de les tirer ailleurs. Un jour viendra où une découverte du même genre éclaircira les ténèbres qui enveloppent encore l'histoire de la peinture, et dans la peinture, je comprends la mosaïque. Jusque-là, nous devons nous contenter de constater quelques faits généraux et de recueillir avec soin les monuments qui peuvent, comme les mosaïques de la mosquée d'Omar, aider à la solution du problème.

Parmi les faits généraux qui semblent bien constatés, un des plus certains est celui d'une sorte de renaissance survenue aux X° et XI° siècles. Je n'en veux pour preuve que le célèbre ivoire de l'empereur Romain IV Diogène (1068), conservé à la Bibliothèque impériale[1], et sa belle figure de Christ, si grecque par le style, si chrétienne par le sentiment : comparez-la aux diptyques consulaires de Flavius Félix (428), de Magnus (518), exposés dans le même cabinet[2]; d'un côté, vous trouverez la platitude, l'oubli des proportions, l'ignorance sans naïveté d'une époque de décadence; de l'autre, l'ampleur, la dignité d'une époque qui se souvient de la Grèce antique, malgré son inexpérience. Le contraste est frappant et tout à l'avantage du XI° siècle. La figure du consul Flavius Félix est trapue, sans caractère; la tête est trop grosse, d'une expression vulgaire; le modelé des formes est mou et arrondi, les ajustements sont faux et barbares; le portrait de Romain et celui d'Eudoxie ont au contraire de la raideur sans vulgarité; et, quant à la figure du Christ, elle a des qualités toutes nouvelles : la taille est ferme et allongée, les proportions sont élancées, le mouvement est juste, les plis sont vrais et savants, l'expression est grave; on sent en germe, dans cette belle et élégante figure, avec plus de naturel, toutes les qualités qui feront la gloire des maîtres italiens du XIV° siècle, tandis que les personnages du diptyque possèdent les défauts qui doivent, pendant plus de cinq cents ans, éteindre tout sentiment de l'art chez les nations occidentales. Que s'est-il passé dans l'intervalle qui sépare l'exécution de ces deux ivoires? Quel sentiment nouveau ou rajeuni a ramené l'art dans une voie de progrès? Il nous est difficile de le dire. Est-ce une renaissance proprement dite, c'est-à-dire une rénovation spontanée? Est-ce au contraire la continuation d'anciennes traditions conservées dans un coin ignoré de l'Orient, — une chaîne dont les anneaux nous sont encore inconnus, mais qui a son point d'attache dans l'antiquité? Ces questions s'élucideront plus tard; aujourd'hui il suffit de les poser et de constater que la sculpture byzantine du XI° siècle est bien supérieure à la sculpture romaine du V°, et nul doute, si nous possédions des peintures grecques de la même époque, que nous n'y retrouvions des qualités analogues. Mais que dis-je? ces peintures ont existé près de nous, elles existent dans le souvenir de ceux qui ont visité le mont Athos avant que les précieuses fresques du XI° siècle aient presque entièrement disparu sous les inintelligentes restaurations des successeurs modernes de Pansélimos. On y a reconnu de la grandeur, du caractère, une certaine simplicité ascétique non sans naturel; enfin des qualités personnelles qui témoignaient de l'existence d'une école sérieuse, dirigée par de véritables artistes. C'est cette école qui a fourni à l'Occident ses premiers maîtres, quand, revenu des folles terreurs de l'an 1000, il a voulu rallumer le flambeau éteint de l'art; c'est elle qui avait formé ces mosaïstes byzantins qui, appelés par l'abbé Didier en 1066, décorèrent la basilique du mont Cassin, et à leur tour fondèrent une école dans les murs du couvent, — et ces autres peintres qui exécutèrent les mosaïques grecques de Messine, de

---

1. Catalogué sous le n° 3268, et souvent publié.
2. Catalogués sous les n°° 3262 et 3265.

Palerme, de Montréal, de Saint-Marc de Venise, et enseignèrent leur art aux Italiens qui ornèrent aux XIIe et XIIIe siècles les basiliques de Rome[1].

Ainsi, les Xe et XIe siècles, période si triste dans notre Occident, sont dans l'Orient grec une époque relativement brillante et féconde au point de vue de l'art; c'est à cette même époque qu'appartiennent les mosaïques du Qoubbet-es-Sakhrah, celles, du moins, dans lesquelles nous avons signalé un certain retour vers les traditions de l'antiquité. Cette renaissance du Xe siècle fut-elle générale ou particulière, atteignit-elle tous les arts ou seulement la toreutique et la peinture, c'est ce que nous ne saurions dire, mais elle fut de courte durée: l'esprit d'immobilité, qui peu à peu gagnait l'Église d'Orient, surtout depuis la consommation du schisme, se communiqua à l'art et l'enferma bientôt dans un cercle qu'il ne devait pas franchir. On peut en juger par les mosaïques de Bethléhem, exécutées aussi par des Grecs, cent ans à peine après celles de Jérusalem: elles n'accusent pas un seul progrès; c'est le même procédé, employé avec la même habileté, mais aussi avec la même bizarrerie; les figures des grandes scènes religieuses sont assez bien groupées, mieux certainement que ne le seraient les personnages d'un tableau français de la même époque, mais elles sont bien inférieures au Christ d'ivoire du XIe siècle; elles ont pris l'attitude particulière qu'elles garderont pendant des siècles; elles ont cette gaucherie de convention qui désormais sera le caractère dominant de la peinture byzantine, et au-dessus de laquelle les peintres ne sauront plus s'élever. Désormais l'art ne sera plus qu'une routine, une formule aveuglément obéie: sans le secours des inscriptions, on serait exposé à attribuer aux premières années du moyen âge des peintures exécutées de nos jours. L'architecture subit la même influence pétrifiante: les monuments se rapetissent; plus de larges basiliques, plus de grandes coupoles hardiment jetées dans les airs; des chapelles plutôt que des églises, assez habilement agencées, mais sur un plan uniforme; plus de variété, plus d'invention, plus de grandeur; le génie grec, après avoir jeté un dernier éclat, s'est endormi sur un formulaire.

Le progrès que les œuvres des premiers Byzantins contenaient en germe s'accomplit pourtant; mais, à côté d'eux et en dehors d'eux, leurs enseignements, recueillis par des esprits plus jeunes, leurs principes, appliqués par des mains moins séniles, ont porté des fruits abondants; deux sociétés nouvelles, actives, vivantes, toutes deux élevées sur les débris de l'empire romain, l'une en Orient, l'autre en Occident, ont recueilli leur héritage; et, le modifiant peu à peu suivant leur génie propre et leurs dispositions particulières, elles l'ont conduit dans des voies différentes, divergentes surtout, mais issues d'un point commun. Chacun sait ce que l'art gréco-romain est devenu entre les mains des Romans d'une part, et des Arabes d'autre part. Je n'ai pas à m'occuper ici des Romans ni des Gothiques, mais, sans sortir du Haram-Ech-Chérif, je puis montrer les différentes phases par lesquelles les Arabes ont passé.

Sous le nom d'Arabes, je n'entends pas désigner une race, mais cet ensemble, plus politique qu'ethnographique, dont le Koran était la loi, dont l'arabe est devenu la langue; cette société qui pendant huit siècles a rempli l'Orient de son activité et s'est plusieurs fois heurtée, soit en Europe, soit en Asie, avec la société qui s'élevait parallèlement à elle, et dont l'Évangile était la loi. Comme toute société qui grandit, s'épanche au dehors et impose au monde sa personnalité, cette société a eu un art à elle, avec ses caractères spéciaux, caractères qui, ainsi qu'il arrive ordinairement, n'étaient eux-mêmes que l'expression des caractères moraux de la société elle-même. L'art arabe n'est pas plus original que le Koran: les sources qui l'ont inspiré sont aussi facilement reconnaissables

---

1. Dans les mosaïques des absides de Saint-Clément et de Sainte-Marie Majeure (XIIIe-XIVe siècles) on retrouve de grands enroulements de feuillage qui sont tout à fait semblables à ceux du tambour de la mosquée.

que celles où a puisé Mahomet; néanmoins il a son individualité bien distincte; il procède du byzantin, comme le Koran procède de l'Évangile. Mais sous les doigts d'artistes animés d'un esprit nouveau, le byzantin s'est transformé, rajeuni : l'ornementation géométrique et conventionnelle s'est assouplie, épurée : un goût fin et délicat, peu soucieux des grands effets, mais très-épris des détails, a présidé à sa transformation : les lignes se croisent et s'entrelacent sans confusion; une nature capricieuse sans bizarrerie enroule ses tiges gracieuses autour des lettres élégantes de l'alphabet arabe, et la calligraphie monumentale devient un art : une coloration vive, éclatante, mais d'une incomparable harmonie, ajoute ses effets à ceux du dessin; l'*arabesque* enfin, pour l'appeler par son nom, atteint son plus grand perfectionnement et donne aux monuments orientaux leur physionomie bien connue. L'étude du Qoubbet-es-Sakhrah et la suite de la description que nous avons entreprise nous amènent en face d'une des productions les mieux réussies de l'art arabe.

Je veux parler de la grande coupole qui s'appuie directement sur le tambour dont nous venons de décrire les mosaïques.

Cette coupole est en charpente : la calotte extérieure est couverte de plomb ; la calotte intérieure est formée de bardeaux de bois cloués sur les fermes et recouverte d'une riche ornementation en stuc peint et doré. La date de ce travail est donnée par une longue inscription en grandes lettres d'or, qui se lit à la base de la coupole et fait partie de la décoration. En voici le texte :

L'inscription primitive se composait de deux séries distinctes : l'une comprenait les cercles [1], l'autre les bandes qui les séparent ; le sens se continuait d'un cercle à l'autre et d'une bande à l'autre ; mais plusieurs parties de l'inscription première ayant été détruites et remplacées par un autre texte, il faut pour avoir le sens suivre les numéros que nous avons joints à chaque morceau. En voici la traduction :

1. « Au nom du Dieu clément et miséricordieux, a fait renouveler la dorure de cette
« 2. coupole noble notre maître, le sultan, le roi vainqueur, 3. le sage, le juste, *Salah-Eddin*
« Yousef. . . . . . .
4. « Au nom du Dieu clément et miséricordieux. . . . . 5-6. . . .
« . . . . le 27ᵉ jour du mois de redjeb de l'année 585, par la main du pauvre en Dieu
« *Salah-Eddin* 7. Yousef, fils d'Eyoub, fils de Chazy, que Dieu le plonge dans sa miséricorde.
8. « A fait renouveler la dorure de cette coupole, et renouveler en même temps le plomb de
« la calotte supérieure 9. notre maître. . . . . . . Nacir Eddounia 10. oueddin, sultan de l'univers,
« qui raffermit les colonnes de la loi sainte, 11. et sultan de l'islam, *Mohammed*, fils du sultan, du
« martyr, du roi 12. aidé de Dieu, Qelaoûn, que Dieu le plonge dans sa miséricorde ; et cela fut
« fait dans les mois de l'année 718. 13. Et le travail fut dirigé par le pauvre en Dieu Son Excellence
« 14. l'illustre, le savant El Djaouely [2], inspecteur des deux nobles sanctuaires. 15. Que Dieu ait
« pitié de lui ! Dans l'année 719. »

Enfin l'inscription ajoutée après coup dans le cercle nº 16 porte que la coupole intérieure fut redorée et la calotte extérieure réparée par les soins du sultan Mahmoud Khan en l'année 12..

Quoique la plus ancienne de ces inscriptions, celle de Saladin, ne mentionne que le renouvellement de la dorure, je pense que tout l'ensemble de la décoration a été refait à cette époque : en effet, il y a une telle unité dans la composition, qu'il est difficile d'en détacher une partie ; elle est donc ou tout entière de Saladin, ou tout entière antérieure aux croisades ; or cette dernière hypothèse n'est guère admissible, non-seulement à cause du style de l'ornementation, mais à cause de la forme des caractères des inscriptions pieuses qui, dans le haut de la calotte, sont mêlées aux ornements. Les restaurations exécutées en 1318 sous Mohammed, fils de Qelaoûn, et vers 1830 sous le sultan Mahmoud, ne changèrent rien à la disposition primitive ; à ces deux époques on se contenta de refaire les peintures et les dorures effacées, sans toucher au dessin lui-même, d'où il résulte que ce bel ensemble est l'œuvre de Saladin, et fut exécuté en 1189, c'est-à-dire aussitôt après la prise de Jérusalem. On chercherait vainement en Europe, à la fin du XIIᵉ siècle, une décoration que l'on puisse comparer à cette coupole. Il me serait impossible de la décrire en détail : le dessin [3] lui-même est impuissant à rendre l'effet de ces lobes d'or, se détachant sur un fond bleu rompu que sillonnent d'élégantes arabesques, coupés par des zones noires chargées d'inscriptions pieuses dont les lettres élégamment entrelacées se marient si heureusement aux rinceaux.

Je ne saurais mieux faire que de renvoyer le lecteur à l'original, que de l'engager à aller admirer

---

[1]. A cause des nécessités typographiques, les cercles ont été remplacés par des carrés.

[2]. L'Émir Alem-Eddin Sindjar El Djaouely gouverneur de Gaza et de Jérusalem, chargé de l'inspection des deux grands sanctuaires, la Mecque et le Haram-Ech-Chérif ; mort en 745 A.-H. (*Note de M. Schefer.*)

[3]. Des difficultés d'exécution insurmontables avec le format que nous avons adopté ont empêché la reproduction en couleur de cette coupole ; on pourra consulter l'aquarelle que nous en avons fait faire et qui après avoir été exposée et médaillée au Salon de 1863, appartient aujourd'hui à la Bibliothèque de l'Institut : quoique nécessairement au-dessous de l'effet véritable, elle suffit pour donner une idée générale de ce merveilleux ensemble.

L'ENCEINTE DU TEMPLE DEPUIS LA CONQUÊTE MUSULMANE.

par ses propres yeux le monument lui-même, et apprendre par ce seul exemple ce qu'était l'art arabe au commencement du xiiie siècle.

La charpente qui sert de support à cette décoration est elle-même très-intéressante : c'est une des plus anciennes qui existent dans le monde entier, car elle est du xie siècle; l'inscription suivante, gravée aux quatre points cardinaux sur les chevrons, ne laisse aucun doute à cet égard[1] :

بسم الله الرحمن الرحيم انما يعمر مساجد الله من آمن بالله امر بعمارة هذه القبة المباركة الامام ابو
الحسن علي الظاهر لاعزاز دين الله بن الحاكم بامر الله امير المؤمنين صلوات الله عليه وعلى آبائه
الطاهرين الاكرمين و جرى ذلك على يد عبده الامير ثقة الائمة سديد الدولة علي بن احمد انابة
الله في سنة ثلثة عشرة واربع ماية والله يديم العز و التمكين لمولانا امير المؤمنين ويملكه مشارق
الارض ومغاربها ونحمده مبادي الامور وعواقبها

« Au nom du Dieu clément et miséricordieux, certes celui qui croit en Dieu répare les lieux de
« prière qui lui sont consacrés; a ordonné de restaurer cette coupole bénie l'imam Abou-el-Hassan
« Ali Daher-Li I'zaz Din-Illah, fils de Hakem Biamr-Illah, prince des croyants. Que Dieu le bénisse ainsi
« que ses aïeux qui sont de la race la plus pure et la plus généreuse[2]. Ce travail a été fait par les mains
« (les soins) du serviteur de Dieu, l'émir, confiance des imans et soutien de l'empire, Ali, fils d'Ahmed
« Inabet-Oullah, en l'an 413. Que Dieu rende éternelles la gloire et la stabilité de la puissance de
« notre maître, le prince des croyants; qu'il lui accorde la possession de l'orient et de l'occident de la
« terre! C'est Dieu que nous louons au commencement et à la fin de toutes nos actions. »

L'an 413 correspond à l'année 1022 de notre ère : ainsi cette charpente de bois a été exécutée pour remplacer celle qui avait été renversée par le tremblement de terre de 1016 (407); elle se rattache à l'ensemble de travaux qui a produit les mosaïques du tambour, celles des maîtres piliers et les restaurations des arcades des bas-côtés : elle se compose de deux systèmes de chevrons courbes qui forment l'un la calotte extérieure, l'autre la calotte intérieure; ces deux systèmes sont indépendants l'un de l'autre, si ce n'est qu'ils viennent s'assembler dans le même poinçon central : les chevrons sont attachés l'un à l'autre par des croix de Saint-André et des liernes. Toute cette construction est d'une grande simplicité et d'une grande légèreté, et pourtant elle a déjà traversé plus de huit cents hivers. La section de chaque système de chevrons est une ogive.

Une petite galerie à jour, portée par des colonnettes de bois, règne à la base de la coupole; on y parvient par une échelle fixée dans le mur extérieur du tambour; elle sert à la circulation des gardiens et des ouvriers chargés de la réparation de la couverture.

La description de la grande coupole et de son tambour est achevée, et je n'ai rien dit encore de la colonnade intérieure qui supporte cet ensemble. Elle se compose de quatre maîtres-piliers à section trapézoïde, qui montent de fond et se continuent par un contre-fort extérieur jusqu'au sommet du tambour. D'un pilier à l'autre il y a quatre arcades portées par trois colonnes disposées sur un plan circulaire; comme celles de la rangée intermédiaire, ces colonnes ont des fûts et des chapiteaux arrachés à des monuments antiques[3]; leurs bases ont été plaquées de marbre au xvie siècle, ainsi que

---

1. MM. Mauss et Sauvaire ont découvert et relevé ce curieux texte; il est tracé en caractères karmatiques très-élégants, aussi je l'ai reproduit à la planche XXXVII.
2. Ces expressions désignent la famille fatimite.
3. Les chapiteaux antiques ont un tailloir sur plan carré; mais les sommiers des arcs percés dans un tambour cylindrique ont pour section un trapèze : d'où il suit que les arcs s'ajustent très-mal sur les chapiteaux.

la surface des piliers et celle des tympans des arcades. En exécutant ce travail, on a changé la forme des arcs; ils étaient primitivement en plein cintre, comme dans les bas-côtés : Abdallah-Yaqout-el-Hamawi le dit expressément[1] : le placage affecte la forme ogivale et simule des voussoirs alternativement blancs et noirs, rappelant par leur disposition symétrique l'appareil des mosquées de Constantinople. Longtemps avant l'exécution de ce revêtement, la décoration primitive avait disparu, les Croisés l'avaient remplacée par des peintures chrétiennes qui accompagnaient l'autel central, de sorte que Soliman n'eut pas à toucher à l'œuvre d'Abd-el-Melik.

C'est au milieu de cette rotonde que s'élève la roche Sakhrah, protégée par un pavillon de soie rouge et verte. Elle porte encore la trace des travaux exécutés par les croisés, lorsqu'ils approprièrent la mosquée au culte catholique; on voit très-distinctement à la surface de la pierre les encastrements du dallage de marbre qui scandalisait si fort les compagnons de Saladin; la disposition du chœur est aussi parfaitement reconnaissable; l'autel, situé sur le sommet de la roche, était tourné vers l'orient et entouré d'un chancel fixé dans la pierre par des trous encore visibles. On y montait par une série de marches taillées dans le roc et recouvertes d'un dallage de marbre : le dallage a été enlevé par les musulmans, mais le roc a conservé la forme qui lui a été donnée par les mains chrétiennes; ces marches étaient comprises entre deux murs parallèles qui complétaient la clôture du chœur. Celui de droite (Pl. XVIII, a), qui n'était pas posé sur la Sakhrah, a été respecté par les musulmans; mais celui de gauche, qui avait été établi aux dépens de la roche, a été enlevé, laissant une profonde entaille qui nous fait deviner la disposition chrétienne; ce mur de droite est assez intéressant, parce qu'il est décoré à sa surface d'incrustations de marbre de couleur formant des dessins géométriques et qui remontent à l'époque des croisades. On peut conclure par comparaison que le dallage situé devant les anciennes marches de l'autel est de la même époque : c'est un travail assez élégant, du genre connu sous le nom d'*Opus alexandrinum*; il a une grande analogie avec les carrelages exécutés vers le même temps dans certaines basiliques de Rome : les uns et les autres ont été exécutés sans doute par des artistes byzantins. Le dernier souvenir des Croisés est la grille de fer, qui entoure complètement la Sakhrah et est fixée entre les colonnes de la rangée centrale. C'est un morceau complet de ferronnerie française de la fin du XIIe siècle; rien n'y manque, ni les brindilles habilement tournées au marteau et maintenues par des embrasses, ni les fleurons de tôle soudée qui terminent les montants, ni les pointes qui recevaient des cierges, et aux jours des grandes solennités religieuses entouraient le lieu saint d'une *herse* lumineuse. Je reproduis ici un fragment de cette intéressante clôture : pour se convaincre de son origine française, on n'aura qu'à comparer ce dessin aux exemples réunis par M. Viollet-le-Duc dans son « Dictionnaire de l'architecture[2]. » Quatre portes, situées aux points cardinaux, donnaient entrée du chœur.

La décoration chrétienne de l'église du « temple Domini » était complétée par une série de peintures qui reproduisaient sur les murs de l'édifice les grandes scènes de l'histoire religieuse. J'ai donné ailleurs[3], d'après Jean de Wirtzbourg, écrivain du XIIe siècle, la description de ces peintures et le texte des inscriptions qui les accompagnaient : c'était la Présentation de la sainte Vierge, la Vision de Zacharie, l'Échelle de Jacob, la Femme adultère, etc., tous sujets empruntés à l'histoire du Temple ou aux traditions qui avaient été appliquées à la Sakhrah.

---

1. L'expression dont il se sert est très-curieuse : « Ce sont des arcs *latins*, c'est-à-dire ronds. » Ainsi, pour un Arabe du commencement du XIIIe siècle, le seul arc indigène est l'ogive : le plein cintre est une forme étrangère, dont l'origine est complètement oubliée, et qu'il attribue dès lors aux Latins, les derniers maîtres étrangers du pays.

2. Au mot *Grille* : on remarquera spécialement la grille de la cathédrale du Puy en Velay, et celle du trésor de Conques, l'une de la fin, l'autre du commencement du XIIe siècle.

3. *Églises de la Terre Sainte*, p. 283.

L'ENCEINTE DU TEMPLE DEPUIS LA CONQUÊTE MUSULMANE. 95

La place de ces peintures est facile à déterminer : en effet, elles n'ont pu être tracées que là où la décoration antérieure aux croisades n'existe plus, c'est-à-dire sur la paroi intérieure du mur même de la mosquée; cette paroi est recouverte d'un placage de marbre, semblable de tout point à celui que nous avons déjà signalé sur les piliers, autour des arcs de la rotonde centrale, sur la corniche de la

44. — Ancienne clôture de chœur de l'époque des croisades.

coupole, et qui a été exécuté sous Soliman. Le bandeau qui partage en deux la hauteur de la paroi est orné d'arcatures d'un travail identique à celui qui orne le sommet des piliers et qui est figuré à la planche XX.

Dans le principe le mur était sans doute recouvert de mosaïques à fond d'or, comme le reste de l'édifice : les croisés les remplacèrent par leurs peintures à personnages ; à son tour, Saladin fit effacer ces images prohibées et y substitua une décoration qui, à l'époque de Soliman, ne fut pas trouvée en harmonie avec l'ornementation générale et fut détruite pour faire place à celle que nous voyons aujourd'hui.

La planche XIX donne l'ensemble de ce placage, dont le caractère peut s'apprécier à l'aide des fragments reproduits sur les planches XX à XXVI. Le marbre blanc bleuâtre légèrement veiné y joue le principal rôle; l'uniformité est rompue à l'aide de plaques noires et rouges : quelques rondelles de rouge antique, taillées dans le fût d'anciennes colonnes romaines, sont d'un très-bon effet [1]; une petite

---

1. Parmi ces plaques, il en est qui proviennent de la décoration primitive : je suis persuadé que sous Abd-el-Melik les piliers étaient revêtus de marbre ; il se peut même que dans cet ensemble, remanié par Soliman, il reste quelques portions intactes de la surface première.

baguette recouvre les joints : l'ornementation des bandeaux et corniches st sculptée en très-bas-relief et comme gravée dans le marbre, puis enlevée à l'aide d'un ton de peinture noire, et rehaussée d'or.

Ces travaux intérieurs achevés, Soliman fit recouvrir l'extérieur de la mosquée de faïences colorées, et garnir les fenêtres de vitraux : tout fut terminé en 1528 : c'est ce qui résulte d'une grande inscription faisant partie des vitraux, et qui se continue d'une fenêtre à l'autre en faisant tout le tour de l'édifice à partir de l'est. En voici les principaux passages : chaque ligne appartient à un vitrail séparé : trois d'entre elles sont reproduites en *fac-simile* dans notre Atlas, sur les planches indiquées par le chiffre romain qui les précède.

XXIV. بسم الله الرحمن الرحيم
والهكم اله واحد
XXV. لا اله الا هو الرحمن الرحيم

اللهم انصر وادم عسكر المسلمين
يدوم ايام مولانا السلطان
مالك رقاب الامم السلطان
XXVI. سليمان ابن السلطان سليم خان ابن بايزيد
وكان الفراغ من ذلك في
سنة خمس وثلاثين وتسعمايه

XXIV. « Au nom du Dieu clément et miséricordieux.
« Votre Dieu est un Dieu un. »
XXV. « Il n'y a pas d'autre Dieu que lui, le clément, le miséricordieux. »
(Suit le chapitre du Coran intitulé Ayat-el-Qeursi.)
« O Dieu, aide et étends les armées des musulmans,
« Soient prolongés les jours de notre maître le sultan
« Le Seigneur de la vie des nations, sultan
XXVI. « Soliman, fils de sultan Sélim-Khan, fils de Bayazid. »
« Et a eu lieu l'achèvement de ces choses
« Dans l'année 935. »

Les vitraux sur lesquels sont tracées ces lignes méritent de nous arrêter un instant, ne fût-ce que par la nouveauté du fait : les vitraux arabes ne sont pas communs, et il y a lieu de regretter qu'ils aient disparu presque de partout, en voyant avec quel art sont exécutés ceux de la mosquée d'Omar.

Le dessin en est simple : chaque fenêtre se compose généralement d'un seul élément qui, répété symétriquement, produit des combinaisons variées et heureusement agencées : l'effet de couleur est saisissant, et pourtant il est obtenu à l'aide de simples verres colorés, sans aucun secours du pinceau. Ce n'est pas de la peinture sur verre, c'est de la vitrerie pure et simple, c'est-à-dire la juxtaposition de fragments découpés dans des vitres unicolores; mais la distribution des tons est faite avec un tel sentiment de l'harmonie et de la coloration que l'impression produite dépasse celle d'un grand nombre de nos verrières les plus longuement étudiées. Une autre circonstance due, non plus au talent du vitrier, mais à l'imperfection des moyens qu'il avait à sa disposition, ajoute encore à l'effet : les vitraux ne sont pas montés en plomb, comme les nôtres, mais en plâtre; des baguettes de fer ou de jonc, traversant les joints les plus larges, maintiennent tout l'ensemble, qui ne résisterait pas à l'action de nos climats humides. Chaque morceau de verre se trouve donc enchâssé dans une épaisse monture, dont la profondeur joue en quelque sorte le rôle d'une petite lunette, et dont la tranche inclinée se colore du même ton que lui et l'entoure d'une pénombre lumineuse; il en résulte que la dureté, souvent un peu vive, de ces mosaïques de verre, est tempérée sans que l'éclat en soit diminué : cette douceur est encore augmentée par un grillage de faïence qui ferme extérieurement la fenêtre, afin de protéger la verrière contre l'action directe de la pluie, et qui ne laisse arriver jusqu'à elle qu'un jour tamisé.

Nul dessin ne saurait rendre l'effet produit par la lumière douce et colorée qui descend de ces fenêtres sur les mosaïques de la mosquée et remplit tout l'édifice d'un demi-jour mystérieux. Il n'est pas jusqu'au mobilier, souvent grossier, dont la piété musulmane a entouré la Sakhrah, qui dans cette chaude et douteuse clarté ne prenne une valeur particulière. Les lustres chargés de godets de verre qui pendent des plafonds, les lampes en argent, en cuivre, aux formes orientales, les balustrades de bois, les édicules qui recouvrent soit le bouclier de Khaled, soit la selle de Mahomet, soit les empreintes du pied du Prophète ou de la main de l'ange Gabriel, tout ce clinquant pittoresque, tous ces oripeaux bariolés, se marient à la sombre coloration de l'ensemble, et, joignant leurs jeux de lumière à ceux de la décoration générale, font de l'intérieur de la mosquée un des plus saisissants spectacles que l'on puisse contempler.

La décoration extérieure de la mosquée, nous l'avons déjà dit, fut entièrement refaite sous le règne de Soliman : avant cette époque, elle se composait d'un placage de marbre qui recouvrait la partie inférieure de l'octogone, et de mosaïques qui cachaient le reste de la surface[1] : l'appareil peu soigné de la construction rendait ce revêtement nécessaire. Cette disposition fut reproduite dans son ensemble par le sultan Soliman : le placage de marbre, remanié et mis en harmonie avec celui de l'intérieur, couvrit la base des murs jusqu'à la hauteur de l'appui des fenêtres; puis, aux mosaïques, on substitua une couche de faïences émaillées.

Les éléments de cette décoration sont de deux sortes : des briques et des carreaux. Les briques ont $0^m,05$ d'épaisseur; posées sur champ, alternativement une bleue et une blanche, elles dessinent les lignes de l'architecture, telles que l'archivolte des fenêtres, des portes ou des porches, la corniche, l'arête des contre-forts, le cadre des principales divisions. Les carreaux sont quadrangulaires et ont de $0^m,20$ à $0^m,25$ de côté[2] : les dessins qui les recouvrent se prêtent aux combinaisons les plus variées. Le champ est généralement formé à l'aide d'un seul carreau blanc à ornement bleu (planche XXVIII, fig. 4) qui, par la manière dont on le groupe, produit un réseau d'un très-joli dessin : les encadrements, les bandeaux, les frises, sont faits avec des carreaux groupés quatre par quatre, huit par huit, et même douze par douze (planche XXVII). Enfin de grandes inscriptions tirées du Coran tracent, au sommet des deux étages et sur plusieurs points accessoires, de larges frises d'un grand effet. Quant à ces dernières, il est évident que chacun des carreaux qui les composent a été peint spécialement; on ne saurait trop admirer avec quelle précision tous ces éléments faits séparément viennent s'ajuster et former, par leur réunion, un texte suivi et très-compliqué; pour qu'on puisse juger de la difficulté vaincue, je reproduis (planche XXVIII) un morceau d'une frise calligraphique.

Outre ces carreaux à inscriptions, il a fallu faire un certain nombre de carreaux spéciaux pour les angles et pour les surfaces irrégulières : tels sont ceux qui composent l'écoinçon des fenêtres, et qui

---

1. Jean de Wirtzbourg. Voyez *Églises de la Terre Sainte*, l. c.
2. Par erreur l'échelle des planches de faïences a été diminuée de moitié; il faut lire : *échelle de $0^m,20$ pour mètre* au lieu de $0^m,10$.

donnent à l'archivolte la forme d'une accolade en dissimulant le plein cintre primitif : le dessin qui les recouvre est d'une grande élégance et d'une remarquable ampleur (planche XXIX). L'ouverture des fenêtres est remplie par une clôture, également en faïence, et qui constitue le grillage dont nous avons déjà signalé l'effet sur l'éclairage des vitraux intérieurs ; elle est produite par deux systèmes de carreaux, les uns rectangulaires percés à leur centre et sur leurs angles, les autres en forme de croix (planche XXIX) : c'est l'imitation en terre émaillée des clôtures de pierre employées en Orient de toute antiquité, et dont l'usage s'est continué presque jusqu'à nos jours dans les églises byzantines[1].

Des faïences analogues à celles que nous venons de décrire recouvrent la petite rotonde contiguë à la mosquée et qui se nomme *Qoubbet-es-Silsileh*, « Coupole de la chaîne » : elles sont de la même époque, de la même fabrique, et ont été posées en même temps que celles de la mosquée ; c'est là que se trouve la date de tout ce grand travail, dans une inscription qui décore la frise et dont voici les principaux passages :

امر بتجديد هذا الكشاني المقام الشريف السلطاني مولانا السلطان سليم بن سليم بن بايزيد خان
. . . . . في سنة تسع و ستين و تسعمايه.

« A fait renouveler cette faïence Sa Hautesse noble et royale notre maître le sultan Soliman, fils de Sélim, fils de Bayazid. . . . . en l'année 969. » (1561.)

Le mot *Qachâni*[2], par lequel est désignée la faïence, indique son origine : elle vient de la ville de Qachân en Perse, renommée pour ses fabriques. La matière est une terre grise assez grossière, avec une couverte blanche opaque, qui recevait la peinture, et était ensuite vernissée à l'aide d'un émail transparent. On ne sait qu'admirer le plus, du goût qui a présidé au choix des formes et des couleurs, ou de l'habileté industrielle qui a permis de fabriquer par milliers et à bon marché ces carreaux décorés de dessins variés, tracés avec une grande fermeté de main, sans bavures, sans variations dans les tons de même valeur. La Perse n'a pas toujours conservé le monopole de cette fabrication, qui, à partir du XVIe siècle, a été cultivée avec succès à Damas et à Rhodes.

Tout l'ensemble des travaux de Soliman le Magnifique fut terminé par la construction des portes du Qoubbet-es-Sakhrah; elles sont en bois, recouvertes de lames de bronze fixées par des clous artistement travaillés. Les anneaux des serrures ne manquent pas d'élégance : elles portent la date de 972 (1564), un an avant la mort de Soliman.

Le seul travail un peu complet qui ait été exécuté depuis cette époque est la restauration des plafonds des bas-côtés, faite en 1190 (1776). Ce sont des compartiments de bois peint dans lesquels on a incrusté des plats en porcelaine de Chine. Cette décoration, quoique lourde et criarde, se fond dans l'harmonie générale ; je n'en ai reproduit[3] que la corniche, petite arcature qui circule tout autour du monument et cache le bandeau sur lequel s'appuient les solives.

---

1. Voir les exemples de clôtures de l'époque romaine que nous avons réunis dans *La Syrie centrale*, et ceux du moyen âge recueillis en Italie et en Grèce par M. Édouard Didron, *Annales archéologiques*, t. XXIII.

2. Le mot se trouve une fois dans la description de Medjr-ed-Din, § 17, à propos d'un petit oratoire situé dans l'angle sud-ouest de la plate-forme, et qui était recouvert de « carreaux de Qachân » ; à l'époque où l'auteur écrivait (fin du XVe siècle), c'était le seul monument du Haram qui eût reçu ce genre de décoration.

3. Planche XXII, *a*.

MOSQUÉE EL-AKSA.

Nous avons expliqué par quel concours de circonstances se sont formés les édifices qui occupent l'angle sud-ouest du Haram, et comment les restes du Temple juif, restaurés par des mains chrétiennes, sont devenus les soubassements d'une mosquée musulmane. Chaque âge est représenté par des débris : le Temple antique, par le grand vestibule et les beaux restes de la Porte Double ; l'église chrétienne, par les restaurations de la plate-forme et de la porte d'entrée ; les différentes périodes musulmanes, par des groupes de constructions qui, s'ajoutant les unes aux autres, ont formé l'ensemble assez incohérent qui porte aujourd'hui le nom de *Djami-el-Aksa*.

Le plan de la planche XXX distingue tous ces groupes par des teintes différentes, et permet de suivre ainsi toute l'histoire du monument.

Il ne reste de la basilique de Justinien qu'un très-petit fragment. Le groupe arabe le plus ancien est celui que nous avons désigné par la teinte n° 2 ; il comprend les trois nefs centrales jusqu'aux piliers de la coupole exclusivement et une des colonnes du transept ; la nef de droite, dans ce système, était fermée par un mur plein, celle de gauche au contraire par un rang de colonnes à jour ; cette circonstance, jointe à la présence de la colonne qui est en retour dans le transept, me fait supposer que la mosquée primitive était disposée comme celle de Damas et tant d'autres de la même période, c'est-à-dire qu'elle avait la forme d'une cour dont les trois nefs aujourd'hui visibles bordaient le côté occidental, et dont les trois autres côtés étaient entourés de portiques. Ce plan s'accorderait mieux que tout autre, non-seulement avec les habitudes des premiers musulmans, mais avec les descriptions, confuses il est vrai, que nous avons déjà citées.

Le groupe suivant, dans l'ordre chronologique, est celui qui porte la teinte n° 3. Il comprend tout le transept avec sa coupole centrale, et paraît avoir été construit quand, une partie de la mosquée étant en ruine, on eut renoncé au plan primitif ; peut-être est-ce là le bâtiment ajouté par le khalife El-Mahdy, après que la mosquée eut déjà souffert deux fois des tremblements de terre, et qui eut pour effet de diminuer la longueur et d'augmenter la largeur de l'édifice : il est difficile de l'affirmer d'une manière précise, les réparations ultérieures ayant fort altéré le style de tout l'intérieur.

Après l'achèvement de ce transept, la mosquée avait la forme d'une croix ; on lui donna un plan plus conforme aux croyances musulmanes en remplissant l'intervalle des branches à l'aide de deux nefs nouvelles ajoutées de chaque côté du vaisseau principal : cette addition porta à sept le nombre des nefs et donna à tout le plan la forme d'un grand rectangle d'apparence assez régulière. Pour l'exécuter, il fallut percer le mur qui fermait à l'ouest le bas-côté de droite et soutenir par de gros contre-forts les piliers conservés ; le bas-côté de gauche étant à jour, il suffit d'appuyer contre les colonnes du premier système les piliers du nouveau : ce grand travail fut lui-même fait en deux fois, et nous avons distingué par deux teintes différentes (n° 4 et n° 5) les groupes qui ont un caractère différent.

Les parties du plan décrites jusqu'à présent constituent probablement tout ce qui existait à l'arrivée des croisés ; il faut ajouter pourtant le petit bâtiment A, mauvaise construction sans caractère, qui porte le nom d'*Oratoire d'Omar*, mais dont l'âge ne remonte pas jusqu'à l'époque de ce khalife.

Quand les Templiers prirent possession du monument, ils l'approprièrent à sa nouvelle destination. Leurs aménagements intérieurs ont été complètement détruits ; il n'est resté d'eux que les additions extérieures faites au grand rectangle musulman, d'un côté le bâtiment B, grande salle d'armes couverte de voûtes d'arêtes ogivales sans nervures, portées par de lourds piliers, et de l'autre une partie de l'église qu'ils avaient disposée dans l'extrémité orientale du transept. Le chœur C est encore parfaitement visible, avec son abside aujourd'hui détruite et bloquée intérieurement par un mur moderne; une petite porte le mettait en communication avec « l'Oratoire d'Omar, » transformé en sacristie : au nord il était flanqué d'une porte monumentale, entrée principale de l'église : au-dessus de la porte, qui a tous les caractères d'une construction gothique, se trouve une rose à six rayons, absolument semblable à celles des églises françaises de la fin du xii° siècle. Ces précieux restes, quoique en partie dissimulés sous des replâtrages modernes, sont bien conservés et, par les souvenirs qu'ils rappellent, ne sont pas les moins intéressants pour le voyageur chrétien qui visite ces lieux.

Le porche est la partie la plus moderne de tout l'édifice; d'après les inscriptions, il est du xiii° siècle.

Quoique bien distincts par la place que le plan leur assigne et par leur défaut de liaison, tous ces groupes ne le sont pas autant par le style qu'on pourrait se l'imaginer, à cause d'une sorte d'uniformité apparente que les restaurations multipliées et un badigeonnage général à la chaux ont donnée à tout l'ensemble. Néanmoins, la confusion n'est pas possible. Les trois nefs centrales[1], partie la plus ancienne de la mosquée, sont en même temps la plus originale. Les colonnes qui les supportent sont toutes pareilles; elles ont des bases et des chapiteaux faits exprès pour elles. Les bases sont une imitation assez grossière des bases antiques; les chapiteaux sont d'assez bons morceaux de sculpture byzantine, qui peuvent très-bien appartenir au vii° siècle; les uns, imitation lointaine du corinthien, sont à feuilles d'acanthe sèchement refendues et brusquement retournées; les autres, à corbeille réticulée, ne manquent pas d'originalité : j'en reproduis un à la planche XXXII. Un autre, semblable d'ailleurs à celui que je reproduis, porte autour du renflement de la corbeille, à la place des lignes réticulées, une série de rinceaux du même style que ceux de l'entablement du Qoubbet-es-Sakhrah (planche XX). Les arcs qui relient ces colonnes sont formés d'une ogive assez surbaissée : ils doivent avoir été refaits, car nous voyons par le Qoubbet-es-Sakhrah qu'à l'époque d'Abd-el-Melik le plein cintre n'avait pas encore été remplacé par l'arc brisé; les tirants de bois qui maintiennent l'écartement sont le cachet distinctif des œuvres arabes. Au-dessus des arcs règnent deux séries de fenêtres : les plus hautes donnent au dehors; les autres donnent pour la plupart dans le bas-côté latéral; aussi sont-elles de hauteur variable, car le toit du bas-côté, par une étrange anomalie, a un double versant dans le sens de la longueur et forme deux immenses pignons sur les flancs de la nef centrale[2]. Les trois nefs sont d'ailleurs couvertes en charpente, ainsi que tout le transept. Les quatre nefs extrêmes, au contraire, sont couvertes par une série de voûtes d'arêtes, portées par des piliers carrés; il serait difficile, par le style seul, de les dater, car elles n'ont aucun caractère. Les arcs-doubleaux sont en ogive; la petite moulure qui sert de chapiteau est celle qui pendant des siècles a été employée par les Arabes : il semblerait pourtant que la partie plus basse, qui est désignée par la teinte n° 5 et qui se voit dans la coupe transversale de la planche XXXI, soit postérieure aux croisades. La disposition des arcs-doubleaux et des corbeaux qui les soutiennent paraît un souvenir occidental; la question a d'ailleurs en elle-même assez peu d'importance, à cause du peu d'élégance de toute la construction et de l'absence qu'y s'y remarque de toute qualité artistique.

1. Voyez les coupes de la planche XXXI.
2. Voyez planche I, coupe suivant XX.

L'ENCEINTE DU TEMPLE DEPUIS LA CONQUÊTE MUSULMANE. 401

Le transept, comme la plupart des mosquées primitives, est fait de matériaux d'emprunt. Les colonnes sont arrachées à des temples antiques, quelques-unes même sont d'une très-belle matière; elles reposent sur de petits piédestaux de forme et de hauteur différentes; la même bigarrure règne dans les chapiteaux, qui pour la plupart sont en plâtre. Toute cette partie du monument a été reprise sous Saladin et remaniée[1], de sorte qu'elle ne saurait servir de base à aucune théorie archéologique. Le mur du fond me paraît avoir été entièrement refait à cette époque; les contre-forts extérieurs, les roses, sont un souvenir de l'architecture des croisés; enfin l'inscription en mosaïque incrustée dans ce mur au-dessus du mihrab mentionne le nom de Saladin. En voici le texte :

بسم الله الرحمن الرحيم امر بتجديد هذا المحراب المقدس وعمارة المسجد الاقصى الذي هو على
التقوى مؤسس عبد الله و وليه يوسف ابن ايوب ابو المظفر الملك الناصر صلاح الدنيا والدين عند
ما فتحه الله على يديه فى شهور سنة ثلاث وثمانين وخمس مايه
و هو يسال الله ازاءه شكر هذه النعمة و اجزال حظة من المغفرة و الرحمة

« Au nom du Dieu clément et miséricordieux, a fait renouveler ce mihrab sacré et réparer
« cette mosquée El-Aksa qui est fondée sur la piété des fidèles, le serviteur de Dieu et son ami
« Yousef, fils d'Éyoub, Aboul-Moudhaffer, le roi victorieux, Salah-Eddounia-oueddin, lorsque
« Dieu l'a reconquis par sa main en l'année 583. Il prie Dieu de le rendre reconnaissant de ce
« bienfait et de lui accorder une part de son pardon et de sa miséricorde. » (1187.)

Le mihrab refait par Saladin est la petite niche méridionale qui se voit au fond des deux coupes de la planche XXXI; elle est intérieurement tapissée de mosaïques et flanquée de colonnettes de marbre assez élégantes. D'autres mosaïques de la même époque décorent le tambour de la coupole et les arcs qui le supportent : ce sont celles mentionnées par Ibn-el-Athir et dont les éléments avaient été demandés à Constantinople par le vainqueur de Jérusalem; elles sont très-bien conservées, ainsi qu'on peut en juger par les détails reproduits sur la planche XXXIII : par leur style elles rappellent celles de Bethléhem, exécutées vingt ans auparavant, aussi par des Byzantins[2]. Les tableaux placés entre les fenêtres représentent, à côté de compositions bizarres et fantastiques, des arbres imités avec un plus grand soin de la nature; le même fait se retrouve à Bethléhem, ainsi que les combinaisons de vases qui décorent l'intrados des grands arcs. Le bandeau qui entoure à hauteur d'homme toute cette partie de l'édifice a cela de particulier, que les rinceaux qui le composent ont une physionomie gothique très-prononcée, et que les lettres coufiques entrelacées avec les tiges de vigne ont au contraire une forme archaïque qui semble reculer leur date au delà de l'époque de Saladin. Il est prouvé par de nombreux exemples que l'usage de l'écriture coufique dans l'ornementation monumentale s'est conservé longtemps après son abandon comme écriture vulgaire; je citerai la mosquée El-Hassan au Caire, qui est du XIVe siècle, et dans laquelle j'ai remarqué un bandeau sculpté presque pareil à celui qui nous occupe, formé comme lui de sentences en écriture coufique fleurie, mêlées aux enroulements de rinceaux entrelacés; le tombeau du sultan mamelouk El-Aschraf (XVe siècle) est dans le même cas. Les sentences choisies pour orner le bandeau de la mosquée El-Aksa ont été

---

1. Les piliers teintés en n° 7 sont des contre-forts ajoutés après coup ou des enveloppes de maçonnerie appliquées à des colonnes qui menaçaient ruine : tel est le gros massif *d*, que les Arabes appellent le « pilier de Sidna-Omar. »
2. *Églises de la Terre Sainte*, p. 99, et planches III-IV.

tirées du chapitre du Koran dans lequel on a cru voir une mention anticipée du sanctuaire. En voici la traduction :

Sur. XVII, 1. « Louange à Dieu qui a transporté son serviteur, pendant la nuit, du Mesdjed-
« el-Haram (la Mecque) *au Mesdjed el Aksa* (sanctuaire éloigné) *dont nous avons béni* l'enceinte
« pour y laisser des marques de notre puissance. »

10. « Ceux qui font le bien auront une grande récompense. »

11. « Et ceux qui refusent de croire, au dernier jour seront condamnés aux supplices. »

La phrase soulignée est celle qui est figurée sur notre planche XXXIII et dont la transcription est

الى المسجد الاقصى الذى باركنا حوله

On voit sur cette même planche des disques en creux qui ornent les quatre pendentifs de la coupole et qui sont d'un grand effet.

Tout cet ensemble de mosaïques à fond d'or est donc de la fin du XII° siècle ; en le comparant avec l'ensemble de la décoration du Qoubbet-es-Sakhrah, on peut suivre l'histoire de la mosaïque pendant une période de cinq siècles ; on voit que le procédé est exactement le même : ce sont les mêmes cubes de verre et les mêmes plaques de nacre, employés de la même façon ; le seul progrès dans la matière utilisée est l'emploi du verre argenté, dont les reflets plus doux accompagnent bien les reflets brillants de l'or ; quant au dessin lui-même, s'il se rapproche un peu plus de la nature, il n'en a pas moins ce caractère conventionnel que l'art byzantin n'a jamais complétement abandonné.

La coupole elle-même est en charpente et recouverte extérieurement de plomb : la calotte intérieure est décorée dans le même système que celle du Qoubbet-es-Sakhrah ; cette décoration a été renouvelée sinon faite en 1327 par les ordres du sultan Mohammed-ibn-Qelaoûn, ainsi que l'indique une longue et belle inscription dont je ne reproduis que les passages essentiels.

جددت هذه القبة المباركة فى ايام مولانا السلطان الملك الناصر العالم العادل . . . . . .
محمد بن السلطان الشهيد الملك المنصور قلاون . . . .
فى سنة ثمان وعشرين و سبعمايه

« A été renouvelée cette coupole bénie dans les jours de notre maître le sultan, le roi vic-
« torieux, sage, juste. . . . . . . Mohammed, fils du sultan martyr, du roi aidé du ciel Qelaoûn. . . .
« en l'année 728. »

Le même sultan fit refaire les fenêtres percées dans le mur du fond et le placage de marbre qui les entoure ; il mentionna ce travail dans une inscription deux fois répétée dont je ne reproduis que le commencement.

جدد هذا الشباك و الرخام المبارك . . . .

« A renouvelé cette fenêtre et ce placage de marbre béni. . . . » (Suit la longue énumération des titres de Mohammed-Ibn-Qelaoûn.)

Le reste de la mosquée est blanchi à la chaux, excepté le grand arc du transept qu'un barbouilleur italien a, dans ces dernières années, recouvert d'effroyables peintures.

Quelques fenêtres sont encore garnies de vitraux du xvie siècle : ils sont moins bons que ceux de la Sakhrah; les tons sont crus, l'effet est moins harmonieux; cela tient surtout, je crois, à l'absence de la clôture extérieure en faïence ajourée qui permet aux rayons du soleil de donner directement sur les verres colorés.

Sous la coupole, à côté du mihrab, se trouve le minbar de Nour-ed-Din, qu'Ibn-el-Athir nous apprend avoir été apporté d'Alep par les ordres de Saladin. C'est une chaire en bois avec un escalier et une sorte de clocher pointu : toute la surface est recouverte de charmantes arabesques, d'incrustations d'ivoire et de nacre; les inscriptions mentionnent les noms de Nour-ed-Din et de son fils Malek-es-Saleh Ismaïl, la date de 564 (1168) et le nom de l'artiste Hamid-ben-Thafir-el-Halebi (d'Alep). Je regrette de n'avoir pas relevé en détail l'ornementation de ce charmant morceau de menuiserie du xiie siècle, pour montrer à quel degré d'élégance et de finesse l'art de la décoration était déjà parvenu chez les Arabes à cette époque.

Derrière ce minbar est un petit oratoire entouré d'une grille et qui se nomme l' « angle de la circoncision ».

Pour ne pas charger de lignes inutiles le plan de la planche XXX, je n'ai pas figuré un petit mur de maçonnerie qui enclôt les deux nefs extrêmes du côté de l'orient; tout cet espace est réservé aux femmes qui viennent assister à la prière publique; il s'étend depuis la porte des Templiers jusqu'à la bouche de citerne figurée au point f. Cette citerne porte le nom de « puits de la feuille » et est l'objet d'une légende bizarre. Au temps d'Omar, un Bédouin puisant de l'eau à ce puits laissa tomber la poche de cuir qui lui servait de seau; il descendit pour la chercher et vit au fond de la citerne une porte, l'ouvrit, et se trouva dans un grand jardin; il se promena quelque temps au milieu de la verdure, puis il rentra dans le puits et retourna à ses affaires en emportant, comme souvenir, une feuille cueillie à l'un des arbres du jardin; il montra cette feuille au gouverneur, qui s'empressa d'envoyer plusieurs hommes vérifier les dires du Bédouin; mais la porte avait disparu; la feuille pourtant ne se desséchait pas et conservait toute sa fraîcheur; on écrivit alors à Omar et on lui soumit le cas; le khalife répondit que le jardin n'était autre que le paradis, et que l'événement avait été annoncé par le prophète.

Une autre légende s'attache à la pierre e encastrée dans le pavage de la grande nef; elle a l'apparence des dalles tumulaires du moyen âge, et paraît recouvrir les restes de quelque chevalier croisé : les Musulmans l'appellent « le tombeau des fils d'Aaron. »

Le porche voûté extérieur, accolé après coup à la façade septentrionale, a été bâti en 634 (1236) par un des neveux de Saladin nommé Melik-el-Moazzem Yssa, fils de Melik-el-Adil Aboubekr, fils d'Éyoub. Il se compose de sept arcades correspondant aux sept portes de la mosquée; celles des extrémités sont de simples baies ogivales sans ornements, mais celles du centre ont la prétention d'imiter l'architecture gothique; leurs archivoltes, formées de voussures en retraite, sont supportées par des colonnettes situées dans les angles des piliers; un ornement en zigzag décore la baie centrale; à distance on se croirait en présence d'un reste de l'architecture des Templiers, mais de près l'erreur n'est pas possible; même sans le secours de l'inscription qui indique le véritable fondateur, il est facile de reconnaître au mauvais agencement des parties, au mauvais choix des colonnes, des chapiteaux, des bases, empruntés de côté et d'autre à des monuments antérieurs, au style bâtard de l'ensemble, que c'est une œuvre d'imitation; elle n'en est pas moins intéressante en ce qu'elle constate l'influence exercée par les croisades sur l'art indigène. Quelques-uns des doubleaux intérieurs s'appuient sur des *bras* semblables à ceux du cloître des chanoines du Saint-Sépulcre et de l'église de Kariath-el-Aneb[1].

Une série d'inscriptions encastrées dans le mur indiquent les restaurations faites non-seulement au portail, mais à la mosquée, postérieurement au XIIIᵉ siècle; on y trouve les années 746 (1345), 748 (1347), 915 (1509) et 1233 (1817).

Le toit du portail est bordé d'une sorte de découpure dentelée dans le goût des « tombeaux des Mamelouks » au Caire. La preuve que tout cet ensemble est antérieur à la fin du XVᵉ siècle, c'est qu'il est assez exactement figuré dans la grande gravure annexée au voyage de Breydenbach et publiée à Mayence en 1486.

MONUMENTS SECONDAIRES.

Outre les deux grands édifices que nous venons de décrire, l'enceinte du Haram-ech-Chérif renferme une foule de petits sanctuaires musulmans ou d'oratoires en plein air, dont la planche XVII donne la disposition générale; nous allons rapidement passer en revue ceux qui ont quelque intérêt.

Nous commencerons par la plate-forme intérieure (*dikkeh*) qui entoure immédiatement la Sakhrah.

QOUBBET-EL-SILSILEH (planche XVIII). Petit édifice polygonal irrégulier très-ancien : il passe pour avoir été construit avant le Qoubbet-es-Sakhrah et pour lui avoir servi de modèle; la tradition est erronée, car la ressemblance est très-éloignée; néanmoins le monument a dû être bâti à peu près à la même époque que la grande mosquée. Le plan se compose de deux rangées concentriques de colonnes : la rangée intérieure forme un pentagone régulier, la rangée extérieure un polygone de onze côtés; colonnes, bases, chapiteaux sont empruntés à des édifices antérieurs; la collection des chapiteaux est assez intéressante; elle renferme de nombreuses variétés byzantines, depuis le chapiteau cubique jusqu'à celui à grandes feuilles; les tirants de bois achèvent de donner au monument son caractère musulman; les arcs sont en plein cintre; les tympans, ainsi que nous l'avons dit, sont recouverts d'un revêtement de faïences persanes ajouté par le sultan Soliman en 1561; le fond de la décoration est produit à l'aide du même carreau blanc à dessin bleu que nous avons déjà signalé dans la grande mosquée; la bordure des archivoltes offre un motif nouveau, qui est reproduit à la planche XXVIII, figure 3. Ce nom de « chaîne » vient d'une absurde tradition d'après laquelle une chaîne invisible descendant du ciel aurait là son extrémité. Les musulmans l'appellent aussi « le tribunal de David », *Mehkemeh Daoud*.

QOUBBET-EL-MIRADJ. Charmant petit octogone consacré au souvenir de l'ascension nocturne de Mahomet et bâti en 597 (1200), ainsi que l'indique une longue inscription sculptée au-dessus de l'entrée. Très-intéressant en ce sens qu'il a été construit treize ans après la prise de Jérusalem, sous une influence gothique très-prononcée, et témoigne de l'action exercée par les croisades sur l'art des Arabes. Les baies formées d'archivoltes en retraite et flanquées de colonnettes engagées dans les angles, sont imitées des portes gothiques, telles que celles du Saint-Sépulcre ou de Sainte-Marie la Grande; la même influence se remarque dans les chapiteaux, les uns à griffons et à entrelacs, les autres imitation du corinthien à corbeille allongée et renflée par le bas. Cette dernière forme a été employée par les Arabes de Syrie pendant plusieurs siècles. Le plus ancien exemple que je connaisse se trouve

---

1. *Églises de la Terre Sainte*, planches XIII et XXV.
2. *Églises de la Terre Sainte*, planche XXV.

dans l'église du Kariat-el-Aneb, bâtie par les croisés. On remarquera la grande analogie du Qoubbet-el-Miradj avec le petit édicule de l'ascension de Jésus-Christ, sur le mont des Oliviers, que j'ai attribué à la même époque[1].

45. — Qoubbet-el-Miradj.

QOUBBET-EL-ALOUAH, QOUBBET-DJIBRAIL et QOUBBET-EL-KHIDR. Trois petites coupoles portées sur des colonnettes à jour, mais grossières et sans intérêt; la première est consacrée au souvenir des Tables de la loi; la seconde est dédiée à l'ange Gabriel; la troisième, à saint Georges et peinte en vert[2].

MINBAR D'OMAR. Jolie chaire en marbre blanc du XVIe siècle, restaurée au XIXe.

Tous ces petits monuments se trouvent sur la plate-forme supérieure; pour descendre dans la grande cour inférieure, il faut passer sous des arcades placées devant chacun des escaliers. Ces entrées sont toutes à peu près pareilles, et composées de colonnes antiques portant des arcs en ogive; les colonnes, ainsi que leurs chapiteaux, ont été posées avant les croisades; elles sont du temps où les Arabes bâtissaient avec des matériaux d'emprunt, et d'ailleurs ces entrées sont mentionnées par Jean de Wirtzbourg; mais les arcs ont été refaits au XIVe siècle, la plupart par Mohammed-Ibn-Qelaoûn, ainsi que l'indiquent les inscriptions. Ils ont peu de caractère; quelques-uns sont ornés d'une série de canaux très-rapprochés simulant les joints de voussoirs très-minces, imitation lointaine de la porte du Saint-Sépulcre et de plusieurs autres portes ou fenêtres du temps des croisades.

Ainsi, sans sortir du Haram-ech-Chérif, nous pourrons constater un fait assez important: c'est l'influence exercée sur l'architecture arabe par celle des croisés. Cette influence n'a porté que sur la structure proprement dite, et encore sur des détails seulement; néanmoins elle est réelle, et je pourrais en donner d'autres preuves, si je n'étais obligé de rester enfermé dans mon sujet.

Le seul monument intéressant de la grande cour est le *Sebîl de Qaït-baï*, charmante fontaine située au pied de l'escalier qui monte à la porte ouest de la Sakhrah. Bâtie en 849 (1445) par le sultan mamelouk Melek-el-Aschraf-Abou-en-Naçr-Qaïtbaï, elle est du même style que les nombreuses

---

1. *Églises de la Terre Sainte*, planche XXIV.
2. El-Khidr signifie à la fois *saint Georges* et *le vert*; d'où cette habitude de peindre en vert les monuments consacrés au saint.

constructions élevées au Caire par les princes de la même dynastie; c'est un petit cube surmonté d'un tambour octogonal couronné par une coupole ovoïde en pierre, dont toute la surface extérieure est décorée d'arabesques en relief. Entourée d'arbres, elle produit un effet charmant. Tout à côté se trouve une des plus belles portes du Haram, *Bab-el-Kattanin*, ainsi nommée parce qu'elle donne dans un bazar autrefois occupé par les marchands de coton; bâtie en 737 (1336) sous Mohammed-Ibn-Qelaoûn, elle offre un excellent spécimen de l'architecture arabe au xive siècle. Comme la plupart des portes de cette époque, elle se compose d'une immense niche ogivale dont la vive arête dessine une ligne d'une rare élégance; le cul-de-four est rempli de cette ornementation qui ressemble à des alvéoles ou à des stalactites, et qui est spéciale à l'art arabe de cette époque; au-dessous est la porte proprement dite, avec un linteau en segment de cercle appareillé à joints historiés. Tout cet ensemble est construit en très-bel appareil lisse, avec des assises alternativement rouges et blanches; des inscriptions en grands caractères, heureusement disposées, complètent la décoration.

Je bornerai à ces quelques lignes la description des monuments secondaires du Haram-ech-Chérif: pour entrer utilement dans de plus grands détails, il faudrait entreprendre une histoire complète de l'architecture arabe, et elle ne serait pas ici à sa place; il suffit d'avoir indiqué, par des exemples, les caractères généraux des principales époques. D'ailleurs les petits édifices disséminés dans l'intérieur de l'enceinte n'ont aucun mérite archéologique; le seul intérêt qu'ils peuvent exciter réside dans les traditions dont ils sont l'objet; mais de ce côté, je l'avoue, je me sens très-peu attiré : dans ce lieu plein des plus grands souvenirs de l'histoire religieuse, en face d'une série de monuments qui embrassent une période de vingt-cinq siècles, il m'est impossible de m'arrêter à ces anecdotes puériles où les plus grands événements sont pris par le plus petit côté et sont toujours mélangés de quelque détail ridicule. Que m'importe la trace imaginaire du pied de la jument Borak, ou l'empreinte apocryphe de la main de Mahomet, sur ce rocher creusé par la main de Salomon, sur cette terre que les pieds du Sauveur ont réellement et corporellement touchée? Aussi bien, une seule idée domine toutes ces traditions, un seul souvenir les anime : celui du Temple de Jérusalem; ce souvenir est au fond de tous les témoignages de respect dont le Moriah a été l'objet de la part de cent générations, et même au fond des fables musulmanes, comme un hommage rendu par l'erreur à tout l'ordre d'idées dont le Temple est le centre. L'existence en ce lieu du seul sanctuaire où, pendant toute l'antiquité, la vérité religieuse ait été connue et adorée, est le grand fait qui lui a imprimé son caractère; c'est lui qui a, pendant des milliers d'années, attiré dans la même enceinte les représentants des croyances les plus diverses, tous voulant rattacher à ce fait éclatant l'origine et la légitimité de leur foi; c'est lui qui, en peuplant le Haram de monuments sans cesse détruits et sans cesse renaissants, nous a permis, sans sortir de ses murs, de suivre les transformations séculaires de l'art, tout en admirant, par un de ses côtés, la grande unité de l'histoire; enfin, c'est sous son égide que nous plaçons les destinées de ce livre, heureux si ces pages ont pu contribuer à le mettre en lumière dans quelque détail et à faire partager les sentiments qu'il nous inspire.

FIN.

APPENDICE

APPENDICE.

I.

TOPOGRAPHIE DE JÉRUSALEM.

La collection complète des mémoires sur l'ancienne topographie de Jérusalem formerait à elle seule une bibliothèque; dans tous les siècles, dans tous les pays et dans toutes les langues on a disserté sur ce sujet intéressant; aussi hésiterais-je à venir grossir la liste déjà longue de ces écrits, si je n'avais des éléments nouveaux à fournir à la discussion.

Ces éléments sont de deux sortes : les uns topographiques, les autres archéologiques. Des circonstances heureuses m'ont favorisé; pendant mon séjour à Jérusalem, des constructions particulières avaient été commencées sur un grand nombre de points de la ville; pour asseoir leurs fondations, il fallait percer les couches de décombres accumulées par les siècles, et aller chercher la surface solide du sol primitif. J'ai assisté à toutes les fouilles faites dans ce but, et j'ai pu faire ainsi une étude sérieuse du terrain et un nivellement plus complet que tous ceux entrepris jusqu'ici. Enfin ces mêmes fouilles, et d'autres que j'ai personnellement fait exécuter, ont mis au jour des monuments nouveaux, et particulièrement des portions notables des anciennes enceintes.

L'essai qui va suivre aura donc pour bases la topographie et l'archéologie, c'est-à-dire l'étude du terrain naturel et celle des restes ou des traces du travail humain. C'est la seule voie qui puisse être aujourd'hui suivie avec quelque fruit : les discussions de textes sont épuisées; tout ce qui peut être dit sur les passages très-connus de la Bible et de Josèphe a été dit, dans un sens ou dans l'autre, et, comme il arrive le plus souvent en pareil cas, chacun est resté de son avis : il faut donc aller chercher ailleurs des arguments plus décisifs, et demander au sol une certitude que les textes seuls ne peuvent donner; c'est ce que j'ai fait, et, en exposant ici le résultat de mes recherches, je n'aurai recours aux auteurs que pour donner un nom et une date aux localités et aux monuments que l'étude des faits matériels nous aura révélés.

Le plateau rocheux[1] qui a porté de toute antiquité et porte encore aujourd'hui la ville de Jérusalem est bordé à l'est par le profond ravin du Cédron, à l'ouest et au sud par la vallée de Ben-Hinnom : isolé de trois côtés, il a été de tout temps désigné par ses défenses naturelles à l'emplacement d'une cité de premier ordre.

Une troisième vallée, moins profonde que les deux premières, coupe le plateau du nord au sud et vient aboutir an confluent des deux précédentes. Au point h du plan, cette vallée se bifurque; une branche tournant à l'ouest achève d'isoler complètement tout l'angle sud-ouest du plateau.

L'existence de cette branche latérale a été longtemps ignorée, puis contestée, car elle est totalement dissimulée par l'accumulation des débris. Mais je puis la prouver d'une manière absolue.

Le rocher affleure au « Qasr-Djaloud » (a du plan) : à 100 mètres au sud-ouest, en creusant les fondations du Patriarcat latin, on a constaté que le sol ancien avait une pente de $0^m,10^c$ par mètre, tandis que la surface actuelle accuse une pente beaucoup moins rapide; un peu plus au sud, la différence est encore plus sensible : pour fonder le grand hôpital grec, il a fallu creuser à 10 mètres, et j'ai moi-même constaté la présence de poteries et de débris de construction à cette grande profondeur; en construisant mathématiquement sur le plan (profil ZZ) la pente donnée par ces sondages, on arrive à cette conclusion qu'au pied de la citadelle le sol ancien est à 15 mètres au moins au-dessous de la place du marché ; et en effet c'est à cette profondeur qu'il a fallu descendre pour asseoir les maisons modernes qui bordent la place, le fait est public; sous l'église anglicane, située en face de la citadelle, le sol ancien est à 9 mètres[2]; puis, à quelques mètres au sud de l'église anglicane (b du plan), le rocher affleure de nouveau et on le retrouve sur toute la longueur du plateau de Sion : il est donc évident qu'entre les deux points a et b, qui sont sensiblement de niveau, il existe une profonde dépression, aujourd'hui comblée par les décombres.

En descendant à l'est par la « rue de David, » le fait de l'ancienne vallée devient encore plus sensible : à droite, le plateau de Sion s'élève à 16 mètres; à gauche, le rocher est visible : 1° autour de la piscine dite «Hammam-el-Batrak» (Amygdalon)[3], 2° au-dessus du tombeau dit de « Joseph

---

1. Voyez planche XXXVI. Dans ce plan j'ai essayé de reproduire la Jérusalem antique; j'ai donc supprimé par la pensée tous les remblais modernes qui dissimulent la forme primitive du terrain et ont comblé les vallées secondaires, mais j'ai fidèlement reproduit les déblais, tranchées, fossés faits de main d'homme qui sont un des principaux éléments de restauration pour le tracé des anciennes enceintes.

2. C'est en creusant ces fondations, et à 11 mètres sous l'église, que l'on a trouvé un égout antique qui se dirige de l'ouest à l'est et suivait autrefois le lit de la vallée pour entraîner toutes les eaux du quartier. (Voy. Titus Tobler, *Dritte Wanderung*. p. 231. — M. Lewin, *The Siege of Jerusalem*, p. 208, a donné le plan de l'extrémité occidentale de cet égout.)

3. Un certain nombre d'auteurs identifient cette piscine avec celle construite par Ézéchias pour soustraire aux Assyriens l'eau de la « piscine supérieure de Gihon, » située près du « champ du Foulon, » c'est-à-dire dans l'angle nord-est de la troisième enceinte (IV Reg. xviii, 17; xx, 20. Isaiæ vii, 3; xxvi, 2. — *Bell. Jud.*, V, iv, 2). Mais je ne saurais admettre cette identification : la piscine d'Ézéchias était « entre *les* deux murs » (Isaiæ xxii, 9, 11); or « *les* deux murs, » avec l'article הַחֹמֹתַיִם étaient situés au-dessus des « jardins du Roi » (Jer. xxxix, 4; LII, 7), c'est-à-dire de la fontaine de Siloé (Neh. iii, 15). C'est donc de ce côté qu'il faut chercher la « fontaine inférieure de Gihon. » Pour les rabbins, c'est la fontaine de Siloé elle-même qui est « Gihon-dans-la-Vallée. »

TOPOGRAPHIE DE JÉRUSALEM.

d'Arimathie, » et, en ces deux points, il est sensiblement de niveau avec le sol actuel de la rue de David, tandis que sous le pavé de cette rue le sol ancien ne se montre qu'à la profondeur de 8 mètres au moins. On peut s'en assurer en visitant le couvent grec de Saint-Jean, situé à l'angle de la « rue de David » et de la « rue du Patriarche » (Haret-en-Naçara); sous l'église du couvent se trouve une ancienne église du VIe ou du VIIe siècle, aujourd'hui comblée, mais qui autrefois était au-dessus de terre, ainsi que le prouve la disposition des fenêtres et des portes; le seuil de cet ancien monument est à 8 mètres au-dessous du pavage de l'église moderne : il est donc évident que le terrain a été remblayé en ce point, comme il l'a été sur la place du marché; et puisque le rocher affleure au nord et qu'au sud le mont Sion s'élève de 16 mètres, il faut bien admettre l'existence d'une vallée [1] dont le fond est à 8 mètres au moins au-dessous de la piscine Amygdalon et à 24 mètres au-dessous du plateau de Sion. Cette vallée se dirigeait vers l'est, et recevait du sud un autre pli de terrain, dont la rue moderne des Juifs (Souk-Haret-el-Yahoud) suit la direction (*g* du plan). Le fond de ce ravin secondaire m'a été donné par les travaux exécutés pour la construction de la grande synagogue moderne; il se trouve à 5 ou 6 mètres au-dessous du sol actuel de la rue.

Au nord, le terrain suit une pente sensiblement uniforme dont la direction est le nord-ouest et qui se prolonge au delà des limites de la ville jusqu'aux constructions modernes de l'établissement russe [2].

Ainsi la partie occidentale du plateau de Jérusalem se divise en deux fractions bien distinctes : l'une au sud, isolée de toutes parts, véritable forteresse naturelle défendue par de profonds ravins et des rochers escarpés; l'autre au nord, reliée par des pentes douces avec le reste du pays.

La partie orientale du même plateau a déjà été décrite au commencement de ce volume : c'est un contre-fort allongé, avec deux points saillants : l'un au nord, aux grottes « de Jérémie » (Pl. XXXVI, profil xx); l'autre plus au sud, à la roche Sakhrah.

La forme primitive du terrain étant ainsi matériellement déterminée, voyons dans quel ordre les populations s'y sont fixées.

Le point le plus anciennement habité du plateau, par sa configuration même, a dû être la forteresse naturelle qui occupe l'angle sud-ouest; c'est l'ancienne cité Jébusite respectée par Josué, prise et fortifiée par David, la *ville de David* proprement dite, le *mont Sion* [3] : tout le monde est d'accord sur ce sujet.

Le point qui fut occupé ensuite est le *mont Moriah*, désigné pour être l'emplacement du Temple : c'est la colline dont la roche Sakhrah est le sommet; nous avons déjà exposé en détail les preuves de cette identification, et nous n'y reviendrons pas.

Le mont Sion et le mont Moriah sont donc bien nettement déterminés : ce sont les points fixes

---

1. L'existence de cette vallée était parfaitement connue au moyen âge : le célèbre pèlerin Brocard (1283) la décrit à une époque où les remblais étaient moins accumulés que maintenant. Voici quelques passages extraits de sa description : « ..... La « vallée qui vient du midi et qui longe la face occidentale du mont Sion, en arrivant au rocher qui porte la tour David, se « recourbe et se dirige de l'occident à l'orient, en contournant la tour; la tour était donc sur un rocher et dans un angle « formé par la vallée; quant à cette vallée ou ravin, elle se divisait en deux profondes vallées, dont l'une se prolongeait vers « le nord, et l'autre vers l'orient......... la vallée qui descendait de la « tour David » longeait la face nord du mont Sion, jusqu'au « mont Moriah, sur lequel était le Temple, séparant ainsi du mont Sion le mont Moriah et toute la basse ville..... Ce ravin « est aujourd'hui tout rempli; néanmoins ses traces sont encore reconnaissables. » (Voyez l'excellente édition du texte original de F. Brocard ou Burchard, récemment donnée par M. Laurent. *Peregrinatores medii ævi quatuor*; Lipsiæ 1864, p. 64.)

2. La place de cet établissement est indiquée par la lettre *R* sur le plan de la planche XXXVI.

3. Josue xv, 63. — Jud., I, VIII, 21. — I. Chr., XI, 4-8.

APPENDICE.

qui servent de base à tout essai de topographie. Commençons par établir le tracé des enceintes qui couronnaient les deux collines à l'époque du siége de Titus.

L'enceinte du Temple existe encore, nous l'avons déjà démontré; il suffit donc de reproduire sur le plan les conclusions du précédent volume, c'est-à-dire le quadrilatère du Harum, le grand fossé du nord (Birket-Israïl) et la tranchée qui isolait le pied de la tour Antonia.

Le mont Sion porte aussi quelques restes des constructions antiques qui le couvraient ou le défendaient; nous allons rapidement les décrire.

La grosse tour, dite *de David*, est évidemment une des trois tours Hippicus, Phasaël ou Mariamme, bâties par Hérode[1] pour défendre la face nord du mont Sion, et respectées par Titus lorsqu'il fit démanteler la place[2]. Le système de construction est absolument le même que celui des soubassements du temple d'Hérode, c'est-à-dire composé de gros blocs appareillés à *refends* et à *ciselures*; seulement, le ravalement n'ayant pas été terminé, la plupart des ciselures ne sont qu'ébauchées, et le champ de chaque pierre est resté brut. (Voy. page 5, fig. 3.) Plusieurs assises de cette belle construction sont encore en place; elles forment un massif plein de 21 mètres sur 16. La comparaison de ces chiffres avec les dimensions données par Josèphe (40 coudées sur chaque face) prouve que la tour dite *de David* est l'ancienne « Phasaël ». « Hippicus » se trouvait à l'ouest, sur l'emplacement d'une des tours modernes du château[3] et « Mariamme » était à l'est; toutes trois étaient appliquées contre l'escarpement naturel du mont Sion; Josèphe évalue à 30 coudées ou environ 15 mètres la hauteur de cet escarpement, ce qui concorde bien avec la profondeur de la vallée, aujourd'hui comblée, qui contourne le pied de la tour.

A l'est, dans la rue moderne dite « Kanatir-Mar-Botros, » on a récemment mis à découvert deux tours et la courtine intermédiaire (*c* du plan); elles sont construites en grand appareil rectangulaire, sans refends ni ciselures. Les tours ont dans œuvre 3 mètres sur 2 mètres 65. La courtine a 18 mètres de développement[4]. Ce fragment de rempart est rasé à la hauteur du

46. — Ancien rempart de Sion.

---

1. Κατεσκευάσθησαν ὑπὸ Ἡρώδου τοῦ βασιλέως ἐν τῷ ἀρχαίῳ τείχει. (*Bell. Jud.*, V, IV, 3.) Il n'y a donc pas de doute que la tour dite *de David* soit l'œuvre d'Hérode, et, comme elle est absolument bâtie dans le même système que les soubassements du Temple, c'est une précieuse confirmation de notre opinion sur l'âge de ces soubassements.
2. *Bell. Jud.*, VI, IX, 1.
3. Voy. Williams : *Holy city*, II, 15, où ces points sont parfaitement établis.
4. J'emprunte ces chiffres à M. Lewin (*The siege of Jerusalem*, 1863, p. 216), qui a visité Jérusalem un mois après mon départ : j'ai vu commencer les travaux de la rue « Kanatir-Mar-Botros »; la première tour était déblayée à l'intérieur, mais il était impossible de reconnaître son véritable caractère, à cause du ciment qui recouvrait les parois; la tour avait été transformée en citerne à une époque moderne; la découverte de la deuxième tour et de la courtine, faite après mon départ, a indiqué la véritable destination de ces précieux restes.

plateau de Sion ; mais du côté du nord, à cause de la différence de niveau, il a encore une hauteur de 12 mètres. Une porte pratiquée au pied d'une des tours permettait de descendre dans le fond de la vallée (fig. 46). Nous avons là un reste évident de la première enceinte, de celle que Josèphe appelle le *vieux mur*, et qui de la tour Hippicus allait rejoindre la face occidentale du Temple. Le point de jonction du mur avec le Temple est indiqué par la chaussée qui traverse la vallée devant le Mehkemeh. Il me paraît évident que cette levée artificielle est un reste de l'ancienne fortification, qui se combinait avec une chaussée destinée à faciliter l'accès du Temple et à porter l'aqueduc qui amenait les eaux de Bethléhem.

La face nord de l'enceinte de Sion est donc bien nettement déterminée par les débris encore existants : l'extrémité méridionale n'est pas moins clairement indiquée.

A l'angle sud-ouest du plateau, les travaux faits pour l'établissement du cimetière protestant ont mis à découvert, sur une longueur de plus de cent cinquante mètres, le pied de l'ancien rempart taillé

47. — Rempart de Sion taillé dans le roc.

dans le roc vif. La planche XXXVI donne le plan de cet ouvrage dont je reproduis ici, à une plus grande échelle (0ᵐ,001 pour mètre), l'extrémité méridionale. Le travail de la pierre est antique ; la surface présente des stries concentriques analogues à celles des « carrières royales » et des tombeaux judaïques, dénotant l'emploi du même outil et du même procédé. En A on voit la base d'une grosse tour d'angle ; un escalier B conduisait à une poterne dans le genre de celle de la tour du mur nord[1] ; c'est, sans doute, la *porte des Esséniens*, auprès de laquelle, dit Josèphe, « le mur d'enceinte « après avoir fait face à l'ouest, se retourne et fait face au midi. » En effet, aussitôt après la tour carrée A, les traces de rempart se dirigent vers l'est, et traversent le plateau. Un fossé de douze mètres de large, taillé dans le roc, suppléait à l'escarpement du sol ; il est visible encore sur une longueur de plus de cinquante mètres ; au delà on ne distingue plus rien, mais il est facile de se rendre compte, par la configuration même du terrain, de la direction de l'enceinte de Sion. Après avoir traversé le plateau jusqu'au-dessus de la fontaine de Siloam, elle se retournait vers le nord, et, couronnant les pentes naturelles, venait rejoindre la face septentrionale.

Les seuls restes antiques situés dans l'intérieur de Sion sont une rangée d'arcades en plein-cintre, qui ne paraissent pas antérieures à Hérode et proviennent probablement du *Xyste*[2] ; — un escalier taillé dans le roc, peut-être un de ces degrés mentionnés par Néhémie[3] et qui descendaient de la ville de David vers la fontaine de Siloé ; — enfin, une superbe citerne romaine, grande salle voûtée de près

---

1. Le trait pointillé désigné par la lettre C indique une citerne creusée dans le roc sous l'escalier.
2. *Bell. Jud.*, V, iv, 2.
3. Néh. iii, 15 ; xii, 37. Cet escalier a été découvert dans les dépendances du couvent arménien, lors des travaux faits pour la construction de la nouvelle école.

de vingt mètres de haut, supportée par cinq rangées de piliers, construite en briques et en blocages recouverts de ciment[1].

Sous les premiers rois de Juda, la ville proprement dite se bornait au mont Sion; la population augmentant rapidement sortit bientôt des limites premières de la cité; elle se groupa sous les murs du Temple, sur l'extrémité méridionale du Moriah, et y bâtit un faubourg qui prit le nom d'Ophel. On entoura ce nouveau quartier d'un rempart, qui fut réparé ou refait sous Joatham et Manassé; cette enceinte et celle de Sion, tour à tour détruites et rebâties pendant sept siècles de guerres, finirent par se confondre en une seule, qui à l'époque de Josèphe portait le nom de *Vieux mur*. Nous avons déjà tracé une partie de son circuit, d'après les ruines existantes, au nord depuis le Temple jusqu'à la tour Hippicus, à l'ouest depuis la tour Hippicus jusqu'à la porte des Esséniens. A partir de ce point le rempart a complétement disparu; il faut se laisser guider par Josèphe et par la configuration du sol : « De la porte des Esséniens, dit l'historien juif, le mur se dirigeait face au sud « jusqu'au-dessus de la fontaine de Siloam, ensuite il tournait face à l'est, jusqu'à la piscine de « Salomon[2], puis, s'étendant jusqu'au lieu nommé Ophla, il rejoignait le portique oriental du Temple. » Le fossé est bien dans la direction de la fontaine Siloam; il suffit donc, pour avoir le tracé de l'enceinte, de prolonger ce fossé jusqu'au point où le sol est trop rapide pour avoir jamais été bâti, puis de remonter au nord en suivant le bord de la pente, et d'aller, en contournant le sommet du contre-fort, rejoindre l'angle sud-est du Temple. Le point précis où la ligne s'infléchit vers l'est est difficile à déterminer; mais la présence des tombeaux antiques creusés dans le flanc de la montagne ne permet pas de prolonger l'enceinte au delà de la ligne que j'ai adoptée. On sait que les lois mosaïques défendaient d'ensevelir les morts dans l'intérieur des villes habitées.

La première enceinte ainsi restituée a un développement d'environ deux mille cinq cents mètres. Josèphe nous apprend qu'elle était flanquée de soixante tours, mais sans indiquer leurs dimensions ou leur intervalle. Les deux tours récemment découvertes sur le mont Sion sont à une distance d'axe en axe de vingt-cinq mètres, ce qui donnerait vingt et une tours pour la face nord, y compris les trois grosses tours d'angle. Restent trente-neuf tours pour le reste de l'enceinte; il faut nécessairement les supposer plus espacées, afin de garnir tout le circuit; de ce côté l'escarpement du terrain et la profondeur des vallées mettaient la ville à l'abri d'une attaque directe, et par le fait c'est toujours du côté nord que la ville fut prise, aussi bien par les Assyriens que par Titus et Godefroy de Bouillon. Les courtines pouvaient donc sans danger être plus grandes au sud qu'au nord.

Après avoir couvert les pentes d'Ophel, la population se porta au nord de Sion, et occupa l'angle rentrant compris entre les deux vallées et bordé au sud par l'ancien mur et à l'est par l'enceinte du Temple. A une époque indéterminée, on construisit un rempart pour protéger ce quartier. Cette *deuxième enceinte* n'était pas grande, car dans sa forme dernière, celle décrite par Josèphe, elle n'était flanquée que de quatorze tours. En supposant que la moyenne des intervalles des tours fût la même pour les deux enceintes (la petite portée des armes de jet à cette époque ne permet pas de l'augmenter beaucoup), la longueur du deuxième mur aurait été un peu inférieure au quart de la longueur du premier, soit six cents mètres. La disposition du terrain et les traces qu'il a conservées ne permettent pas de lui donner un plus grand développement.

---

1. Voir la planche XXXVI. L'entrée actuelle de la citerne se trouve dans l'angle du rempart moderne, non loin du nouvel hospice israélite.
2. Cette piscine n'a pas encore été identifiée : il est probable que c'est la même que celle mentionnée par Néhémie, III, 16.

Ce quartier, nous l'avons dit, est situé dans l'angle formé par les deux branches de la vallée qui partage le plateau de Jérusalem. A partir de cet angle et du fond de la vallée, si l'on se dirige vers le nord-ouest, on monte d'abord de vingt-cinq mètres par une rampe assez rapide; puis on trouve un *plateau* sensiblement de niveau qui s'étend jusqu'au Saint-Sépulcre; de là le sol monte par une pente assez régulière jusqu'en dehors de la ville au delà des constructions russes. Le niveau du petit *plateau* est celui de l'église actuelle du Saint-Sépulcre; il est bordé à l'ouest par un rideau de rochers qui a de six à sept mètres d'élévation, et dont le sommet coïncide avec le sol de la « rue du Patriarche » (Haret-en-Naçara, rue Chrétienne.) Dans ce rideau de rochers était creusée autrefois une nécropole antique, c'est-à-dire une série de chambres sépulcrales taillées dans le roc vif, et dont les portes s'ouvraient à l'est sur le plateau. Une de ces chambres subsiste encore; elle est connue sous le nom de « Tombeau de Joseph d'Arimathie » et se trouve derrière la rotonde du Saint-Sépulcre. Toute la partie antérieure de ce tombeau a été détruite lors de la construction de la rotonde[1], mais ce qui reste

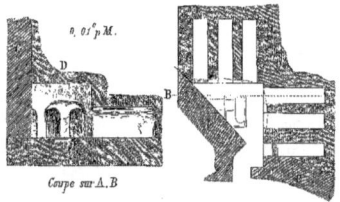

Coupe sur A.B

48. — Tombeau antique dit de Joseph d'Arimathie.

suffit et au delà pour caractériser le monument. En voici le plan et la coupe, levés par moi avec le plus grand soin : C est le mur de la rotonde et de son absidiole occidentale; D, le rocher. La chambre était primitivement carrée avec trois fours à sarcophages sur chaque face. Deux autres sarcophages étaient creusés dans le sol de la chambre et recouverts d'une dalle. L'entrée des fours a un peu souffert du pieux vandalisme des pèlerins; néanmoins le caractère primitif de tout le monument n'est pas méconnaissable; il suffit de le comparer aux cent tombeaux qui entourent la ville de Jérusalem; tout est identique, la disposition et la dimension des fours, et jusqu'au travail de la pierre dont la surface, rayée de stries concentriques, dénote l'emploi du même procédé et du même outil. Il ne peut donc rester dans l'esprit du lecteur éclairé ou impartial aucun doute sur l'authenticité du tombeau; l'ignorance ou la mauvaise foi seules peuvent refuser de la reconnaître, et je n'ai pas à m'occuper de leurs objections. On ne peut même pas prétendre que ce tombeau date de l'époque chrétienne; j'ai vu des centaines de tombeaux chrétiens taillés dans le roc, et je n'en ai pas encore rencontré *un seul* dont les *loculi* eussent la forme de fours. On sait qu'il existe deux systèmes de *loculi* : dans l'un le sarcophage est placé perpendiculairement à la paroi de la chambre; dans l'autre il est placé parallèlement à cette paroi, sous une niche plate à laquelle on a donné le nom de *arcosolium*. Le tombeau qui nous occupe appartient au premier système ; le Saint-Sépulcre appartient au second, et c'est sans doute par imitation du saint tombeau que les chrétiens de la primitive Église ont adopté le même mode de sépulture; toujours est-il que les tombeaux chrétiens des premiers siècles n'ont pas encore fourni d'exemple de sarcophages

1. Voy. *Églises de la Terre Sainte*, p. 133, 134.

perpendiculaires; cela est vrai, non-seulement de la Syrie, mais de tous les pays où se trouvent des nécropoles chrétiennes souterraines; j'ai vérifié le fait à Chypre, à Malte, à Rome [1]. Je dirai plus, le système perpendiculaire est rare en dehors de la Palestine et des pays phéniciens, et sous la forme spéciale dont le tombeau dit de « Joseph d'Arimathie » nous offre l'exemple, il est particulièrement judaïque; en effet, il est absolument conforme aux prescriptions hiératiques dont la Mischna nous a conservé le souvenir. On lit dans le traité dit *Baba Bathra*, chap. VI, 8 : « Si quelqu'un vend à son « prochain ou reçoit de lui un terrain pour se faire un tombeau, il creusera une grotte de quatre coudées « sur six, il ouvrira dans l'intérieur de la grotte huit *qoqim*, trois d'un côté, trois de l'autre et deux « dans le fond; chacun des *qoqim* aura quatre coudées de long sur sept palmes de haut et six palmes « de large. Rabbi Schimeon dit : Il fera une grotte de six coudées sur huit et ouvrira à l'intérieur treize « *qoqim*, quatre d'un côté, quatre de l'autre, trois dans le fond et un de chaque côté de la porte; puis « il fera devant la grotte un atrium de six coudées sur six, capable de contenir le cercueil et ses « porteurs, puis il creusera une grotte de chaque côté de l'atrium. » Ce que les Rabbins appellent *qoq* est évidemment le four perpendiculaire; les dimensions qu'ils indiquent, 1^{m}80 de long sur 0^{m}45 de large et 0^{m}55 de haut, répondent parfaitement à celles que nous avons trouvées à la plupart des fours. Le tombeau de Joseph d'Arimathie, dans sa forme complète, avait trois *qoqim* dans le fond et probablement quatre sur chaque face, ce qui est précisément la disposition indiquée par R. Schimeon; sa largeur totale est de 2^{m}30; sa longueur était, en supposant un *qoq* de plus, de 3 mètres et quelque chose, ce qui correspond très-suffisamment aux six coudées (2^{m}70) sur huit (3^{m}60) de la règle rabbinique. L'*atrium* a disparu, mais il existait évidemment avant la construction de l'église du Saint-Sépulcre, car il n'est pas un des tombeaux antiques de Jérusalem qui n'ait son vestibule. Ainsi le tombeau dit de « Joseph d'Arimathie » est un tombeau judaïque; il y avait donc en ce point une nécropole à laquelle appartenaient le Saint-Sépulcre et le tombeau du prêtre Jean mentionné par Josèphe. Donc le rideau de rochers dans lequel cette nécropole est creusée était *en dehors de la seconde enceinte*. Il n'y a pas un seul point de la topographie de Jérusalem qui puisse être aussi incontestablement établi, et il a son importance, car c'est un des arguments les plus forts que l'on puisse donner en faveur de l'authenticité du Saint-Sépulcre [2].

1. On n'a encore trouvé à Rome qu'une seule catacombe dont les *loculi* fussent perpendiculaires, et c'est une catacombe juive, ainsi que le prouvent les inscriptions.

2. On sait qu'un des principaux arguments de ceux qui contestent l'authenticité des Lieux-Saints traditionnels est de prétendre que le monument désigné aujourd'hui sous le nom de Saint-Sépulcre est situé *dans l'intérieur de la seconde enceinte*. Si cet argument était fondé, il est clair que le Saint-Sépulcre serait apocryphe; car, d'une part, un tombeau neuf (Joan. XIX, 41) ne pouvait être creusé dans l'intérieur de Jérusalem, et d'autre part, le Golgotha, d'après le témoignage de saint Paul (*Hebr.* XIII, 12), était situé hors des murs, *extra portam passus est*, et près de la ville, *prope civitatem* (Joan. XX, 20). On voit par ce qui précède que, loin d'être fondé, cet argument n'est pas soutenable : le Saint-Sépulcre fait partie d'une nécropole complète, c'est-à-dire d'une série de tombeaux; c'est donc un tombeau, et un tombeau judaïque. On verra de plus, à la page suivante, qu'un fragment de la deuxième enceinte a été retrouvé à l'est du Golgotha : l'argument de nos adversaires est donc nul sur ce point. M. Renan (*Vie de Jésus*, p. 416) m'a fait l'honneur de citer mon opinion à cet égard, et de faire remarquer combien la découverte du mur judaïque et l'existence de la nécropole lui donnaient de poids; il a ajouté que deux considérations historiques pouvaient être invoquées en faveur de la tradition : l'une est celle que j'ai développée ailleurs après tant d'autres, et qui est l'existence à l'époque de Constantin, sur l'emplacement des Saints-Lieux, d'un temple de Vénus construit par Hadrien, et dont les restes guidèrent les recherches de l'empereur. Cette existence, attestée par Eusèbe, Socrate, Sozomène, saint Jérôme, est un fait considérable qu'il est difficile de mettre de côté, surtout si l'on songe à la continuité de la succession épiscopale à Jérusalem et à la non-interruption des pèlerinages (S. Jérôme, *Ép.* XLVI; — voy. *Églises de la Terre Sainte*, p. 30) qui ont dû assurer la continuité de la tradition. La seconde considération historique paraît plus forte à M. Renan, et comme il a été le premier à la faire valoir, et qu'en effet elle est « assez forte, » je me fais un plaisir de citer : « Il serait singulier que ceux qui « cherchèrent à fixer sous Constantin la topographie évangélique, ne se fussent pas arrêtés » (en choisissant un tombeau situé à

TOPOGRAPHIE DE JÉRUSALEM.

La seconde enceinte doit donc être cherchée à l'est de l'église du Saint-Sépulcre. C'est en effet là qu'elle a été retrouvée, dans le terrain acheté par le gouvernement russe. Des déblais exécutés pour la construction projetée d'un consulat en ont mis un fragment à découvert. Avec la gracieuse autorisation des autorités russes, j'ai repris ces fouilles pour mon propre compte, et voici le résultat qu'elles m'ont donné :

Il existe, à l'angle du bazar et de la petite rue qui conduit au couvent copte, une série de colonnes que, le premier, M. Willis[1] a attribuées à la basilique de Constantin. J'avais moi-même adopté cette identification, et j'en ai fait la base d'une restauration dont les fouilles ont entièrement confirmé les dispositions principales[2]. Ces colonnes, dégagées des décombres qui les cachaient, ont montré tous les caractères du Bas-Empire, ainsi qu'on en peut juger par le croquis ci-joint : les fûts sont en granit gris, le profil des bases (fig. 49, A) n'est pas d'une grande pureté; le développement du tore inférieur, dont la section dépasse beaucoup une demi-circonférence, est caractéristique; on peut comparer ces bases avec celles des colonnes de la basilique de Bethléhem, et celles des colonnes intérieures de la Porte-Dorée, dont j'ai déjà donné les profils (fig. 38 et 39)[3]; un peu moins classiques que les premières, elles sont loin d'être aussi altérées que les secondes; de plus, elles s'appuient sur des piédestaux, et les moulures de ces piédestaux, tout en indiquant l'époque romaine, sont d'un profil assez bâtard : le style de l'ensemble convient donc parfaitement au règne de Constantin. Cette colonnade repose sur une plinthe continue qui forme le palier d'une série de marches de pierre dont je n'ai pu compter le nombre : elle se termine à gauche par un pilier d'ante (*a*, fig. 50) qui se relie avec le mur de fond A; la même disposition était répétée sur la droite, mais toute cette extrémité de la colonnade est engagée sous des maisons modernes et n'a pu être déblayée. De l'autre côté du

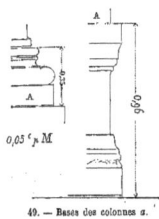

49. — Bases des colonnes *a*.

---

l'intérieur des murs) « devant l'objection qui résulte de *Jean*, xix, 20, et de *Hébr.*, xiii, 12. Comment, libres dans leur
« choix, se fussent-ils exposés de gaîté de cœur à une si grave difficulté?... On est donc par moments porté à croire que leur
« œuvre eut quelque chose de sérieux..... S'ils n'eussent suivi qu'un vain caprice, ils eussent placé le Golgotha à un endroit
« plus apparent, au sommet de quelqu'un des mamelons voisins de Jérusalem, pour suivre l'imagination chrétienne qui, de très-
« bonne heure, voulut que la mort du Christ eût eu lieu sur une montagne. » Cet argument est très-sérieux, et l'on s'étonne
de voir son auteur, après quelques objections de bien moindre valeur, conclure dans un sens diamétralement opposé à sa propre
argumentation, en disant : « Cet endroit est trop engagé dans l'intérieur de la ville, et on est porté à croire qu'à l'époque
« de Jésus il était compris dans l'enceinte des murs. » Pour moi, je le déclare après une étude consciencieuse et réfléchie, il y
a peu de monuments antiques dont l'authenticité me paraisse aussi bien établie. Je ne suis pas porté à y croire; j'y crois. En
appliquant au Saint-Sépulcre les méthodes archéologiques ordinaires, on arrive au maximum de certitude que l'on puisse atteindre
en pareille matière; et certes personne ne songerait à la contester, s'il s'agissait d'un temple de Jupiter ou de Saturne, ou du
tombeau d'un des grands hommes de l'antiquité profane. Il n'est pas un des monuments anonymes de la Rome impériale qui
n'ait changé dix fois de nom depuis le moyen âge; pour le Saint-Sépulcre, au contraire, depuis Constantin jusqu'à nous, il y a
une immuable fixité dans l'attribution; avant Constantin, il y a la tradition locale attestée par des témoignages écrits et par une
série d'arguments que je n'ai pas à reproduire ici. En présence de cet enchaînement historique difficile à contester, on a
imaginé l'argument tiré du tracé des murailles de Jérusalem : cette objection s'écroule devant l'évidence des faits matériels que
nous venons d'exposer.

1. Williams, *Holy City*, II, p. 250. On ne voyait alors que le sommet des colonnes enterrées dans un monticule de décombres.

2. *Églises de la Terre Sainte*, p. 130 et suiv. Pl. VI-VIII. J'espère un jour, dans une seconde édition ou un supplément, rectifier et compléter ce premier travail d'après les résultats de mon second voyage.

3. Voir plus haut, p. 66 et 67.

118 APPENDICE.

mur A, un mur (teinté en gris foncé[1]) va rejoindre l'église du Saint-Sépulcre; c'est contre ce mur que s'appuyaient les portiques de l'atrium de la basilique dont un des piliers d'angle existe encore[2]. Le péristyle a forme donc l'entrée extérieure de l'atrium, « les propylées », suivant l'expression d'Eusèbe.

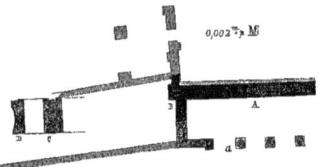

50. — Fragment de la deuxième enceinte et propylées de Constantin.

Ces propylées ne sont pas d'équerre avec l'axe de l'atrium : cette irrégularité tient à ce qu'on a voulu utiliser dans la construction les restes d'un gros mur antique AB, que l'on s'est contenté de couvrir à l'intérieur d'un revêtement en petit appareil romain, en harmonie avec le reste de

51. — Vue de l'angle B.

l'atrium. L'appareil de ce gros mur est identiquement celui des grands soubassements hérodiens du Temple : assises de 1 mètre à 1m,10 de haut, blocs de 1 mètre à 1m,80 de longueur, encadrés d'un refend et d'une ciselure. L'angle B est assez compliqué; à l'est le mur fait un retour d'équerre et s'interrompt brusquement dans les constructions de Constantin : je pense qu'autrefois il se retournait une seconde fois et venait se relier avec la porte CD, dont nous parlerons plus loin.

1. *Églises de la Terre Sainte*, p. 140. Pl. VI.
2. Les constructions teintées en gris clair sont plus modernes : les propylées eux-mêmes ont été encombrés de bâtisses, voûtes, dont les arrachements existent encore.

A l'ouest on voit l'amorce d'une tour (fig. 51) qui se projetait à l'extérieur, et dont la surface était renforcée par une série de contre-forts ou de pilastres reliés à leur base par une plinthe en biseau; cette disposition très-caractéristique est identiquement semblable à celle de l'enceinte du tombeau d'Abraham, à Hébron.

Je donne la vue perspective d'un angle de cette magnifique enceinte, afin de bien faire comprendre l'arrangement des pilastres. L'appareil d'Hébron est absolument le même que celui du Temple et de la

52. — Enceinte du tombeau d'Abraham à Hébron.

tour Phasaël : même refend, même ciselure, même taille de pierre exécutée avec le même outil; les blocs sont énormes : j'en ai mesuré un de 1^m,70 de hauteur sur 4^m,10 de longueur. Cette similitude de style, de construction, rapprochée du passage de Josèphe[1] qui atteste l'existence d'un culte rendu au tombeau d'Abraham et de travaux faits pour l'embellir, autorise à considérer

---

1. Μνημεῖα... καλῆς μαρμάρου καὶ φιλοτίμως εἰργασμένα (*Bell. Jud.*, IV, ix, 7.) L'enceinte a la forme d'un rectangle de 34 mètres sur 60 : il y a huit contre-forts sur une face et seize sur l'autre, sans compter les contre-forts des angles; chaque contre-fort a 1^m,10 de largeur; il occupe en hauteur la moitié de la hauteur du mur, que l'on peut évaluer à 18 mètres; l'intervalle des pilastres est de 2^m,10, et les contre-forts des angles ont 2^m,80 sur chaque face. A l'intérieur il ne reste rien d'antique. J'avais conclu de la description d'Ali-Bey et de la forme des toits que la mosquée actuelle était une ancienne église chrétienne. (*Églises de la Terre Sainte*, p. 345.) Le Dr Rosen, le seul savant européen qui y soit jamais entré (à la suite du prince de Galles), a entièrement confirmé cette manière de voir; quant aux tombeaux des patriarches, ils sont situés dans des cryptes où nul ne pénètre, pas même les Musulmans.

l'enceinte d'Hébron comme un monument judaïque, élevé sans doute à l'époque asmonéenne ou hérodienne. Rien ne s'oppose donc, archéologiquement, à ce que le fragment de mur judaïque que j'ai déblayé à Jérusalem appartienne à la seconde enceinte de la ville [1].

Il y a plus : à 15 mètres au sud de ce fragment, les fouilles ont mis à découvert les restes d'une porte monumentale CD, dont voici l'élévation. Elle se composait primitivement d'une arcade centrale et deux petites arcades latérales. La petite arcade qui subsiste a été restaurée à l'époque chrétienne ;

51. — Ancienne porte de Jérusalem.

l'un de ses chapiteaux a été pris à l'arcade centrale, l'autre est un chapiteau byzantin cubique orné d'une croix ; mais l'arcade centrale, dont il ne reste qu'un pilastre, est romaine. Les chapiteaux corinthiens, ornés au centre du tailloir d'un nœud accosté de deux oiseaux, sont d'un assez bon style. Il est évident que cette porte est bien postérieure au fragment de l'enceinte, mais tout fait supposer qu'elle aura été construite sur l'emplacement de l'ancienne entrée de la ville. C'est probablement la porte mentionnée par saint Paul, celle par laquelle Jésus-Christ aura été conduit au Calvaire, et les chrétiens auront voulu perpétuer le souvenir de cet événement en la relevant plusieurs fois de ses ruines. Nous avons déjà vu la construction de la Porte Dorée inspirée par un sentiment semblable ; presque toutes les villes dont la fondation remonte aux époques antiques offrent ainsi l'exemple de portes successivement rebâties sur le même emplacement.

Jusqu'à preuve du contraire, je me crois autorisé à considérer l'ensemble formé par cette ruine de porte et le fragment de rempart judaïque comme appartenant au deuxième mur. Je le reporte donc sur mon plan au point *d*. Il devient dès lors très-facile de déterminer le tracé de toute l'enceinte.

Josèphe nous apprend qu'elle venait aboutir d'un côté à la tour Antonia, de l'autre à un point du mur de Sion situé à côté de la porte Gennath. L'emplacement d'Antonia est connu : nous avons décrit la tranchée qui défendait la tour du côté du nord ; cette coupure artificielle se continue assez

---

[1]. Le Dr Barclay, bien connu par ses travaux sur Jérusalem, m'a montré une série de balles antiques de fronde recueillies dans les premiers déblais exécutés par les Russes ; ces témoins muets des sièges d'autrefois confirment le caractère militaire du mur au pied duquel ils ont été trouvés.

TOPOGRAPHIE DE JÉRUSALEM.

loin à l'ouest; dès lors il est permis de supposer qu'elle servait aussi à couvrir le mur de la deuxième enceinte à sa jonction avec la tour : ainsi, en prolongeant d'une part la direction de cette tranchée, de l'autre la direction du fragment judaïque, on aura obtenu le tracé de l'enceinte. Le point de rencontre de ces deux directions donne la tour angulaire de Josèphe[1]. La longueur totale se trouve alors avoir 620 mètres, ce qui correspond au chiffre donné par la comparaison du nombre de tours. Enfin, ce tracé place la porte Gennath en face de la dépression de terrain qui sillonne le mont Sion. Cet emplacement pouvait presque se déterminer *a priori*, car c'est le seul qui sur toute la face nord de Sion n'offre pas d'escarpement, le seul où l'on pût entrer presque de plain-pied dans la ville haute, le seul, par conséquent, où une porte pût être utilement placée.

L'ensemble des deux enceintes que nous venons de décrire constituait la ville proprement dite à l'époque de Jésus-Christ[2], mais de nouveaux quartiers se préparaient déjà; la population sortant

---

1. *Bell. Jud.*, V, vιιι, 4.
2. Le tracé de ces deux murs, sur notre plan (pl. XXXVI), établi d'après la description de Josèphe, s'applique à leur forme dernière, celle du temps de Jésus-Christ. Mais, comme nous l'avons déjà dit, depuis les rois de Juda jusqu'à Jésus-Christ, l'enceinte de Jérusalem, quoique souvent rebâtie, a peu changé de place ; notre tracé de la première et de la deuxième enceinte peut donc servir à l'intelligence des événements bibliques ; il ne faut pas oublier seulement que le Temple était beaucoup plus petit que nous ne l'avons figuré. Aussi avons-nous reproduit une partie des dénominations primitives telles qu'elles se trouvent dans le livre de Néhémie; nous avons tâché de concilier les trois descriptions qu'il contient, ce qui est assez facile, parce qu'elles renferment deux ou trois points fixes, d'une identification certaine : telle est la *Porte de la Fontaine* ou de la *Source*, qui, par sa connexion avec la fontaine de Siloé, les jardins du Roi et les escaliers de Sion (Nehem., ιι, 14, ιιι, 15, χιι, 37), se place nécessairement dans le voisinage de la source de Siloam ; telle est aussi la *Porte des Troupeaux* ou *des Brebis*, qui, d'un commun accord, est située au nord du Temple. Ces deux points établis, les autres s'ensuivent naturellement. — Dans sa promenade nocturne autour des murs (ιι, 13, 15), Néhémie sort par la *Porte de la Vallée*, passe devant la *Porte du Fumier* et l'étang du Roi (piscine de Siloam), remonte par le *torrent* (du Cédron) et rentre par la *Porte de la Vallée*. — Décrivant les ateliers qui travaillent à la reconstruction des murailles, le même auteur fait encore le tour de la ville : il part de la *Porte des Troupeaux* et y revient (ιιι, 1-31); voici dans quel ordre il place les principaux monuments : la *Tour des Cent*, la *Tour Hananeel*, la *Porte des Poissons*, la *Porte Vieille*, la *Tour des Fours*, la *Porte de la Vallée*, la *Porte du Fumier*, la *Porte de la Fontaine*, près de l'étang de Siloé et des *degrés* qui descendent de la ville de David; l'atelier suivant travaille jusqu'en face des *Tombeaux de David*, ce qui les suppose à peu près à l'emplacement que la tradition actuelle leur assigne; ensuite le mur de la ville fait un *angle*, après lequel on rencontre *Ophel*, la *Porte des Eaux*, située à l'orient, la *Porte des Chevaux*, la *Porte Judiciaire*, et enfin un *angle* (nord-est), après lequel on retombe sur la *Porte des Troupeaux*. — Dans la cérémonie de la consécration, les mêmes monuments se présentent dans le même ordre. Néhémie avait partagé les prêtres et les chefs de la nation en deux chœurs, et les avait placés à la *Porte du Fumier*; ces deux chœurs partirent en sens opposé : l'un passa devant la *Porte de la Fontaine*, monta les degrés et entra dans le Temple par l'orient, près de la *Porte des Eaux*; l'autre, après avoir successivement passé à toutes les portes et tours citées tout à l'heure, en ordre inverse (*Tour des Fours, Porte d'Éphraïm, Vieille*, etc., etc.), aboutit à la *Porte des Troupeaux* et entre dans le Temple.

On peut suivre, sur notre plan, ces différentes marches ; on est conduit alors à identifier la *Porte du Fumier* avec celle que Josèphe appelle des *Esséniens*, celle de la *Vallée* avec la *Porte Gennath* de Josèphe, et enfin la *Porte d'Éphraïm* avec les ruines que j'ai découvertes à l'est du Saint-Sépulcre, et décrites à la page précédente. Ce qui confirme l'identification de la Porte des Esséniens avec celle du *Fumier*, c'est la mention faite par Josèphe du lieu dit *Bethso* et que le mur occidental traversait avant d'arriver à la Porte des Esséniens : Βηθσώ = בֵּית־צוֹאָה = *locus stercoris*; il y avait donc sur les pentes du mont Sion une sorte de voirie qui aura donné son nom à la porte située auprès.

Néhémie ne mentionne pas une porte dont il est question avant la captivité, et qui s'appelle la *Porte de l'Angle* (II Chr. xxv, 23; xxvi, 9; — Ierem. xxxι, 38); d'après le contexte de ces passages et le nom même de la porte, elle devait être située à l'angle nord-ouest de Sion, où s'éleva plus tard la tour Hippicus. Le livre des Chroniques semble la placer à 400 coudées de la Porte d'Éphraïm, ce qui est bien peu, surtout si l'on songe qu'entre ces deux portes était celle « de la Vallée. » Aussi je crois qu'il faut comprendre ainsi le verset 23 : « Joas, roi d'Israël, fit démanteler le mur de Jérusalem sur une longueur de 400 coudées entre les deux portes. » Il se peut aussi que le second mur ne fût pas bâti à cette époque, qu'alors le nom de *Porte d'Éphraïm* désignât une entrée de la ville haute, et qu'il ait été transféré à une porte du second mur quand la limite de la cité eut été reculée jusque-là.

Le second mur (החומה אחרת) est pour la première fois mentionné dans la Bible sous Ézéchias, vers 712 (II Chr. xxxιι, 5).

des limites fortifiées s'établissait au dehors : « Elle commença par habiter au nord du Temple, puis « elle couvrit de maisons une colline nommée Bezetha, située en face d'Antonia, mais séparée de la « tour par un fossé profond creusé dans le roc[1]. » Cette colline, « la seule qui du côté nord ait vue sur le Temple[2], » est facile à retrouver sur le terrain; c'est celle qui s'élève derrière le couvent des Dames de Sion et s'étend jusqu'aux excavations dites « grottes de Jérémie »; seule elle domine la plate-forme du Haram, et le fossé qui la séparait d'Antonia existe encore; il ne peut y avoir aucun doute sur ce point. Une ville neuve, καινὴ πόλις, se forma donc sur les pentes qui portent aujourd'hui le quartier nommé « Haret-Bab-el-Hitta ». Il fallait la protéger par un rempart : le roi Agrippa jeta (40 ans ap. J.-C.) les fondements d'une *troisième enceinte* dont la construction, entravée par l'empereur Claude ne fut terminée qu'au moment du siége de Jérusalem[3].

Voici, d'après Josèphe (*Bell. Jud.*, V, iv, 2), quel était le tracé de ce mur : « Il commençait à « la tour Hippicus, se dirigeait vers le nord jusqu'à la tour Pséphina, ensuite s'étendait en face des « tombeaux d'Hélène, reine d'Adiabène, à travers les cavernes royales, se retournait au monument « du Foulon, et, rejoignant l'ancien mur, se terminait dans la vallée du Cédron. »

Le docteur Rosen, consul de Prusse à Jérusalem, a prouvé, dans un excellent travail[4], que l'enceinte d'Agrippa coïncidait avec le mur moderne de la ville, depuis la porte de Jaffa jusqu'à la porte de la Vierge ou de Josaphat; son opinion est aujourd'hui adoptée par tout le monde[5]. Je serai donc sobre de détails, et me contenterai de résumer les principaux arguments.

La tranchée qui sépare le mur moderne du monticule des grottes de Jérémie[6] est artificielle et antique : elle isole complètement le rempart du prolongement de Bezetha et traverse les grandes carrières creusées sous la colline. Nous avons déjà décrit ces immenses excavations souterraines, dont une partie, située hors de la ville, porte le nom de « grotte de Jérémie », et l'autre, située sous le quartier musulman, est nommée par les Arabes « Mogharet-el-Keitân ». (Voyez le profil xx.) Ce sont évidemment les « cavernes royales[7] » de Josèphe, car, sous la plume de cet historien, jamais le mot σπήλαια ne désigne des excavations funéraires (μνημεῖα, θήκαι, τάφος sont les mots qu'il emploie); la

Quant au mur d'Ophel, il est plus ancien, puisqu'il fut réparé par Joatham vers 750 (II Chr. xxvii, 3); et en effet Josèphe le classe dans la première enceinte.

Enfin Manassé (II Chr. xxxiii, 14), vers 650, fit refaire tout le mur depuis la « Porte des Poissons » jusqu'à Ophel, c'est-à-dire, par le fait, toute l'enceinte extérieure de la ville, moins le Temple. (Voyez le plan.)

1. *Bell. Jud.*, V, iv, 2. Βεζεθὰ, κείμενος μὲν ἀντικρὺ τῆς Ἀντωνίας ἀποτεμνόμενος δὲ ὀρύγματι βαθεῖ.
2. μόνον κατ' ἄρκτον τῷ ἱερῷ ἐπεσκόπει. *Bell. Jud.*, V, v, 8. Le texte imprimé porte ἐπεσκότει, mais la plupart des manuscrits ont la leçon que nous avons adoptée, et qui est bien préférable malgré le solécisme.
3. Dans un ancien et bien intéressant passage, le prophète Jérémie (xxxi, 38-40) annonce la construction de la nouvelle ville et de la troisième enceinte : « Le temps viendra, dit-il, où l'on bâtira une ville depuis la tour *Hananeel* jusqu'à la *Porte de l'Angle*. » C'est-à-dire depuis l'angle nord-ouest du Temple, défendu sous les rois de Juda par les tours Hananeel et Méah, jusqu'à l'angle nord-ouest de Sion, la porte de Jaffa d'aujourd'hui. — « Et son enceinte s'étendra sur le mont *Gareb*, entourera *Goatha*, la vallée des cadavres et des cendres, toute la région de la mort jusqu'au torrent de Cédron, jusqu'à l'angle de la *Porte des Chevaux*, située à l'Orient. » Gareb, comme son nom l'indique (גרב = נרב), située à l'occident, est la colline dont font partie les pentes sur lesquelles s'élèvent le quartier nouveau et la tour Pséphina : Goatha a été identifié par quelques auteurs avec *Golgotha*: les tombeaux de Joseph d'Arimathie sont un reste des nécropoles mentionnées par le prophète; enfin, la *Porte des Chevaux*, point de jonction de la nouvelle enceinte avec l'ancienne, est une des portes du mur qui dominait la vallée de Cédron, sous le Temple; la prophétie s'applique donc mathématiquement au tracé du mur d'Agrippa, construit dix siècles après.
4. *Zeitung der D. Morgenl. Gesellschaft.*, XIV, 605.
5. M. de Barrère, consul de France à Jérusalem, dans un travail inédit qu'il a bien voulu me communiquer, est arrivé à la même conclusion.
6. Voyez planche XXXVI, coupe suivant xx.
7. C'est M. Salzmann qui a le premier proposé cette identification. *Jérusalem*, p. 18.

grande tranchée antique, qui partage ces carrières, doit donc appartenir au système défensif de la troisième enceinte. Sur un grand nombre d'autres points, que notre plan indique, un travail analogue a creusé le rocher; tout n'est pas antique dans ce travail : telle base de tour épouse trop complètement la forme de la bâtisse moderne pour ne pas être contemporaine de la construction; mais ce sont là des arrangements de détail; la grande ligne tracée dans le sol est antérieure au moyen âge. Si l'enceinte antique s'était étendue plus loin du côté du nord, le sol en aurait conservé la trace; or on ne retrouve rien. Les fragments d'enceinte que le docteur Schultz avait cru découvrir sont ou des fondations modernes, ou des rochers dont les fentes naturelles simulent des joints. Les grands déblais faits par les Russes pour la construction de leurs établissements n'ont amené la découverte d'aucun fragment antique, ils ont même démontré que le plateau qui précède la ville au nord-ouest n'avait pas été habité avant le moyen âge. Le docteur Rosen a étendu la démonstration à toute la région septentrionale; par la seule étude du terrain, par la seule différence de couleur entre le sol naturel et le sol modifié par une longue habitation, il a établi que la ville antique, de ce côté, n'était pas plus grande que la ville actuelle. Le périmètre total, ainsi restitué, a une longueur d'environ 4,500 mètres.

Le seul point qui offre quelque difficulté est la jonction de la troisième enceinte avec la première, du côté de l'orient. Josèphe dit positivement que ces deux enceintes se rejoignaient dans la vallée du Cédron; il dit ailleurs que la première venait aboutir au portique *oriental* du Temple; ainsi, à ne consulter que les textes, il semble évident que le mur de la ville enveloppait complètement le Temple, mais la forme du terrain se prête difficilement à cette conclusion. L'escarpement du mont Moriah est tel que l'on a peine à comprendre comment un mur a pu être établi sur ses pentes; la terrasse du Temple étant déjà par elle-même une défense inexpugnable, il aurait dû suffire de faire aboutir à ses deux extrémités le rempart de la ville; peut-on croire, d'ailleurs, qu'un faubourg se soit bâti au pied de cette terrasse, sur l'étroite langue de terre qui la sépare du précipice? Quelle que soit la force de ces objections, je crois qu'il faut les laisser de côté, car les textes sont formels. Aux passages déjà cités de Josèphe, il faut ajouter ceux (IV, IV, 7, 8; V, I, 1) où il raconte la jonction des zélateurs, enfermés dans le Temple, avec les Iduméens, campés en dehors de la ville; les premiers sont obligés de sortir du Temple accrètement, à la faveur d'un orage, *d'aller jusqu'au mur*[1], de scier les portes et d'introduire leurs auxiliaires qui *traversent la ville* pour rentrer avec eux dans le Temple[2]. Toutes ces précautions auraient été inutiles si les portes du Temple avaient donné directement sur la campagne; maîtres du sanctuaire, les zélateurs auraient communiqué librement avec le dehors, soit par la porte orientale (Porte Dorée), soit par la Porte Triple, si un second mur, bâti sur l'escarpement du Moriah, ne les avait pas complètement isolés. Tacite est du même avis : selon lui, le Temple avait son enceinte propre, *proprii muri*, distincte de celle de la ville. Enfin une série de passages talmudiques, recueillis par Lightfoot[3], semblent prouver qu'entre le mur du Temple et celui de la ville, du côté de l'orient, il y avait un faubourg qui portait le nom de Bethphagé. C'est conduit par ces autorités que j'ai, sur mon plan, rejoint la troisième enceinte à la première, en enveloppant le Temple. J'ajouterai que, si le vieux mur s'était relié à un point quelconque de l'angle sud-est, on verrait, sur les assises encore en place, l'amorce du raccordement, ce qui n'a pas lieu.

Il existe encore un débris important de la troisième enceinte : c'est la porte septentrionale, dont

---

1. Διαλαθόντες ἐκ τοῦ ἱεροῦ παραγίνονται πρὸς τὸ τεῖχος.
2. Διὰ τῆς πόλεως ἀνέβαινον πρὸς τὸ ἱερόν.
3. *Centuria Chorographica*, Matth. Procem., c. xxxvii.

la Porte dite « de Damas » (Bab-el-Amoud) a pris la place. En voici le plan : l'ancienne baie C est encore visible, encastrée dans le mur moderne et enterrée jusqu'à la naissance de l'archivolte; cette

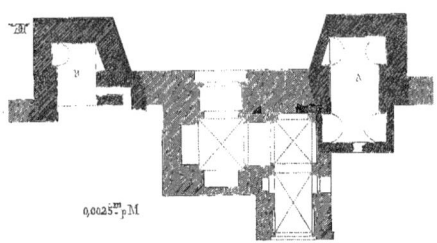

54. — Plan de la « porte de Damas. »

archivolte est en plein-cintre et formée de gros voussoirs; elle a les caractères antiques; la baie a 4 mètres de large et formait autrefois l'entrée latérale d'une porte à trois arcades; la porte était flanquée de deux tours avec des escaliers ménagés dans l'épaisseur des murs; elles ont servi de base aux tours modernes; j'ai teinté en gris foncé ce qui est antique ou au moins bâti en matériaux antiques, car il ne m'est pas prouvé que la partie apparente aujourd'hui soit du temps d'Agrippa; elle peut être un remaniement postérieur. Il n'est pas un des gros blocs qui la composent qui n'ait été pris à un monument antérieur : les uns sont à refends et à ciselures, comme les soubassements du Temple; les autres sont à surface lisse; l'ancien parement des pierres est tantôt à l'extérieur, tantôt à l'intérieur du mur. La partie aujourd'hui apparente des tours a donc été bâtie avec des ruines; cela est évident et ne fait de doute pour personne. A quelle époque a-t-elle été bâtie? là est la question : pour moi, je suis porté à croire que ce n'est pas du temps d'Agrippa; car le pan coupé n'est pas une forme qui paraisse aussi ancienne, et les ruines qui ont fourni les matériaux ont surtout été faites par les guerres romaines. Néanmoins je considère la base aujourd'hui enterrée des tours comme antique, au même degré que la baie murée, et pour moi ces intéressants débris indiquent l'emplacement d'une ancienne porte de la troisième enceinte. Selon un usage constant, et que nous avons déjà signalé, la porte n'a jamais été déplacée, et, à chaque reconstruction des murs, on a utilisé pour la nouvelle ce qui restait de la précédente. Les Juifs l'appelaient la « Porte de Bezetha », les Romains, « Porta Neapolitana[1] »; les Byzantins et les croisés, « Porta Sancti Stephani[2] »; elle s'appelle aujourd'hui « Bab-el-Amoud » (Porte de la Colonne), et les constructions turques se superposent à celles de tous les âges, comme le nom arabe vient s'ajouter aux noms qui ont désigné les constructions successives.

Il résulte du témoignage de Josèphe que la tour Pséphina, superbe construction octogonale, occupait un *point culminant* situé *à l'angle nord-ouest* de l'enceinte, en face de la tour Hippicus[3]. Elle était donc en *a*, là où se trouvent aujourd'hui les ruines nommées « Qasr-Djaloud » (le Château de Goliath) : c'est en effet le point le plus élevé de toute la ville; il n'est dominé que par le plateau B, qui supporte aujourd'hui les établissements russes; mais ce plateau, nous l'avons déjà dit, était situé en

1. Pèlerin de Bordeaux.
2. *Églises de la Terre Sainte*, p. 332-333.
3. *Bell. Jud.*, V, III, 5, et IV, 3.

dehors de l'enceinte antique : les fouilles exécutées par les architectes russes l'ont démontré. L'emplacement de Pséphina est donc parfaitement déterminé. On a cru, dans ces derniers temps, avoir retrouvé les restes de la tour sous les décombres du Qasr-Djaloud, mais à tort : on a pris pour antiques des constructions du moyen âge : les murs du Qasr-Djaloud sont faits en blocage avec un parement de pierres de taille à gros bossages saillants, et sont percés de portes en ogive; ils appartiennent aux fortifications élevées pendant les croisades.

Le seul monument antique que renferme Bezetha est l'arc connu sous le nom de « arc de l'*Ecce Homo* ». C'est un arc de triomphe romain à trois arcades dont le croquis ci-joint indique la disposi-

55. — Arc de l'*Ecce Homo*.

tion générale[1] : il offre une assez grande analogie de style avec les monuments nommés *Kalybé*, et élevés en si grand nombre dans le Haouran pendant les IIe et IIIe siècles après J.-C.[2]; les caractères de la construction et le profil des moulures appartiennent à une époque assez basse. Parmi les voussoirs se trouvent deux pierres taillées dans les ruines d'un monument antérieur et qui portent des fragments d'inscriptions grecques; sur l'une on lit :

AYP..

Sur l'autre :

ΕΛΛ///Ν...
ΦΟΙ......

Il n'y a rien à tirer, comme sens, de fragments aussi incomplets; la forme des lettres et la présence du mot *Aurelius* indiquent une époque postérieure à la fondation d'Ælia Capitolina, et abaissent nécessairement l'âge de la construction de l'arc. La tradition qui s'attache à ses ruines est vraie en ce sens, que, la tour Antonia étant la demeure du procurateur romain, les scènes de la Flagellation et de l'*Ecce homo* ont dû se passer à proximité de la tour, et probablement aux endroits désignés par la tradition. Mais l'arc en lui-même est bien postérieur à la mort du Christ, et n'a pu jouer aucun rôle dans les sanglants épisodes de sa passion. Aussi la pieuse croyance qui place au sommet de l'arcade centrale la douloureuse exposition du Sauveur est-elle relativement très-moderne; on n'en trouve aucune trace dans les pèlerinages antérieurs au XVIe siècle. Au XIVe et au XVe, on vénérait deux pierres encastrées à la base de l'arc, et que la tradition rattachait soit à la scène du *jugement de Jésus*, soit au *lithostrotos*, soit même au *portement de la croix*[3].

---

1. Les parties dont l'appareil est indiqué sont les seules conservées : le reste, dessiné au trait, est restauré; l'existence des deux niches supérieures est prouvée par l'*appui* qui se trouve au-dessus de la petite arcade.
2. Voyez *Syrie centrale. Archit.*, planche 7.
3. Voyez : *Églises de la Terre Sainte*, p. 301, et les Voyages de Marino Sanuto, du sieur de Caumont, de F. Fabri et de

APPENDICE.

Nous avons décrit aussi exactement que possible, en nous laissant guider par les indications topographiques et archéologiques, le tracé des trois enceintes de Jérusalem au moment du siège de Titus ; il nous reste maintenant à fixer quelques points de la topographie intérieure de la ville.

Josèphe distingue quatre parties : la ville haute, la ville basse [1], la ville neuve et le Temple. Le Temple est bien connu, la ville neuve est le quartier entouré par le mur d'Agrippa ; pas d'incertitude sur ces deux points ; restent la ville haute et la ville basse. La distinction de ces deux quartiers étant basée sur leur altitude réciproque, abstraction faite des enceintes, il est facile de les retrouver sur le terrain ; c'est une simple question de nivellement. La ville haute est le plateau supérieur du mont Sion ; la ville basse comprend toute la surface dont le niveau est inférieur à Sion, c'est-à-dire toute la deuxième enceinte et, de plus, la vallée et les pentes d'Ophel. La ville basse avait la forme d'un croissant (ἀμφίκυρτος) et était séparée de la ville haute par la vallée des Fromagers (τῶν τυροποιῶν) ou Tyropœon, vallée qui s'étendait jusqu'à la fontaine de Siloam. Ces assertions de Josèphe s'appliquent exactement au plan tel que nous le comprenons, en donnant le nom de Tyropœon à la vallée qui part de la « tour David », descend à l'est, puis se dirige brusquement au sud et vient aboutir à Siloam après avoir tracé un demi-cercle autour du mont Sion. Dans la ville basse se trouvait « une colline nommée Acra, séparée du Temple par une autre vallée. » Les rois Séleucides avaient bâti sur Acra une forteresse qui commandait le Temple ; Simon Macchabée fit raser la forteresse, baisser le niveau de la colline et combler avec les déblais une partie de la vallée, de manière à rendre plus facile l'accès du Temple [2]. Il n'y a qu'une seule vallée qui longe le Temple du côté de la ville, et un seul point de cette vallée où la plate-forme du Temple soit accessible presque de plain-pied ; la position d'Acra est donc facile à déterminer : c'est le plateau compris dans l'angle des deux branches du Tyropœon et entouré par la deuxième enceinte [3]. (Voyez le plan.)

Breydenbach. Georges Lengherrand (1485-1486) est le plus explicite : « Une arcure de pierre qui traverse la rue, lequel fit faire « S¹ᵉ Hélainne et au haut y a deux grosses pierres blanches dont sur l'une estoit Nostre Sgr quand il fut jugié à mort et sur « l'autre Pillate qui le jugea. » (*Voyage de G. Lengherrand*, par le marquis de Godefroid Ménilglaise ; Mons, 1861, p. 119. Pour le pieux mayeur de Mons, l'arc était du IVᵉ siècle, et il avait probablement raison.

1. La basse ville, sous les rois de Juda, s'appelait la « deuxième ville, » משנה par opposition sans doute à la « ville de David » ou cité primitive (IV Reg. XXII, 14 ; Soph. I, 10).

2. La situation de cette forteresse a été l'objet d'assez vives controverses : la difficulté vient de la contradiction qui exista entre deux passages de la Bible (I. Macch. XIII, 53, et XIV, 37). D'après le premier verset, Simon, ayant pris la forteresse, bâtit *auprès d'elle* (παρὰ τὴν Ἄκραν), et sur le mont du Temple, une citadelle qu'il habita. D'après le second, ce serait dans la forteresse même que Simon se serait installé ; mais toute difficulté est levée par Josèphe, qui donne raison à la première opinion. Il raconte (*Ant. Jud.*, XIII, VI, 6) que Simon, après la prise de la forteresse, la fit raser complètement, et abaisser le sol sur lequel elle était construite. Le fait est trop naturel pour ne pas être vrai : de tout temps on a vu les insurrections victorieuses démolir les citadelles qui les avaient longtemps menacées, sauf à les rebâtir pour leur propre défense. Il faut donc distinguer entre la forteresse *Acra*, et celle que Simon bâtit sur la montagne du Temple et qui n'est autre que *Baris*, plus tard *Antonia*. Acra fut bâtie par Antiochus Épiphane, l'an 168 av. J.-C. (I. Macch. I, 35. — *Ant. Jud.*, XII, V, 4), dans la *basse ville*, dit Josèphe, dans la *ville de David*, dit la Bible ; mais cette expression ne désigne pas le mont Sion, puisque, au chapitre IV, il est dit que les Juifs insurgés se fortifièrent sur le mont Sion, mais qu'ils ne purent prendre Acra. Cette forteresse, en effet, fut toujours occupée par une garnison macédonienne, même à l'époque des grands succès de Judas et de Jonathan, et ne fut prise que par Simon en 142. (Cf. I. Macch. I, 35 ; IV, 41, 60 ; VI, 18, 62 ; V, 32 ; XI, 20, 21, 22 ; XII, 36 ; XIII, 49, 50, 51.)

3. Dans sa description générale (*Bell. Jud.*, V, IV, 1), Josèphe fait une confusion qui a été l'origine de beaucoup d'erreurs et de discussions entre les archéologues. Prenant la partie pour le tout, il donne le nom d'*Acra* à toute la ville basse et semble restreindre cette dernière à la colline séparée du Temple par une vallée. Mais il résulte des détails des opérations du siège (VI, VI, 3 ; VII, 2. — Nous y reviendrons plus loin.) que la ville basse, comme la topographie physique le veut, comprenait la vallée et les pentes d'Ophel jusqu'à Siloam ; il faut donc appliquer l'expression ἀμφίκυρτος à tout le quartier, et non point seulement à Acra qui n'en était qu'une fraction.

TOPOGRAPHIE DE JÉRUSALEM.

Dans la ville haute était le palais royal, situé près des trois grosses tours; elle était mise en communication avec le Temple par le pont dont nous avons déjà décrit les restes.

Dans la ville basse étaient le sénat, les archives, le palais de la reine Hélène.

Comme vérification de notre système de topographie, nous allons rappeler rapidement les diverses phases du siége de Titus; si notre système est juste, il doit permettre d'appliquer et d'expliquer en même temps les opérations militaires des Romains. Sous ce rapport, on va le voir, la satisfaction est complète; le tracé des murailles, tel que nous le comprenons, est le seul qui réponde exactement au récit de Josèphe.

Titus arrivait par le nord; le 8 xanthicus (avril[1]), il laissa ses troupes à trente stades environ de Jérusalem (entre 5 et 6 kilomètres) et poussa avec six cents hommes une reconnaissance de cavalerie sous les murs de la ville. Il suivit d'abord la voie antique qui mène à la porte de Damas, puis, tournant à droite, il se dirigea vers la tour Pséphina, mouvement qui s'explique par le désir de gagner le plateau des établissements russes, le seul point d'où l'on pût avoir un coup d'œil d'ensemble sur la place; à ce moment un corps d'assiégés sortant brusquement de la porte qui est en face du tombeau d'Hélène (la porte de Damas) vint prendre en flanc les cavaliers romains et jeta le désordre dans leurs rangs. Titus courut un grand danger; il ne dut son salut qu'à sa bravoure et à la vitesse de son cheval.

A la suite de cet événement, le général romain résolut de faire l'investissement de la place; il fit avancer le gros de son armée jusque sur le mont Scopus, en un point où l'on découvrait toute la ville, et à sept stades (1,300 mètres) de ses murs. Ce point est bien connu des voyageurs qui arrivent par la route de Naplouse, à cause du beau panorama qu'il offre subitement à leurs regards; il est à 1,200 ou 1,300 mètres de la porte de Damas, et correspond aux indications de Josèphe, à la condition que l'on donne à la troisième enceinte, ainsi que nous l'avons supposé, le tracé de l'enceinte actuelle. Titus fit camper son armée sur ce point à l'exception de la dixième légion qui prit position sur le mont des Oliviers, non sans avoir eu à repousser une violente attaque des Juifs sortis du Temple.

Titus consacra ensuite quatre jours à faire couper les arbres, renverser les murs des jardins et enlever les obstacles qui le séparaient de la ville; puis il vint s'établir, le 14 xanthicus, avec la moitié de son monde, à deux stades de la tour Pséphina (sur le plateau des établissements russes), et l'autre moitié à deux stades de la tour Hippicus, c'est-à-dire sur le revers occidental de la vallée de Ben-Hinnom.

Son projet était de forcer la troisième enceinte entre Pséphina et Hippicus, en face du tombeau du prêtre Jean, de pénétrer par là dans la nouvelle ville; puis d'attaquer directement le mur de Sion au point où il n'était pas couvert par la deuxième enceinte; et de battre en même temps la tour Antonia afin de prendre le Temple : si cette double attaque lui donnait le Temple et le mont Sion, c'est-à-dire les deux clefs de la position, il était maître de la ville. Le point d'attaque de la troisième enceinte avait été choisi entre Pséphina et Hippicus pour trois raisons : 1° le rempart était là moins fort qu'ailleurs, et le quartier situé par derrière était moins habité; 2° la deuxième enceinte était loin en arrière; 3° l'accès du mur de Sion, une fois le rempart forcé, devait être facile[2].

Ce plan, parfaitement combiné, n'est compréhensible qu'avec le système que nous avons suivi, et le tracé du second mur, tel que nous l'avons adopté, est le seul qui satisfasse aux deux dernières raisons de Titus. En effet, il n'y a qu'un point de l'enceinte nord de Sion où l'accès pût être facile : c'est celui qui

---

1. Bell. Jud., V, III et seq.
2. Bell. Jud., V, VI, 2. Ταύτῃ γὰρ τότε πρῶτον ἦν ἔρυμα χθαμαλώτερον, καὶ τὸ δεύτερον οὐ συνῆπτεν..... ἐπὶ τὸ τρίτον ἦν εὑπέτεια. Dans ce passage Josèphe intervertit sa classification ordinaire; il nomme premier mur l'enceinte extérieure ou troisième enceinte, et troisième mur le mur de Sion.

APPENDICE.

se trouve en face de la dépression de terrain *g*; partout ailleurs le flanc de la montagne était escarpé; de plus, l'angle nord-ouest, défendu par ses trois grosses tours, était inexpugnable : Titus ne pouvait songer à l'attaquer; il ne pouvait raisonnablement espérer forcer le mur de Sion qu'à une distance assez grande de ces formidables défenses. Il faut donc nécessairement, afin de satisfaire aux deux conditions susénoncées, rejeter le point de jonction du second mur et du premier bien à l'est de la tour Mariamme, jusqu'au point que les raisons archéologiques nous ont amené à choisir.

Onze jours suffirent aux Romains pour élever leurs *aggeres*[1], faire brèche et donner l'assaut. Maître de la ville neuve, Titus comprit qu'il ne pourrait facilement attaquer le mur de Sion au seul point accessible, c'est-à-dire dans l'angle, s'il laissait le second mur au pouvoir des assiégés. Ses travailleurs, exposés de flanc aux traits de l'ennemi, auraient trop souffert; il résolut donc de forcer la seconde enceinte; il l'attaqua par le saillant[2], et en cinq jours il s'empara de la tour d'angle. Il lui fallut quatre jours de combats acharnés pour rester maître de cette position, et, renonçant à s'engager dans les rues étroites et tortueuses de la ville basse, il se contenta de faire démolir toute la partie du second mur qui regardait le nord (de *m* en *n*), puis il couronna le reste de l'enceinte (de *n* en *o*) de soldats destinés à protéger les travailleurs établis dans l'angle rentrant.

Quatre jours de repos furent donnés aux troupes, et, le 12 artemisius (mai), Titus, fidèle à son plan d'attaque, fit commencer les approches sur deux points : contre le mur de Sion et contre la tour Antonia[3].

La première attaque se composait de deux *aggeres*, l'un situé en face de la piscine « Amygdalon » (aujourd'hui Birket-Hammam-el-Batrak), l'autre à 15 mètres plus loin, en face du tombeau du prêtre Jean; ils étaient servis par la dixième et la quinzième légion. La défense était commandée par Simon Bar-Gioras. La seconde attaque se composait aussi de deux *aggeres* placés à 10 mètres l'un de l'autre, et servis par la cinquième et la douzième légion. Ils étaient situés, dit Josèphe, « en face du milieu de la piscine Strouthion » ; la position exacte de cette piscine n'étant pas connue, l'assertion de l'historien ne nous est pas d'un grand secours; mais la forme du terrain et les détails du siège indiquent que l'attaque fut dirigée contre le saillant nord-est de la tour Antonia. Les assiégeants, commandés par Jean de Giscala, se défendaient non-seulement du haut de la forteresse, mais du haut du portique nord du Temple.

La construction des *aggeres* prit dix-sept jours d'un travail assidu ; lorsqu'on approcha les machines de siège, le terrain miné par les Juifs s'affaissa subitement, tous les travaux exécutés devant Antonia furent détruits; en même temps de vigoureuses sorties dirigées par Simon brûlèrent les machines dressées contre le mur de Sion et obligèrent les Romains à abandonner leurs ouvrages.

Averti par cet échec, Titus tint un conseil de guerre dans lequel il fut décidé que l'on compléterait l'investissement de la place par la construction d'une circonvallation. Toute l'armée se mit à l'œuvre avec une ardeur indicible, et en trois jours elle eut entouré la ville d'un ouvrage en terre continu, flanqué de treize redoutes et d'une longueur de trente-neuf stades (près de 8 kilomètres). La ligne commençait au « camp des Assyriens », c'est-à-dire au sommet de Bezetha, « où Titus avait établi son « quartier général, descendait dans la partie basse de la ville neuve, traversait le Cédron et montait sur « le mont des Oliviers; puis, tournant au sud, embrassait une partie de la montagne jusqu'au rocher « nommé Peristereon, se maintenait sur les hauteurs qui dominent la vallée de Siloam; puis, se

---

1. Au point marqué n° 1 sur le plan. Planche XXXVI.
2. Au point n° 2 du plan. *Bell. Jud.* V. VIII, 4. La tour était défendue par un nommé Castor.
3. Ces deux points sont désignés par le chiffre 3 sur le plan.

« dirigeant vers le couchant, descendait dans la vallée de la Fontaine, remontait en face du monument
« d'Ananus le grand prêtre, tournait au nord en embrassant la montagne sur laquelle Pompée avait
« campé, se prolongeait jusqu'au village nommé la Maison des Pois, enclavait le monument d'Hérode
« et venait à l'est rejoindre le quartier général[1]. » Cette description est si précise qu'elle n'a pas
besoin de commentaires : la ligne se trace sans difficulté sur le terrain.

Ce travail terminé, Titus concentra tous ses efforts sur la tour Antonia et l'attaqua sur quatre points
à la fois. En vingt et un jours on éleva de nouveaux *aggeres* à l'aide de bois apportés de loin, les
machines furent approchées, et en cinq jours, malgré la vigoureuse résistance des assiégés, la brèche
fut pratiquée et la forteresse emportée. La chute de cette citadelle entraîna celle du Temple. Après
trente-six jours de combats que nous avons racontés ailleurs, l'enceinte sacrée fut prise, le Temple
brûlé, et ce qui restait de ses défenseurs contraint de chercher un refuge dans la ville haute (15 loüs).
Las d'incendie et de carnage, Titus voulut faire une dernière tentative de conciliation, et offrit des
conditions acceptables aux chefs réfugiés sur le mont Sion. Il eut avec eux, sur le pont, une entrevue
dont le résultat fut négatif; l'enivrement de la lutte, le fanatisme du désespoir, le manque de confiance
dans la clémence impériale, rendirent Simon et Jean intraitables; ils résolurent de se défendre jusqu'à
la dernière extrémité, espérant trouver dans les chances du combat l'occasion de percer la ligne des
Romains et de s'ouvrir, le fer à la main, le chemin du désert et de la liberté. Irrité de leur résistance,
le nouvel *imperator* ordonna le pillage et la destruction de la ville basse; les soldats, sortant par les
portes du Temple, se répandirent dans les quartiers d'Acra, d'Ophel, massacrant et brûlant tout sur
leur passage; les édifices publics, le palais d'Hélène, devinrent la proie des flammes, et l'incendie
s'étendit jusqu'à Siloam[2]. Après cette terrible exécution, les Romains attaquèrent directement la ville
haute sur deux points; quatre légions reprirent les travaux commencés en face du palais royal, tandis
que le reste de l'armée dressait des *aggeres* contre le mur intérieur de Sion, à l'extrémité du pont,
près du Xyste[3]; les assiégés tinrent encore dix-huit jours; enfin, le 8 gorpiæus (septembre), un assaut
général emporta les dernières défenses. Les débris de la population, échappés à la famine, aux
séditions, aux combats, furent ou massacrés ou emmenés en esclavage. Ce qui restait de la ville fut
brûlé, les fortifications furent détruites, et Titus ne laissa debout que les trois grosses tours, Phasaël,
Hippicus et Mariamme, comme un monument de sa gloire et de la fortune impériale : Μνημεῖον τῆς
αὐτοῦ τύχης.

---

1. *Bell. Jud.*, V, xii, 2. (Voyez planche XXXVI.)

2. VI, vi, 3 et vii, 2. Τότε ἀρχεῖον, καὶ τὴν Ἄκραν, καὶ τὸ βουλευτήριον, καὶ τὴν Ὀφλᾶν ὑφῆψαν. — Τρεψάμενοι τοὺς λῃστὰς ἐκ τῆς κάτω πόλεως, τὰ μέχρι τοῦ Σιλωὰμ πάντα ἐνέπρησαν. Il résulte de la comparaison de ces deux passages que la basse ville comprenait non-seulement la deuxième enceinte, mais la vallée, les pentes d'Ophel, et toute la première enceinte qui n'était pas Sion ; Acra n'était qu'un quartier de la basse ville, ainsi que nous l'avons déjà dit.

3. *Bell. Jud.*, VI, viii, 1.

APPENDICE.

II.

INSCRIPTIONS ANTIQUES DE JÉRUSALEM.

De toutes les villes antiques, Jérusalem est celle qui a fourni le moins d'inscriptions; presque toute la collection tient sur une seule feuille (pl. XXXVII). Les textes judaïques sont particulièrement rares; avant nous, il n'en avait été rapporté aucun; les textes latins se réduisent à un seul, celui qui se trouve encastré dans la Porte Double et qui ornait autrefois la base d'une statue d'Antonin le Pieux. (Voyez plus haut, p. 10 et pl. V.) Les inscriptions grecques sont les plus nombreuses; encore sont-elles bien rares et n'offrent-elles qu'un intérêt assez restreint; mais, en raison de cette rareté même, il nous a paru utile de les réunir dans un même recueil. Les copies qui en ont été prises jusqu'à présent sont éparses dans divers ouvrages; quelques-unes même sont fautives; d'autres textes avaient échappé au regard des voyageurs : j'ai donc refait une collation complète de toutes les inscriptions antérieures au xie siècle, avec l'aide de M. Waddington, dont l'œil exercé et les connaissances épigraphiques m'ont été d'un précieux concours.

1.

Inscription hébraïque du tombeau des Beni-Hezir (pl. XXXVII, fig. 1). J'ai déjà expliqué et commenté ce texte intéressant, je n'y reviendrai pas, si ce n'est pour signaler une erreur typographique qui s'est glissée dans notre transcription (page 45); une correction mal comprise a fait disparaître à la seconde ligne le ן du nom יוסף, *Joseph*.

L'importance de ce monument est surtout paléographique; c'est le plus ancien texte connu jusqu'à présent, écrit en hébreu *carré*; il est nécessairement antérieur à l'an 70 de notre ère. J'ai essayé de prouver, d'autre part, qu'il était postérieur à l'avènement d'Hérode (*Revue archéolo-*

gique, mars 1864). Le profil du chapiteau, que je donne à une grande échelle, confirme cette opinion ; un dorique pareil ne saurait être antérieur de beaucoup à l'époque de Jésus-Christ. Le profil, composé de lignes droites, n'a plus cette courbure savante qui caractérise le style dorique des beaux temps de l'art grec. Les autres détails architectoniques du portique appartiennent de même à une époque voisine de l'empire romain : ainsi l'absence de cannelures aux colonnes, la forme conique des gouttes, le profil de la corniche. Ce n'est pourtant pas un monument de décadence; il ne manque pas de vigueur et a été exécuté avec intelligence ; la disposition inclinée des triglyphes a été calculée de manière à corriger l'effet de la distance sur l'œil du spectateur situé dans la vallée, en contre-bas du rocher dans lequel est taillé le tombeau.

2.

המשכב (הוה) ....?
של חם .....

Inscription gravée sur l'entrée d'un tombeau situé sur le chemin qui mène de Jérusalem au tombeau dit « des Juges » :

« Ce tombeau.... de Haç.... »

La fin est malheureusement mutilée : le premier mot est le seul certain : il signifie proprement *lit*. On ne le trouve avec le sens de *tombeau* que dans l'inscription funéraire phénicienne d'Esmunazar, roi de Sidon. Les Livres saints n'offrent pas d'exemple de cette acception spéciale. Notre inscription prouve pourtant qu'elle existait en hébreu comme en phénicien ; elle n'a rien, d'ailleurs, que de très-logique, la racine שכב ayant, dans la Bible, le double sens d'être *couché* et *mort*.

Le sens de la seconde ligne est difficile à déterminer, à cause de l'état de mutilation du monument; il serait téméraire, avec quatre lettres, de vouloir établir une interprétation définitive : il se peut que le mot של soit la particule du génitif employée dans le langage rabbinique dès le premier siècle de notre ère ; dans ce cas, les deux lettres suivantes seraient le commencement d'un nom propre tel que *Haçadiah* (1 Chr., III, 20) ou *Haçrah* (1 Chr., XXXIV, 22).

3.

Le fragment reproduit à la fig. 2 est trop mutilé pour que j'entreprenne son explication. Il est gravé sur une dalle de pierre trouvée par M. Finn, consul d'Angleterre, sur les pentes du mont des Oliviers. Je ne distingue que le mot בן, « fils, » au milieu de la première ligne; c'est sans doute une inscription funéraire. On remarquera le *schin* de la deuxième ligne; sa forme se rapproche de celle que nous avons cru reconnaître dans la première ligne de l'inscription des Beni-Hezir; elle est identique à celle du *schin* nabathéen et auranite au Ier siècle (*Revue archéologique*, avril 1864); elle a donné naissance au *schin* rabbinique. J'en ai trouvé un autre exemple à Jérusalem même, dans un *graffito* tracé sur l'enduit intérieur de l'hypogée connu sous le nom de « Tombeau des Prophètes. » Je le reproduis pl. XXXVII, 2. C'est le mot שלום, « paix », formule commune à tous les peuples de l'Orient.

Les parois de ce même hypogée sont couverts de *graffiti* tracés par les pèlerins de toutes les époques et de tous les pays; au milieu des noms de Juifs polonais et de touristes modernes, je n'ai distingué que ce mot hébraïque qui méritât d'être relevé à cause de la forme ancienne de l'écriture, et le nom d'un pèlerin gréco-romain, Φλωρίανος Ἄσταγος, qui est reproduit sous le même numéro que le précédent.

4. (Planche XXXVII, fig. 4.)

.... ἐρου ....
.... ης μο ....
.... στον εἰς ....
τεθῆ]ναι εἰς τὴν κ
ωρας ἧς κατα ....
τύμβο]ν τοῦτον μὴ ἀν ....
τ]αφῆναι ἕτερο[ν
πᾶ]ς δὲ ἐπιχειρῶν π]αραβαίνειν
τοῦ]το ἔχει πρὸς τὴν [ὀργὴν
τὴν μέ]λλουσαν. ✝

Pierre funéraire employée dans le dallage de l'église du tombeau de la Vierge, dans la vallée de Josaphat. L'état de mutilation ne permet pas une interprétation complète. Le commencement renfermait des noms propres; puis vient la défense « d'ensevelir un autre mort dans le tombeau, » et enfin la menace du « (jugement) à venir » adressée à celui qui « voudrait essayer d'enfreindre cette défense. » Il est difficile d'affirmer que l'inscription soit chrétienne, car la croix ne paraît pas de la même main que le texte; elle peut avoir été ajoutée après coup, et la forme des caractères convient aussi bien aux dernières années du paganisme officiel qu'aux premières du christianisme émancipé. La mention du jugement dernier, si elle était positive, déciderait la question, mais le mot important manque; je l'ai restitué d'après une inscription sans date rapportée par Muratori (1949, 3) et qui se termine ainsi : εἴ τις τὰ ὀστὰ μοῦ σκύλει ἔσται αὐτῷ πρὸς τὴν ἐπερχομένην ὀργήν. Pour moi, je ne doute pas que l'inscription soit chrétienne, car je ne vois pas à quelle formule païenne les derniers mots pourraient appartenir. La menace du jugement dernier est très-fréquente dans les textes latins du moyen âge : on la retrouve aussi dans des épitaphes latines d'une époque voisine de celle du monument qui nous occupe; en voici quelques exemples dont je dois l'indication à l'obligeance de M. Edmond Leblant :

« Si quis se præsumpserit contra hunc tumulum meum violare, habeat inde inquisitionem ante tribunal Domini nostri. » (Gruter, 1062, 1.)

« Rogantes et dicentes per Deum vivum et illum diem judicii, ne quis hoc infantium molestet intus monumentum. » (Inscription de l'an 556, citée par Marini [*Papiri diplomatici*, p. 286] avec un grand nombre de textes relatifs au même sujet.)

« Ne me tangas, nec sepulcrum meum violes : nam ante tribunal æterni Judicis mecum causam dicis. » (Muratori, 429, 2). Inscription de l'an 568.

5. (Planche XXXVII, fig. 7.)

Ὑπὲρ σωτηρίας Μαρίας.

Fragment de sarcophage en marbre blanc employé par les Arabes dans la décoration intérieure du Qoubbet-es-Sakhrah.

La formule, ὑπὲρ σωτηρίας, *pro salute*, très-fréquente sur les autels et monuments votifs de l'époque païenne, ne se rencontre jamais sur les tombeaux; aussi je considère qu'elle appartient ici à la sépulture d'une chrétienne et fait allusion à son salut éternel; cette opinion est confirmée par le nom tout chrétien de Marie. Le style des ornements du sarcophage, la forme des lettres de l'inscription, indiquent une époque voisine du IVe siècle, ce qui expliquerait l'emploi de cette formule d'une physionomie encore païenne, quoique prise dans un sens chrétien.

Dans le dallage de la même mosquée se trouve un autre fragment d'inscription antique : il ne porte qu'une seule lettre, un Ω colossal qui a plus de 30 centimètres de diamètre, et par sa forme appartient à l'époque du haut empire; serait-ce un débris de quelque inscription du Temple d'Hérode?

6.

Sur l'entrée des tombeaux creusés dans les flancs de la vallée de Ben-Hinnom, il existe une série d'inscriptions grecques qui ont été diversement interprétées. Celle qui a prêté au plus grand nombre de commentaires est la plus courte; elle ne se compose que des trois mots

ΤΗϹ ΑΓΙΑϹ ϹΙѠΝ

et se trouve gravée au-dessus de la porte de plusieurs hypogées. L'explication qui me paraît la plus raisonnable est celle qui attribue ces tombeaux aux membres d'une communauté religieuse dont le couvent portait le nom de « Sainte-Sion. » Schultz pensait que c'étaient des sortes de fosses communes, qui se distinguaient des tombeaux particuliers ou personnels caractérisés dans les épitaphes par l'emploi du mot διάφερον. A cette seconde catégorie appartient l'inscription relevée par lui et par M. de Saulcy, mais que nous n'avons pu retrouver, et dont voici la transcription :

Schultz :	De Saulcy :
† ΜΝΗΜΑΔΙΑΦΕΡΟΤΗΝ	† ΜΝΗΜΑΔΙΑ..ΡΟΤΗΙ...
ΑΦΟΥΡΟΜΙΙϹΑΓΙΑϹϹΙѠΝ	......ΤΗϹ.ΓΙΑϹϹΙѠΝ

La lacune du milieu est impossible à combler, mais on reconnaît très-bien le commencement et la fin. Μνῆμα διάφερον τῇ .... τῆς Ἁγίας Σιών. « Tombeau réservé à .... du couvent de Sainte-Sion. » Le verbe διαφέρω se trouve avec cette acception sur d'autres tombeaux chrétiens. (Voyez les exemples cités dans le *Thesaurus Græcæ Linguæ* : Αὐτὴ ἡ σορὸς διαφέρει Πολυκαρπῷ ὑποδιακόνῳ, etc....)

APPENDICE.

Le texte suivant, déjà copié par les mêmes archéologues, existe encore, non loin des hypogées précédents.

☩ ΜΝΗΜΑ ΔΙΑΦΕ
ΡΟΝ ΘΕΚΛΑΜΑΡ϶ . Υ
ΛΦΟΥΓΕΡΜΑΝΙΚΗ
C. N

Μνῆμα διάφερον Θέκλα Μαρ..λφου Γερμανικῇ. Σιών.

« Tombeau particulier de Thécla, fille de Mar..lphe, Allemande. Sion. »

Cette interprétation appartient à M. de Saulcy, qui restitue Μαρούλφου, *Marulphe*, et n'a pas reconnu le mot Σιών, qui, je l'avoue, est fort douteux.

Non loin de là, au-dessus de la porte d'une chambre sépulcrale, est gravée l'inscription reproduite planche XXXVII, fig. 5, et dont voici la transcription :

Θήκη, διαφέρ[ουσα]
Θέκλα Σεβα[στῇ]
Ἡγουμένῃ Μοναστηρίου
Βενα... τοῦ Γεωργίου.

« Tombeau particulier de Thécla, Auguste, Higoumène du monastère des filles de saint George. »

Elle avait été déjà relevée assez incomplètement par Krafft, et d'après sa copie M. de Saulcy avait parfaitement déterminé le sens général du texte, en identifiant le mot abrégé Βενα... avec l'arabe *Benat*, « filles »; mais il n'avait pas reconnu le véritable caractère de Thécla, dont la qualification était mal copiée. Le titre de Σεβαστή désigne généralement les impératrices, et quelquefois les princesses de la famille impériale; sous Constantin XII Monomaque, il fut étendu aux concubines; mais je ne pense pas que notre inscription soit d'une époque aussi basse, et d'ailleurs je veux croire que cette qualité eût été un empêchement à la dignité ecclésiastique dont notre Thécla était revêtue. L'histoire ne mentionne que deux princesses du nom de Thécla[1] : l'une, épouse de Michel II le Bègue, mourut sur le trône vers 824 : il ne peut donc être question d'elle; l'autre, petite-fille de la précédente, paraît au contraire être celle qui fut enterrée à Jérusalem. Ducange dit positivement qu'elle porta le titre d'*Auguste*, et elle mourut dans un couvent. Elle était la fille aînée de Théophile (fils de Michel II et de la première Thécla) et de Théodora. Son père, ardent iconoclaste, mourut en 842, laissant un fils de six ans, Michel III l'Ivrogne, sous la tutelle de sa mère. Théodora, femme pieuse et énergique, rétablit le culte des images et gouverna pendant quinze ans avec succès. Michel, à peine majeur, cédant à ses mauvais instincts et aux conseils ambitieux de son oncle Bardas, fit enfermer sa mère et ses sœurs dans un couvent de Constantinople (Sainte-Euphrosine suivant Codinus, les Gastries suivant Cedrenus), et prit lui-même les rênes du gouvernement. Théodora mourut peu de temps après[2]. Quant à Thécla, elle vivait encore sous Basile le Macédonien (867-886), qui la persécuta dans son couvent, et, sur une légère accusation, la fit battre de verges et dépouiller de ses biens[3]. C'est probablement

---

1. Ducange, *Familiæ augustæ byzantinæ*, XVII.
2. Cedrenus et Scylitzes, ed. Paris., p. 513, 545. — Leon. Grammatic. *Chronographia*, ed. Paris, 461. — Ducange, *loc. cit.*
3. Leon. Grammatic. *Chronographia*, ed. Paris., p. 471.

à la suite de cet événement qu'elle quitta Constantinople et vint finir ses jours dans le couvent de Saint-Georges à Jérusalem. Quoique la Palestine fût sous la domination musulmane, il est incontestable qu'un grand nombre de couvents avaient conservé leurs habitants et donnaient les secours de la religion à une population chrétienne encore considérable [1].

Il existe des médailles d'or et d'argent de la princesse Thécla : elle est représentée, avec son frère Michel III, sur les monnaies frappées pendant la régence de Théodora ; elle porte, comme son frère, la couronne, le sceptre terminé par une croix à double traverse, mais elle ne tient pas, comme sa mère et lui, le globe crucigère, insigne de la puissance souveraine. On lit autour de ces pièces :

MIXAHA S (καὶ) ΘΕΚΛΑ — ΘΕΟdORA dESPOVnA [2]

Une dernière inscription, copiée par Schultz dans la même nécropole, n'a pu être retrouvée depuis ; elle aura été, sans doute, détruite par le vandalisme des carriers qui exploitent les tombeaux antiques. Voici la copie du savant consul de Prusse :

ΜΝΗΜΑΔΙΑΦΕΡΟΝΤΑΤΟVΕVΓΗ
ΝΟϹΟΝΟΜΙΟVΤΟVΠΑΤΡΟϹ
ΑΓΟϹΟV.....

Μνήμα[τα] διαφέροντα τοῦ Εὐγηνο[ῦ]ς Ὀνομίου τοῦ πατρὸς... Ἀγοσου...

Il serait imprudent, sur une copie aussi incertaine, de se livrer à aucune conjecture.

7.

[Μνῆμα] Λεοντίου καὶ τῶν
διαφ[ερόντων] +

« Tombeau de Léontius et de sa famille. » (Pl. XXXVII, fig. 6.)

Cette inscription est gravée sur une pierre tumulaire qui n'est plus à sa place primitive ; elle se trouve aujourd'hui retournée au-dessus de l'entrée d'une excavation ou citerne, sur le versant oriental du mont Moriah, à droite de la route qui descend de la porte Sitti-Mariam dans la vallée de Josaphat.

8. (Planche XXXVII, fig. 8.)

.... νη τῆς θε .....
... ίου Ἰωάννου δ .....
Σ]οφίας τὸν .....
Ι]ωάννου.

Fragment de sarcophage chrétien encastré dans une maison de la « rue de la Vallée » (Haret-el-Wâd), près du coin de la « rue du Temple » (Souk-Bab-es-Silsileh).

---

1. Voyez, par exemple, le *Voyage de Bernard le Sage*, publié par la Société de Géographie (t. IV, p. 78 et suiv.). Ce pèlerin, qui visita l'Égypte et la Syrie en 970, signale à chaque instant, soit au Caire, soit à Jérusalem et aux environs, des patriarches, des moines, un clergé régulier.

2. Ducange, *loc. cit.* — De Saulcy, *Essai sur la classification des monnaies byzantines*, p. 192. — Sabatier, II, 160. Pl. XLIV, 8-9.

9.

M. de Saulcy a copié dans le caveau situé sous les ruines de l'église de l'Ascension, et à côté du sarcophage attribué à sainte Pélagie, l'inscription païenne :

ΘΑΡCΙΔΟ
ΜΕΤΙΛΑ
ΟΥΔΙC ΑΘΑΝ
ΑΤΟC.

Θάρσει, Δομέτιλα! οὐδεὶς ἀθάνατος.

« Confiance, Dometila! personne n'est immortel. » Les musulmans, qui ont ce tombeau en grande vénération, l'ont dernièrement recouvert d'une couche épaisse de lait de chaux qui cache l'inscription. D'ailleurs la copie et l'interprétation de M. de Saulcy ne laissent rien à désirer.

Enfin, j'ai reproduit sur la même planche (fig. 9), d'après un excellent estampage de M. Mauss, la belle inscription arabe gravée sur la charpente du Qoubbet-es-Sakhrah, sous le khalife Daher, en 413 (1022), et qui a été expliquée plus haut (page 93); c'est un excellent spécimen de l'écriture dite *karmatique*, employée dans les inscriptions des xe et xie siècles; joint aux fragments reproduits sur nos planches XXI, XXIII et XXXIII, il forme une série assez complète des différentes espèces d'écriture coufique.

ADDITIONS ET CORRECTIONS.

Page V, note 1. — *H. Grabes*, lisez *H. Grales*.

Pages 2 et 7. — Le point désigné par la lettre F est celui qui, sur le plan de la planche I, a par erreur reçu un second E, et se trouve à l'extrémité orientale de la ligne EE.

Page 12, note. — Il faut, au mot *croisés*, substituer celui de *pèlerins latins*. Lorsque les croisés prirent Jérusalem, il y avait fort peu de Grecs dans la ville, tandis que, du IVe au VIIe siècle, le grec était la langue officielle et liturgique; c'est à cette époque que les pèlerins latins, fort nombreux, firent le contre-sens d'où est sorti le nom de *Porte Dorée* : on trouve en effet cette expression dans des manuscrits des Évangiles Apocryphes antérieurs aux croisades. (Voyez la note de la page 68.)

Page 21, dernière ligne. — Maïmonides, écrivain du Xe siècle, *lisez* du XIIIe siècle.

Page 40. — Depuis que ceci est écrit, les ruines d'Araq-el-Émir ont été visitées par M. le duc de Luynes, qui a rapporté de son voyage, outre un grand nombre d'observations scientifiques encore inédites, un album de photographies par M. Vignes, dont il a bien voulu me donner un exemplaire. Quatre planches sont consacrées à Araq-el-Émir : la planche 22 représente le linteau de la porte E (voyez notre plan, p. 37) dont je n'ai pas donné le dessin; il est orné d'un rang d'oves et d'un rang de palmettes du style grec le plus pur. Je trouve dans ce même album, à la planche 44, une vue de l'arc de triomphe romain de Djérasch, l'ancienne Gerasa. Les colonnes qui décorent cet arc ont leur base entourée de feuilles d'acanthe, absolument comme celles du portique du palais d'Hyrcan : nouvel exemple à ajouter à ceux que nous avons déjà donnés pour prouver que ce détail d'ornementation appartient à la seconde période de l'art grec.

Page 45. — Dans la transcription hébraïque il y a une faute qui est corrigée à la page 130.

Page 52, ligne 28. — Plateau *P*, lisez *R*.

Pages 70, 71. — Les notes sont interverties : le n° 1 de la page 71 devrait être au bas de la page 70, et réciproquement.

Page 74, ligne 6. — L'identification du Bab-Mohammed avec la Porte occidentale a été confirmée : M. Schefer a trouvé dans une description musulmane du Haram la Porte occidentale désignée sous le nom de Bab-en-Neby (Porte du Prophète), ce qui équivaut à Bab-Mohammed.

Page 89, ligne 7 à partir d'en bas. — Pansélimos, *lisez* Pansélinos.

Page 92, ligne 17. — L'émir Alem Eddin Sindjar El-Djaouely, gouverneur de Gaza et de Jérusalem, naquit en l'année 683 de l'hégyre. Il acquit une grande réputation de science et de piété, et il publia quelques ouvrages estimés sur des matières théologiques. Il construisit dans l'enceinte du Haram un médressé ou collége qui porte son nom, et pour l'entretien duquel il légua des sommes considérables. Ce médressé servit plus tard de résidence aux gouverneurs de Jérusalem. On y remarque le tombeau du cheikh kurde Derbar El-Hekkary. L'émir Alem Eddin Sindjar El-Djaouely mourut pendant le mois de Ramazan de l'an 745 (A. D. 1345).

(Note de M. Schefer.)

Pages 95, à la fin, et 97. — Aux détails que j'ai donnés dans mes *Églises de la Terre Sainte* sur la décoration de la mosquée pendant l'occupation chrétienne, et qui sont tirés de Jean de Wirtzbourg, il faut en ajouter de nouveaux qui se trouvent dans une relation inédite intitulée : *Theoderici libellus de locis sanctis circa A. D. 1172*. C'est le docteur T. Tobler, bien connu pour ses travaux sur Jérusalem, qui a découvert ce précieux manuscrit, et qui le publie à Saint-Gall; il a eu la bonté de me communiquer les épreuves des feuilles relatives à l'enceinte du Temple, et j'en extrais les renseignements suivants :

« Au-dessus des arcs du chœur, un bandeau qui règne tout autour de l'édifice porte l'inscription suivante : *Domus mea domus orationis vocatur, dicit Dominus. In ea omnis qui petit accipit, et qui quærit invenit, et pulsanti aperietur. Petite, et accipietis; quærite, et invenietis.* — Un bandeau supérieur disposé de même porte l'inscription : *Audi, Domine, hymnum et orationem quam servus tuus orat coram te, Domine, ut sint oculi tui aperti, et aures tuæ intentæ super domum istam die ac nocte. Respice, Domine, de sanctuario tuo et de excelso cœlorum habitaculo.* »

Ces deux bandeaux existent toujours, l'un immédiatement au-dessus des arcs qui supportent le tambour, l'autre sous les fenêtres de ce même tambour. Le premier est recouvert aujourd'hui d'une mosaïque grossière et moderne qui contraste avec celles qui l'entourent; le second, d'un placage que nous avons reproduit planche XXIII, fig. 1, a.

Extérieurement, Theodericus dit que le mur octogonal était recouvert jusqu'au milieu de sa hauteur d'un beau placage de marbre, et que le reste était orné de mosaïques. C'est la disposition actuelle, avec cette différence que les mosaïques ont été remplacées par des faïences de Perse. Il est probable que le placage de marbre, quoique remanié par Solimann, contient encore des portions de la surface primitive. Les mosaïques ont été détruites à cause des inscriptions chrétiennes qu'elles contenaient et dont Theodericus donne le texte : « En commençant par l'occident et en marchant comme le soleil, on lisait sur la façade : *Pax æterna ab æterno Patre sit huic domui*; sur la deuxième face : *Templum Domini sanctum est. Dei cultura est. Dei sanctificatio est.* Sur la troisième face : *Hæc est domus Domini firmiter ædificata*; sur la quatrième face : *In domo Domini omnes dicent gloriam*; sur la cinquième face : *Benedicta gloria Domini de loco sancto suo*; sur la sixième face : *Beati qui habitant in domo tua, Domine*; sur la septième face : *Vere Dominus est in loco suo sancto, et ego nesciebam*; sur la huitième : *Bene fundata est domus Domini super firmam petram*. En outre, vers l'orient, à côté de l'église de Saint-Jacques (Qoubbet-es-Silsileh), une colonne est pointe en mosaïque sur le mur, avec cette inscription : *Columna romana*. »

La description que Theodericus donne de la grande enceinte et de la mosquée El-Aksa est très-intéressante et complète celle de Wirtzbourg : le côté nord de la cour était occupé par le clergé du *Templum Domini*, le côté méridional par les Templiers. Les chevaux des chevaliers étaient logés dans les grandes substructions voûtées de l'angle sud-est (de là le nom d'écuries de Salomon qu'elles ont porté depuis); leur jardin était situé au-dessus. De nombreuses salles, des magasins, des promenoirs, des lavoirs étaient groupés autour de la mosquée, et l'on commençait à bâtir une nouvelle église. Les musulmans ont détruit la plupart de ces édifices, ils ont conservé la grande salle située à l'angle sud-ouest (aujourd'hui Aksa-el-Qadime ou mosquée d'Aboubekr), et que Theodericus décrit très-exactement. On voit encore le long de cette salle les arrachements d'un des cloîtres mentionnés par ce pèlerin.

CORRECTION A LA PLANCHE V — PORTE DOUBLE.

Une légère inexactitude s'est glissée dans cette planche : en la préparant pour la gravure, une confusion dans les repères a fait répéter deux fois le même ornement; les palmettes qui décorent la corniche supérieure ont été par erreur reproduites dans l'encadrement de l'archivolte. Cet encadrement est orné non de palmettes, mais d'une série d'olives ou de perles assez grossières dont je reproduis ici le détail d'après un dessin fait à Jérusalem par M. Dutheit. On remarquera que la présence de cet ornement, à cette place, est une preuve de plus de l'âge relativement moderne de tout ce travail de placage. Aux époques classiques on aurait plutôt employé les palmettes.

C'est M. de Saulcy qui a eu la bonté de me signaler cette erreur, et je suis heureux qu'il ait encore été temps de la réparer autant que possible. J'accueillerai de même avec reconnaissance toutes les rectifications qui pourront m'être indiquées : je ne saurais me flatter, dans un travail de cette nature et de cette étendue, de n'avoir laissé échapper aucune incorrection de détail; j'ai du moins la conscience d'avoir fait tous mes efforts pour rester fidèle à la vérité.

LISTE

DES GRAVURES INTERCALÉES DANS LE TEXTE.

Titre : Sicle hébraïque avec la figure du Temple et la légende *Jérusalem la Sainte*. — Sceau des Templiers avec la figure du Qoubbet-es-Sakhrah et la légende : *Sigillum tubæ templi Christi*.

1. Carrières antiques.	4
2. Refend du grand appareil.	5
3. Grand appareil ébauché.	5
4. Grand appareil achevé.	5
5. Plan de la Porte Double.	8
6. Détail du chapiteau de la colonne centrale du vestibule.	9
7. Fragment romain encastré dans l'un des pendentifs.	9
8. Plan de la Porte Triple.	11
9. Chambranle de la Porte Triple et profil de la moulure.	11
10. Chambranle intérieur de la Porte Dorée.	12
11. Plan de l'angle sud-est du Haram.	14
12. Élévation.	14
13. Figure pour l'intelligence du texte de Josèphe.	22
14. Arche Égyptienne.	33
15. Chandelier à sept branches d'après l'arc de Titus.	33
16. Table égyptienne chargée d'offrandes.	33
17. Plan d'Araq-el-Émir.	38
18. Façade nord du Palais d'Hyrcan.	39
19. Plan du palais.	39
20. Coupe transversale restaurée.	39
21. Corniche supérieure.	40
22. Bandeau.	40
23, 24, 25. Détails de la façade nord.	40
26. Coupe longitudinale d'une grotte à Araq-el-Émir.	42
27. Entrée de la grotte et inscription.	42
28. Coupe transversale.	42
29. Tombeau d'El-Messaneh près de Jérusalem.	47
30, 31, 32. Profils empruntés à divers monuments grecs et romains.	49
33. Profil de l'encadrement de la Porte Triple.	49
34. Détail du chapiteau de la colonne centrale du vestibule de la Porte Double.	49
35. Médaille représentant le temple de Jupiter.	62
36. Vue intérieure de la Porte Dorée.	65
37. Chapiteau intérieur de la Porte Dorée.	66
38. Base des colonnes.	66
39. Chapiteau et base de la basilique de Bethléhem.	67
40. Porte à El-Barah.	68
41. Porte d'une église à Ghaqqah.	71
42. Porte de la basilique de Justinien.	71
43. Coupe géométrique du Qoubbet-es-Sakhrah.	81
44. Ancienne clôture de chœur de l'époque des Croisades.	95
45. Vue du Qoubbet-el-Miradj.	105
46. Ancien rempart de Sion du côté du nord.	112
47. Ancien rempart de Sion à l'angle sud-ouest, taillé dans le rocher.	113
48. Tombeau antique dit de Joseph d'Arimathie.	115
49. Bases des colonnes des propylées de la basilique de Constantin.	117
50. Plan des propylées et des fouilles exécutées en ce lieu.	118
51. Fragment de la deuxième enceinte.	118
52. Enceinte du Tombeau d'Abraham à Hébron.	119
53. Ancienne porte de Jérusalem.	120
54. Plan de la Porte « de Damas ».	124
55. Arc de l'*Ecce Homo*.	125
56. Inscription hébraïque.	131
57. Correction au dessin de la Porte Double.	138

TABLE DES MATIÈRES.

PRÉFACE.

Importance historique et religieuse du mont Moriah. — Traditions juives et musulmanes. — Recherches dont le temple de Jérusalem a été l'objet depuis le moyen âge jusqu'à nos jours... Page 1.

CHAPITRE PREMIER.

DESCRIPTION GÉNÉRALE DU HARAM-ECH-CHÉRIF.

Topographie du mont Moriah, page 1. — Travaux et terrassements exécutés pour faire l'enceinte, 2. — Fossé du nord. N'est pas la piscine probatique, 3.

Murs d'enceinte : Premier système d'appareil à *refends et ciselures*, 4. — Angle sud-est, Heït-el-Maghreby, 6. — Second système à pierres lisses (angle sud-ouest), 6.

Portes : Porte Occidentale, 7; Porte Double; vestibule; colonne monolithe, 8.— Porte Triple, 10. — Porte Dorée ; jambages très-anciens, 12.

Substructions : Grandes substructions voûtées de l'angle sud-est, 13. — Fragment dorique provenant du temple d'Hérode, 13. — Citernes : celle de la Sakhrah du temps de Salomon, 15.

CHAPITRE II.

HISTOIRE DU TEMPLE.

Sources de cette histoire. Caractère des récits de Josèphe, page 17. — Aravnah, David, Salomon, 18. — Dimensions de l'enceinte de l'ancien Temple, 19. — Elle est doublée par Hérode le Grand, 21. —Constructions d'Hérode, 22. — Siége et destruction du Temple par Titus, 23. — Conclusions tirées de l'étude des textes, 24.

CHAPITRE III.

DESCRIPTION DE L'ANCIEN TEMPLE.

Emplacement du Temple proprement dit, page 26. — Indiqué par les citernes et conduits souterrains, 27. — Plan du Temple, élévation, mesures, 28. — Rapports des lignes et des triangles, 30. — Décoration intérieure : Kéroubim, Arche d'alliance, 32. — Chapiteaux de Jakin et Beaz, 34. — Détermination des dimensions et de l'emplacement de l'enceinte, 35.

CHAPITRE IV.

DESCRIPTION DU NOUVEAU TEMPLE.

Quel était le caractère de l'art judaïque sous Hérode, page 37. — Description des ruines d'Araq-el-Émir, 38. — Caractère des tombeaux des Rois, des Juges, etc., 43. — Tombeau dit de saint Jacques. Inscription des Beni-Hezir, 45. — Tombeau d'El-Messaneh, 47. — Les grands soubassements du Temple sont de l'époque d'Hérode, 48. — Restauration du Temple d'Hérode, 48. — Parvis extérieur, ses portes, 49. — Tour Antonia, 52. — Portique royal ou basilique, 53. — Restauration des parvis et des cours intérieures, 54. — Restauration du Temple proprement dit, 56. — Autel des Holocaustes et conduits souterrains, 57. — Aspect du Temple à l'époque de Jésus-Christ, 58. — Prise et destruction du Temple par Titus, 60.

CHAPITRE V.

L'ENCEINTE DU TEMPLE SOUS L'EMPIRE ROMAIN (JULIEN ET JUSTINIEN).

Tentatives inutiles des Juifs pour relever le Temple. Bar-Kokéba. Construction d'un temple de Jupiter, 62. — Tentative avortée de Julien l'Apostat, 63. — Construction de la Porte Dorée, 64. — Description détaillée de ce monument, 65. — Comparaison du style avec celui des monuments du IVe et du VIe siècle après Jésus-Christ, 67. — Origine du nom de Porte Dorée, 68. — Construction de la Basilique de la Vierge par Justinien, 69. — Sa description, 70. — Comparaison avec les monuments du nord de la Syrie, 71.

CHAPITRE VI.

L'ENCEINTE DU TEMPLE DEPUIS LA CONQUÊTE MUSULMANE (ARABES ET TEMPLIERS).

Prise de Jérusalem par le khalife Omar, 73. — Traditions musulmanes relatives à la Sakhrah, 74. — Construction du Qoubbet-es-Sakhrah et de la mosquée El-Aksa, 75. — Construction des grandes substructions voûtées de l'angle sud-est, 76. — Prise de Jérusalem par les croisés et fondation de l'ordre du Temple, 77. — Saladin chasse les croisés et restaure les mosquées, 78.

QOUBBET-ES-SAKHRAH, page 80. — Description du monument. Rapport des lignes, 81. — La disposition générale est byzantine, art arabe, 82. — Description des mosaïques des bas-côtés, 84. — Inscription du khalife Abd-el-Melik, 85. — Inscription du khalife Al-Mamoun, 86. — Description des mosaïques du tambour, 87. — Caractère de l'art byzantin aux Xe-XIe siècles, 88. — Exemples tirés des diptyques consulaires, 89. — Caractères de l'art arabe, 90. — Coupole du Qoubbet-es-Sakhrah. Inscriptions, 91. — Charpente du XIe siècle. Inscription, 93. — Restaurations du sultan Soliman, 94. — Traces des travaux des croisés, 94. — Vitraux du XVIe siècle, 96. — Revêtement extérieur en faïences émaillées du XVIe siècle, 97.

MOSQUÉE EL-AKSA, page 99. — Description de la mosquée, 99. — Restes de la chapelle des Templiers, 100. — Restaurations et inscription de Saladin, 101. — Mosaïques de la coupole, 101. — Minbar de Nour-Eddin, 103.

MONUMENTS SECONDAIRES, page 105. — Qoubbet-es-Silsileh. El-Miradj. El-Alouah. Djibraïl. El-Khidr. Minbar d'Omar, etc., 105.

APPENDICE.

I. — TOPOGRAPHIE DE JÉRUSALEM.

Forme et nivellement du terrain, page 110. — Égout antique. Piscine amygdalon, d'Ézéchias, de Siloé (Note), 110. — Jébus, ville de David, Sion, Moriah, 111. — « Tour de David » ou Phasael. Hippicus. Mariamme, 112. — Restes du rempart qui entourait le mont Sion, 113. — Porte des Esséniens, 113. — Tracé du vieux mur ou première enceinte, 114. — Tombeau dit de Joseph d'Arimathie, 115. — Caractère des tombeaux judaïques, 116. — Authenticité du Saint-Sépulcre (Note), 116. — Propylées de la basilique de Constantin, 117. — Fragment de la deuxième enceinte, 118. — Comparaison avec l'enceinte du Tombeau d'Abraham à Hébron, 119. — Ancienne porte de Jérusalem, 120. — Tracé de la deuxième enceinte, 121. — Note sur le tracé des murailles et les portes de la ville sous les rois de Juda et Néhémie, 121. — Bezetha. Tour Antonia. Troisième enceinte. Cavernes royales, 122. — Jonction de la troisième enceinte avec la première, 123. — Porte antique sur l'emplacement de la « Porte de Damas », 124. — Emplacement de la Tour Psephina, 124. — Arc de l' « Ecce Homo », 125. — Ville haute, ville basse, ville neuve, 126. — Tyropœon, Ophel, Acra, 126. — Siège de Titus. Description des attaques, et confirmation de notre système de topographie, 127.

II. — INSCRIPTIONS ANTIQUES DE JÉRUSALEM.

Inscriptions hébraïques, page 130. — Inscriptions grecques, chrétiennes, 132. — Thécla Auguste, 134. — Inscription coufique, 136.

ADDITIONS ET CORRECTIONS.
LISTE DES GRAVURES INTERCALÉES DANS LE TEXTE.
TABLE DES PLANCHES.

PARIS. — J. CLAYE, IMPRIMEUR, RUE SAINT-BENOIT, 7.

PLANCHES.

TABLE DES PLANCHES.

Planche Iʳᵉ. — Plan et nivellement du Haram-ech-Chérif.

1. Plan.

    Les courbes indiquent la forme du terrain, abstraction faite des *remblais* exécutés de main d'homme et qui sont indiqués, dans les deux coupes, par une teinte différente; je n'ai fait exception que pour la *chaussée artificielle* qui relie le mont Sion au mont Moriah. Les déblais sont au contraire reproduits avec soin : ce sont la tranchée angulaire A, — la tranchée H, — le fossé du nord. Les monuments situés sur la surface supérieure du sol ne sont indiqués que par leur silhouette, tracée en rouge.

2. Coupe du nord au sud.
3. Coupe de l'est à l'ouest.
4. Hauteurs par rapport à la plate-forme supérieure, c'est-à-dire au sol actuel du Qoubbet-es-Sakhrah et du parvis qui l'entoure immédiatement.

Planche II. — Murailles du parvis extérieur.

1. Angle sud-ouest et restes du pont qui reliait le mont Sion au Temple.

    On voit quatre assises du grand appareil à *refends et ciselures* du temps d'Hérode; au-dessus, à droite, appareil lisse du temps de Justinien; à gauche, appareils modernes.

2. Angle sud-est.

    A gauche, quinze assises du grand appareil; à droite, six assises de moins; les autres appareils sont de l'époque arabe.

Planche III. — Porte Occidentale.

Plan, coupe, élévation.

    Le sol est remblayé par l'accumulation des débris; la porte est enterrée presque aux trois quarts de sa hauteur primitive. La fig. 3 montre quatre assises du grand appareil d'Hérode et quatre de l'appareil de Justinien.

Planches IV, V et VI. — Porte Double.

iv. — Vue intérieure, élévation extérieure, coupe transversale, profils.

    La teinte grise indique les parties de l'élévation aujourd'hui couvertes par des constructions modernes.

v. — Détail de l'archivolte extérieure et de la corniche ajoutées après coup au gros linteau de la porte primitive. Inscription d'Antonin le Pieux.

vi. — Détail d'une des coupoles du vestibule intérieur.

Planches VII a XII. — Porte Dorée.

vii. — 1. Plan.

    A B, jambages monolithes d'une porte du Temple. Teinte grise, constructions du vᵉ ou viᵉ siècle après J.-C.; — gris pâle, constructions arabes.

2. Façade méridionale.

    La tour, les coupoles extérieures et une partie du mur sont de l'époque arabe ; le reste est du vᵉ ou du viᵉ siècle après J.-C.

viii. — Façade orientale. — Façade occidentale.

ix. — Coupe longitudinale.

x. — Façade occidentale : chapiteau, base, entablement; profil de la façade latérale.

xi. — Façade orientale. Détail d'un pilastre et de l'archivolte.

xii. — Pilastre et entablement intérieurs.

Planche XIII. — Substructions de l'angle sud-est.

    La teinte noire indique les constructions de l'époque d'Hérode; la teinte gris foncé, les constructions plus modernes, la plupart de l'époque musulmane. — La ligne brisée indique la silhouette de la mosquée El-Aksa qui est superposée à cette partie du plan (voy. planche XXX). Il est probable que l'espace situé sous la mosquée est voûté comme les espaces A, B, C et D; mais je n'ai pu y pénétrer.

Planche XIV. — Temple de Salomon. Restauration d'après la Bible.

Plan, coupes, élévation de la façade. — Chapiteau des colonnes de bronze du portique.

Planche XV. — Temple d'Hérode. Restauration du plan.

A G Y X. Péribole de l'ancien Temple dont Hérode ne conserve que la face YI ou *portique de Salomon*.
C D Y X. Péribole ajouté par Hérode.
H. Tranchée qui isole Bezetha de la tour Antonia.
g g. Escaliers conduisant aux portes Double et Triple ou *portes de Huldah*.
g'. Escalier conduisant à la *porte Orientale* ou *porte de Suse*.
A. Escaliers conduisant à la *porte Occidentale*.
Chaussée conduisant à la *porte de Coponius* et portant le mur de la première enceinte ainsi que l'aqueduc des eaux d'Rtham.
Z. *Porte de Téri.*
a b c d. Aggeres de Titus.
e f. Portions des portiques coupées par les Juifs pendant le siège.
1. Nazaréens.
2. Vin et huile.

3. Lépreux.
4. Bois.
5. Trésor.
6. Vestiaire des prêtres.
7. Instruments de musique.
8. Vases.
9. Puits.
10. Bois pour l'autel.
11. *Gazith* ou synedrium.
12. Sol.
13. Où on sale les peaux des victimes.
14. Où on lave les entrailles.
15. *Beth-Moked.*
16. Où l'on fait les gâteaux.
17. Porte de Nicanor. *Porta Speciosa.*
18. Anneaux pour égorger les victimes.
19. Tables pour les découper.
20. Colonnes pour les écorcher.
21. Couteaux des sacrifices.
22. Portique du Temple.
23. Saint. } Séparés par
24. Saint des saints. } un voile.
F. Cabines de bois réservées aux femmes.

    Les petits cercles pointillés qui se trouvent sur le parcours du canal souterrain indiquent les bouches *actuelles* des citernes, figurées en *bleu* sur la planche I.

    Les tours teintées en plein sont celles sur la disposition intérieure desquelles nous manquons de renseignements; il faut aussi, dans l'enceinte intérieure d'Antonia, supposer par la pensée des casernes, des bains, des magasins.

TABLE DES PLANCHES.

PLANCHE XVI. — TEMPLE D'HÉRODE. RESTAURATION.

Vue cavalière prise du sud-est.

Il faut ajouter par la pensée les maisons de la ville et des faubourgs qui entourent le Temple et couvrent les collines désignées par les lettres S. Sion, A. Acra, B. Bezetha, SS. nécropole dont fait partie le Saint-Sépulcre.

PLANCHE XVII. — PLAN DU HARAM-ECH-CHÉRIF.

Réduction du plan de Catherwood, qui est pris au niveau du sol avec les substructions indiquées en pointillé.

J'ai seulement ajouté les noms donnés par les Arabes aux sanctuaires musulmans et aux principaux édifices modernes. Voici la traduction des termes employés :

Alouah, tables de la loi.
Atiq, antique.
Bab, porte.
Bir, puits.
Birket, étang, piscine.
Borak, jument céleste.
Deredj, escalier.
Dewadar, 2ᵉ dignité à la cour du sultan d'Égypte.
Djami, mosquée.
Djenais, cercueils.
Djinneh, paradis.
Enbia, pl. de Neby, prophète.
Ghawanimeh, brebis.
Gharby, occidental.
Hadid, fer.
Katlanin, cotons.
El-Khidr, Saint-Georges.
Kursi, trône.
Kursi Soleyman, lieu où se tenait Salomon pendant la dédicace du Temple.
Maqam, lieu.
Medresse, école.

Megharibeh, Occidentaux, maugrabins.
Mehkemeh, tribunal.
Mohd, berceau.
Miradj, ascension nocturne de Mahomet.
Mihrab, niche devant laquelle se fait la prière.
Minber, chaire à prêcher.
Moutewoddeh, purifications, ablutions.
Qadime, ancien.
Qibly, méridional.
Qoubbet, coupole, édifice à coupole.
Rahmeh, miséricorde.
Sakhrah, roche.
Sbât, tribus.
Sebil, fontaine.
Silsileh, chaîne.
Sirât, pont mystérieux qui conduit au paradis.
Souq, marché.
Taubeh, pénitence.
Yssa, Jésus-Christ.

PLANCHES XVIII A XXIX. — QOUBBET-ES-SAKHRAH (MOSQUÉE D'OMAR).

XVIII. — 1. Plan de la mosquée et plan du Qoubbet-es-Silsileh.

  m. Marches de l'autel placé par les croisés sur le sommet de la roche ; l'escalier était compris entre le mur a, qui existe encore, et un mur bâti dans la tranchée b taillée dans le roc pour rétablir le parallélisme.
  s. Ancienne margelle de la citerne creusée sous la roche et dont le trait pointillé indique le contour actuel.
  c. Pierre dans laquelle sont plantés des clous d'argent, qui disparaissent peu à peu ; quand le dernier sera parti, ce sera la fin du monde.

2. — Élévation du côté du nord.

XIX. — Coupe transversale de l'ouest à l'est.

Dans la coupe du rocher central on voit les marches de l'autel des croisés ; sous la citerne j'ai figuré par un trait pointillé la seconde citerne découverte par M. Pierotti, et qui me paraît, dans l'origine, n'avoir fait qu'un avec la première ; elles sont mises en communication par le Bir-ar-Rouah, Puits des Ames.

XX. — Entablement du bas-côté.

Construction de l'an 690 après J.-C. ; les placages de marbre remaniés au XVIᵉ siècle.

XXI. — Arcades du bas-côté.

Mosaïques de la fin du VIIᵉ siècle.
1. Face interne.
2..3. Face externe. Inscription datée de l'an 72 de l'hégire. Placages de marbre du tirant de bois refaits au XVIᵉ siècle.

XXII. — Détails intérieurs.

1. 2. 3. Lames de bronze repoussées qui décorent le soffite du tirant de bois. VIIᵉ siècle.
4. Maître pilier de la coupole, mosaïques du XIᵉ siècle.
a. Corniche du XVIIᵉ siècle. b. Placage de marbre.

XXIII. — Tambour de la coupole.

Mosaïques et inscription de l'an 418 de l'hégire (1027).

XXIV, XXV, XXVI. — Vitraux du XVIᵉ siècle.

Le dernier contient le nom du sultan Soliman.

XXVII. — Revêtement extérieur.

Faïences émaillées du XVIᵉ siècle.

XXVIII. — Revêtement extérieur.

Les carreaux nᵒ 3 décorent l'archivolte du Qoubbet-es-Silsileh.

XXIX. — Revêtement extérieur.

Écoinçon de fenêtre. Clôtures de fenêtres.
N. B. Par erreur, l'échelle des planches de faïences a été diminuée de moitié : il faut lire échelle de 0ᵐ,20 p. mètre au lieu de 0ᵐ,10.

PLANCHES XXX A XXXIII. — MOSQUÉE EL-AKSA.

XXX. — Plan.

XXXI. — Coupe transversale et coupe longitudinale.

A. B. C. D. Colonnes et piliers du vestibule de la porte Double.
a. Colonnes byzantines qui supportent le linteau de la porte.

XXXII. — Chapiteau du pilastre conservé de la basilique de Justinien. — Chapiteau d'une des colonnes de la mosquée primitive.

XXXIII. — Détails de la coupole.

Mosaïques de la fin du XIIᵉ siècle.

PLANCHES XXXIV ET XXXV. — ARAQ-EL-EMIR.

XXXIV. — Ruines du palais d'Hyrcan, 176 ans av. J.-C.

XXXV. — Palais d'Hyrcan. — Cavernes fortifiées.

PLANCHE XXXVI. — PLAN TOPOGRAPHIQUE ET ARCHÉOLOGIQUE DE JÉRUSALEM.

La forme du terrain est figurée abstraction faite des remblais artificiels et des accumulations de décombres produits par le temps. Les déblais ou tranchées exécutées de main d'homme sont au contraire reproduits avec soin. Les enceintes de la ville sont tracées telles qu'on les suppose avoir existé à l'époque du siège de Titus.
a b. Points où le rocher est apparent.
c. Fragment de la première enceinte reproduit dans le texte, fig. 46.
d. Fragment de la deuxième enceinte reproduit fig. 50, 51 et 53.

PLANCHE XXXVII. — INSCRIPTIONS DE JÉRUSALEM.

PARIS. — J. CLAYE, IMPRIMEUR, RUE SAINT-BENOIT, 7.

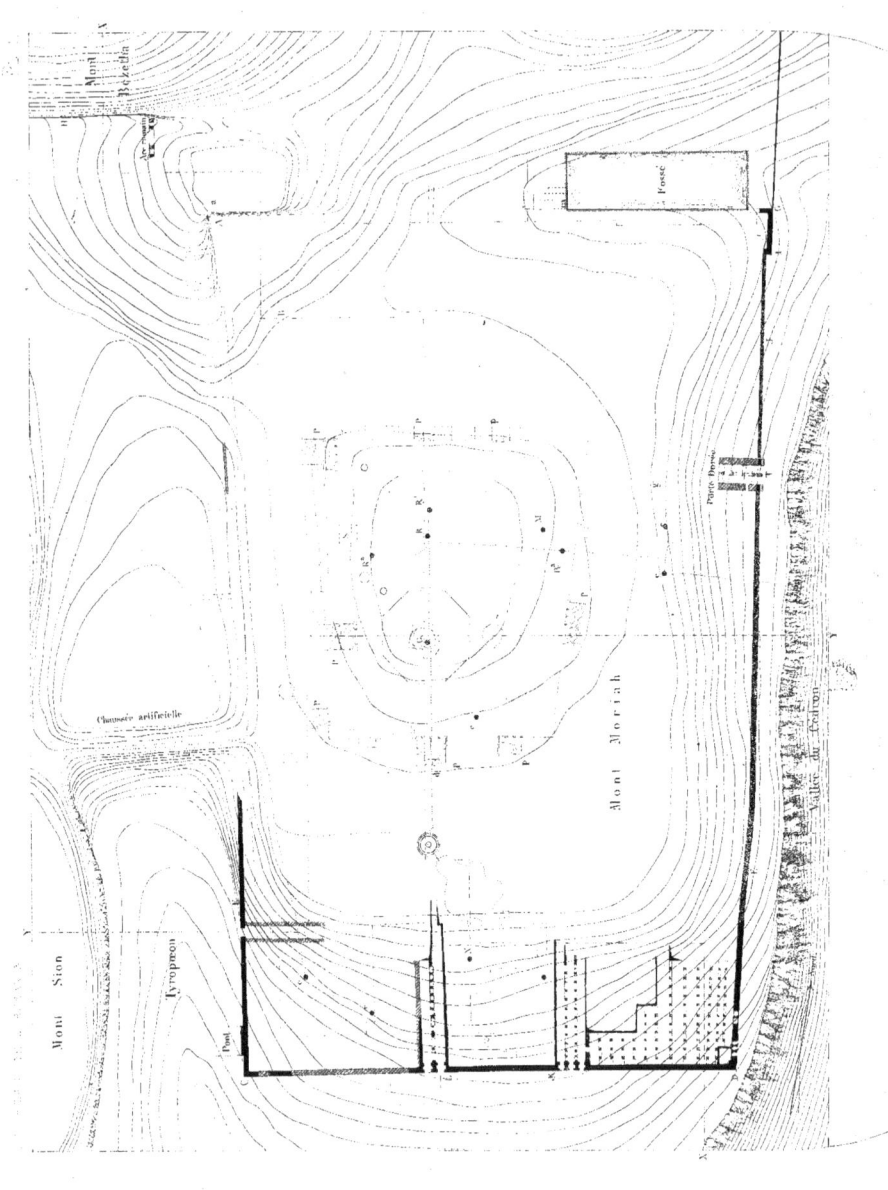

PLAN ET NIVELLEMENT DU HARAM ECH CHERIF

LE TEMPLE DE JÉRUSALEM

ANGLE SUD-OUEST ET RESTES DE PONT

ANGLE SUD-EST

MURAILLES DU PARVIS EXTÉRIEUR

LE TEMPLE DE JÉRUSALEM.

COUPE SUIVANT X.Y.

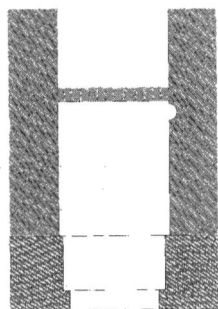

PLAN

ÉLÉVATION EXTÉRIEURE.

COUPE LONGITUDINALE.

PORTE OCCIDENTALE.

LE TEMPLE DE JÉRUSALEM. Pl. IV

VUE INTÉRIEURE.

ÉLÉVATION EXTÉRIEURE.
Échelle de 0.005 p. m.

COUPE TRANSVERSALE.
Échelle de 0.005 p. m.

PROFIL DU CHAPITEAU.   PROFIL DES PILASTRES.

M. de Vogüé et E. Duthoit del.   Louis Gaucherel sc.

PORTE DOUBLE.

Paris, Noblet et Baudry, Éditeurs.   Imp. F. Lemercier, Paris.

PORTE DOUBLE.

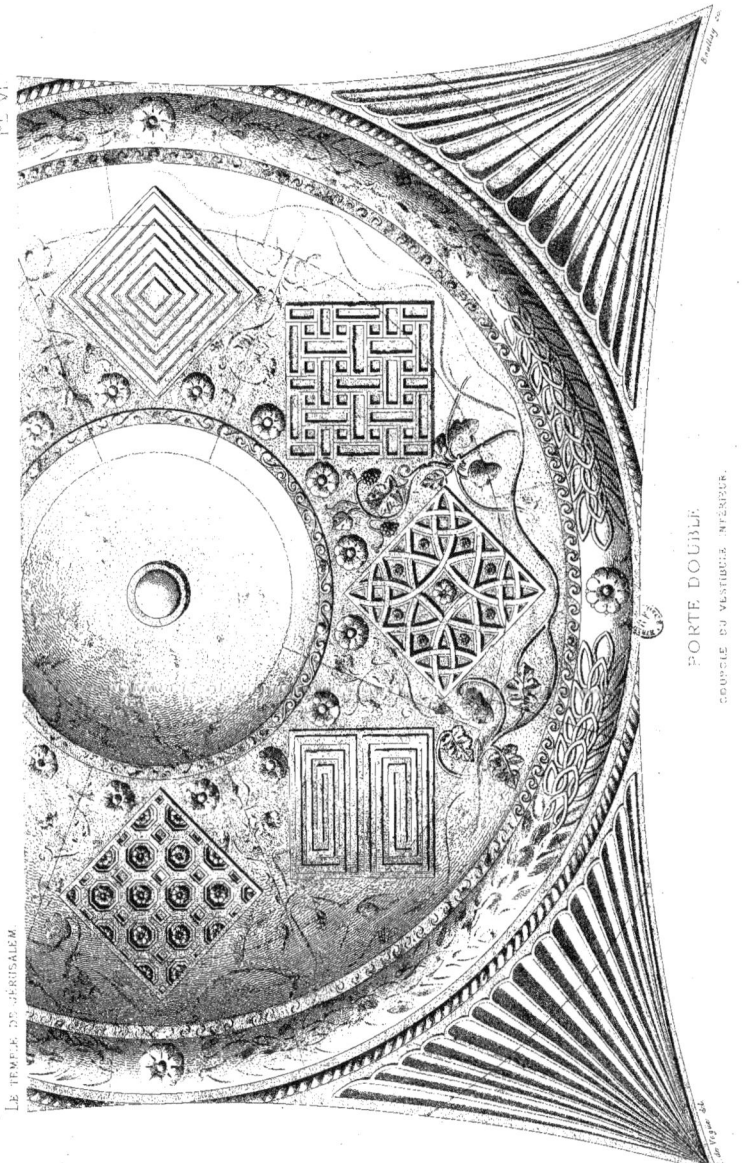

PORTE DOUBLE.
COUPOLE DU VESTIBULE INTÉRIEUR.

Le temple de Jérusalem. Pl. VII.

FAÇADE MÉRIDIONALE.
Échelle de 0.005 p. m.

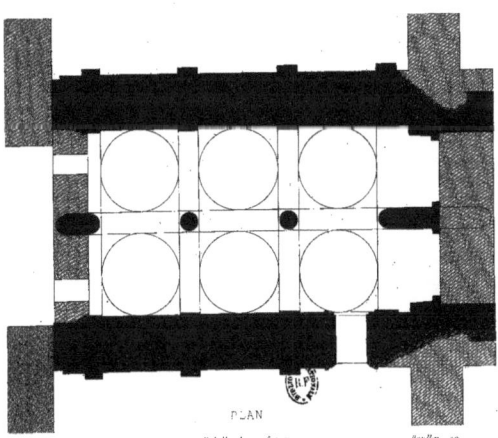

PLAN
Échelle de 0.005 p. m.

PORTE DORÉE

LE TEMPLE DE JÉRUSALEM.

Pl. VII

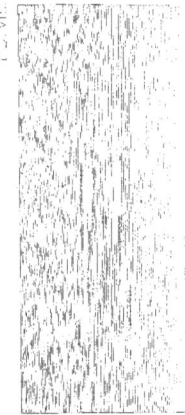
FAÇADE ORIENTALE

FAÇADE OCCIDENTALE

(Échelle de 0m005 p. m.)

PORTE DORÉE

PORTE DORÉE.
COUPE LONGITUDINALE

PORTE DORÉE
FAÇADE OCCIDENTALE

LE TEMPLE DE JÉRUSALEM

PORTE DORÉE
FAÇADE ORIENTALE — DÉTAILS

PORTE DORÉE
PILASTRE ET ENTABLEMENT INTÉRIEURS

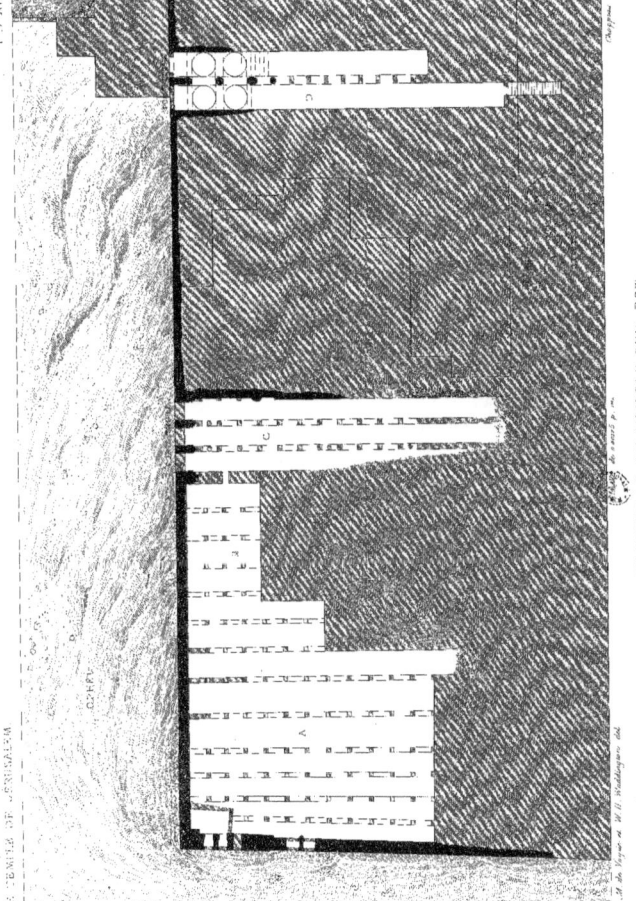

Pl. XIV.

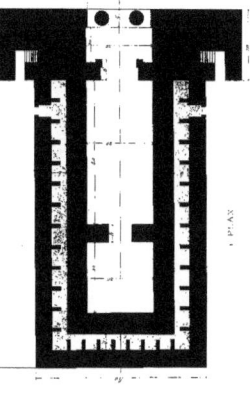
Pl. XV.

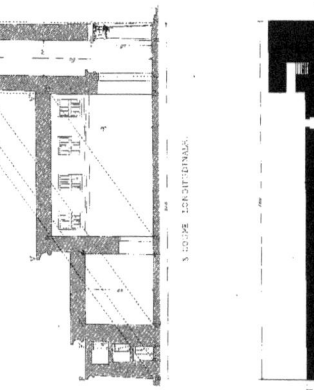
3. COUPE LONGITUDINALE

L'échelle des figures est à 0,m005 par mètre excepté de n° 4 qui est à 0,m025 par mètre.

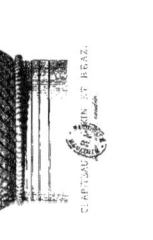
CHAPITEAU DE JAKIN ET BOAZ.

LE TEMPLE DE JÉRUSALEM

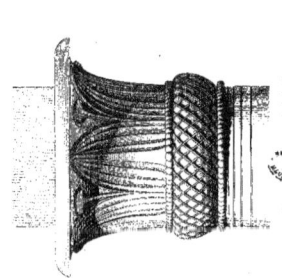
4. ÉLÉVATION DE LA FAÇADE

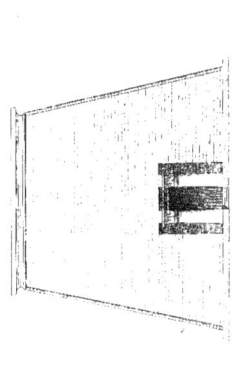
2. COUPE TRANSVERSALE

TEMPLE DE SALOMON
RESTAURÉ D'APRÈS LA BIBLE.

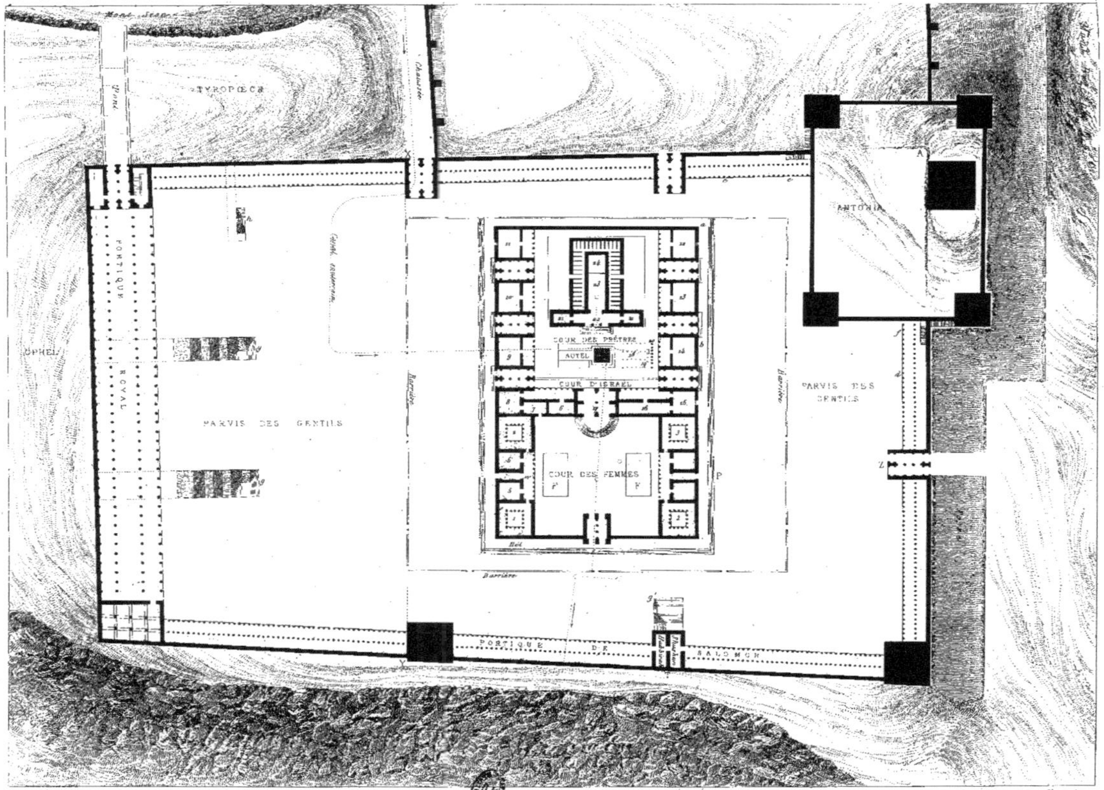

PL. XV.

LE TEMPLE DE JÉRUSALEM

TEMPLE D'HÉRODE
RESTAURATION

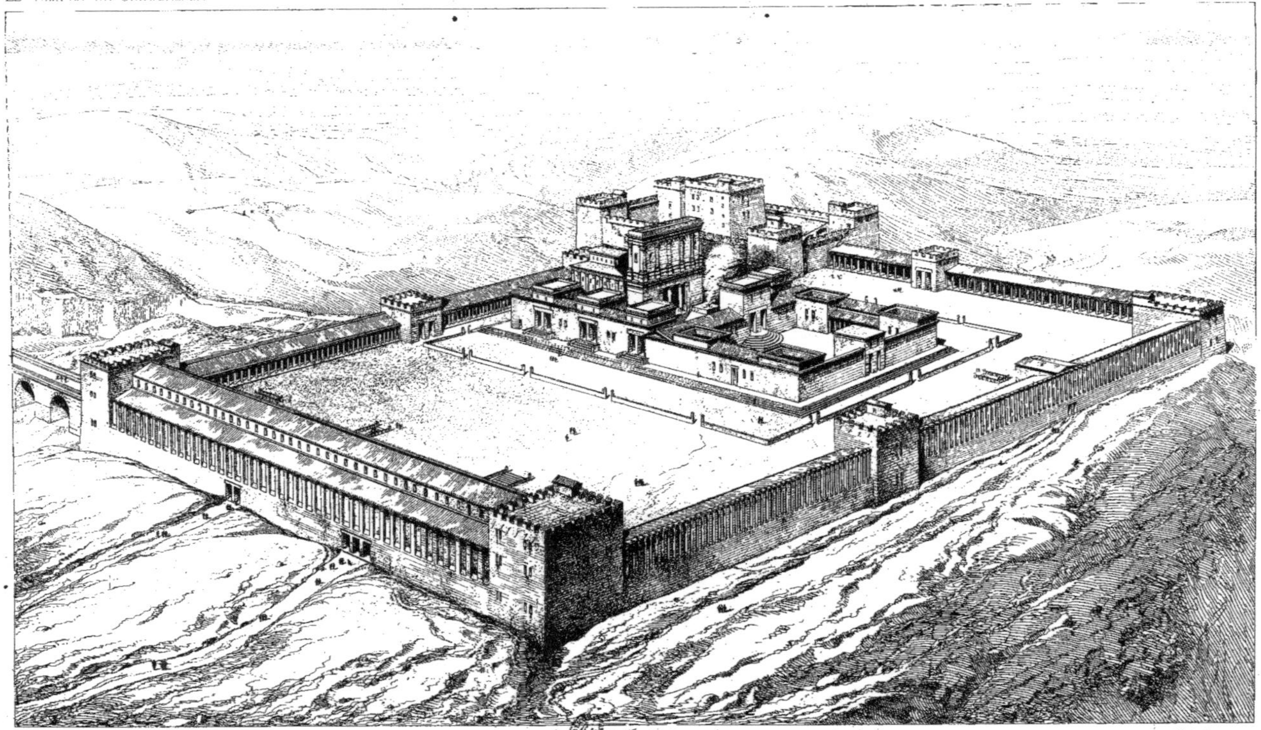

Pl. XVI

LE TEMPLE DE JÉRUSALEM

TEMPLE D'HÉRODE.
RESTAURATION.

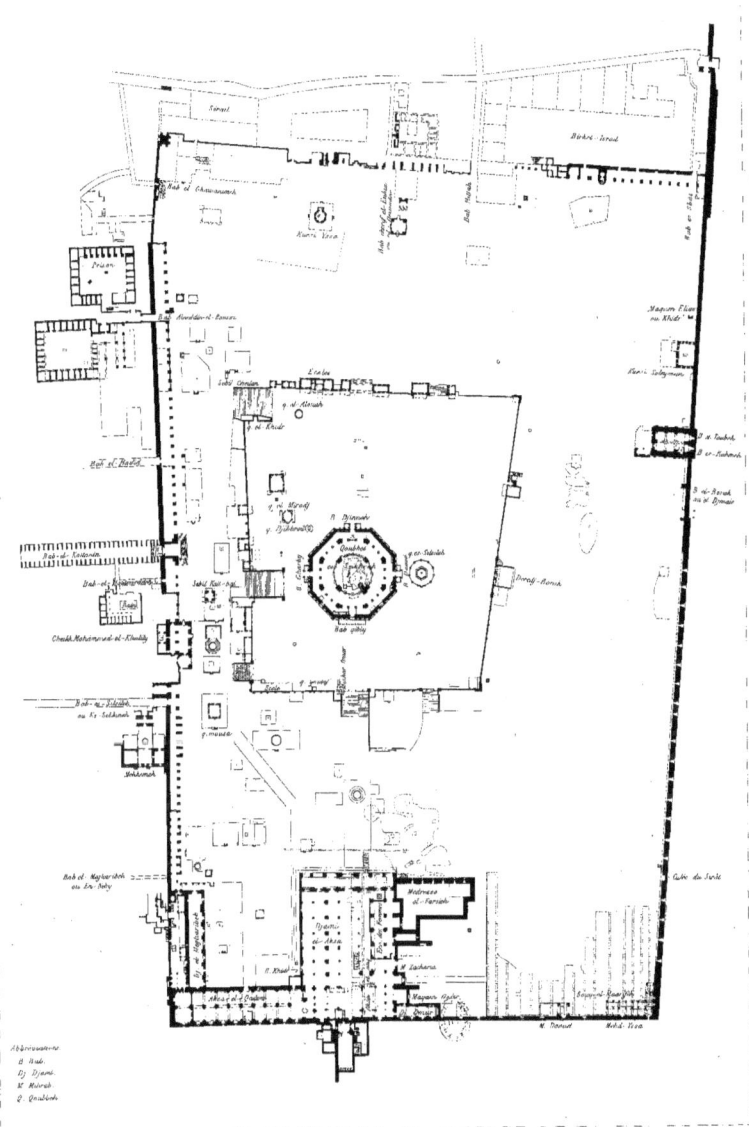

PLAN DU HARAM ECH-CHÉRIF
SUIVANT CATHERWOOD
AVEC LES DÉNOMINATIONS ARABES

LE TEMPLE DE JÉRUSALEM   Pl. XVII

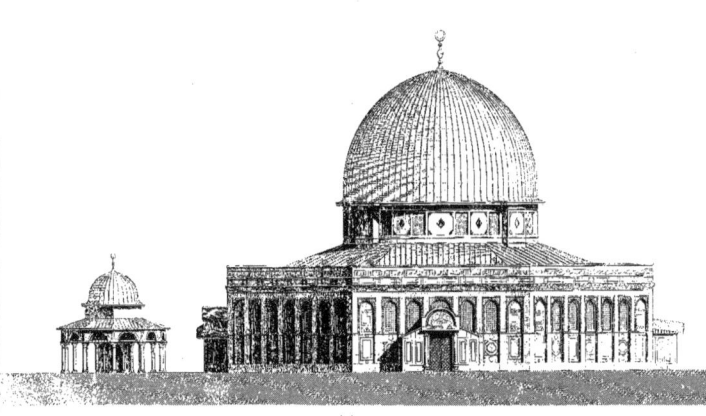

ÉLÉVATION

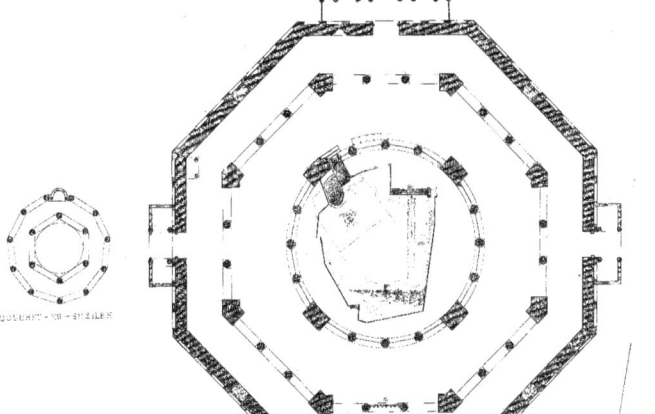

QOUBBET-ES-SILZILEH

PLAN

QOUBBET-ES-SAKHRAH
(MOSQUÉE D'OMAR)

LE TEMPLE DE JÉRUSALEM

Pl. XIX

COUBBET-ES-SAKHRAH.
(MOSQUÉE D'OMAR)

LE TEMPLE DE JERUSALEM.   Pl. XX.

QOUBBET-ES-SAKHRAH.
(MOSQUÉE D'OMAR)
ENTABLEMENT DU BAS-CÔTÉ.

LE TEMPLE DE JERUSALEM Pl. XXII.

MATER DORÉE DE LA COUPOLE.

LAMES DE BRONZE REPOUSSÉES.

QOUBBET - ES - SAKHRAH
(MOSQUÉE D'OMAR)
DÉTAILS INTÉRIEURS

MOSAÏQUES
ET INSCRIPTION DE L'AN
72 DE L'HÉGIRE

Échelle de 0.15 p. m.

QOUBBET-ES-SAKHRAH.
(MOSQUÉE D'OMAR)
TABLEAUX DE LA COUPOLE

QOUBBET - ES - SAKHRAH
(MOSQUÉE D'OMAR)
VITRAIL DU XVIᵉ SIÈCLE

QOUBBET-ES-SAKHRAH.
(MOSQUÉE D'OMAR)
VITRAIL DU XVIᵉ SIÈCLE.

QOLBBET-ES-SAKHRAH
(MOSQUÉE D'OMAR)
VITRAIL DU XVI ͤ SIÈCLE

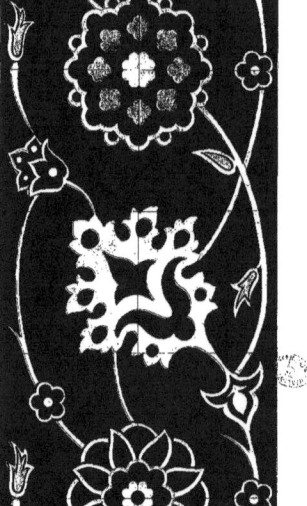

REVÊTEMENT EXTÉRIEUR
FAÏENCES ÉMAILLÉES DU XVIme SIÈCLE

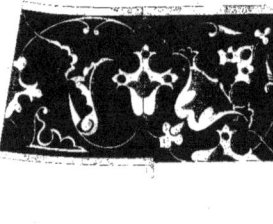

QOUBBET-ES-SAKHRAH
MOSQUÉE D'OMAR

QOUBBET-ES-SAKRAH
(MOSQUÉE D'OMAR)
FAÏENCES ÉMAILLÉES DU XVIᵉ SIÈCLE

MOSQUÉE EL-AKSA.

PLAN.

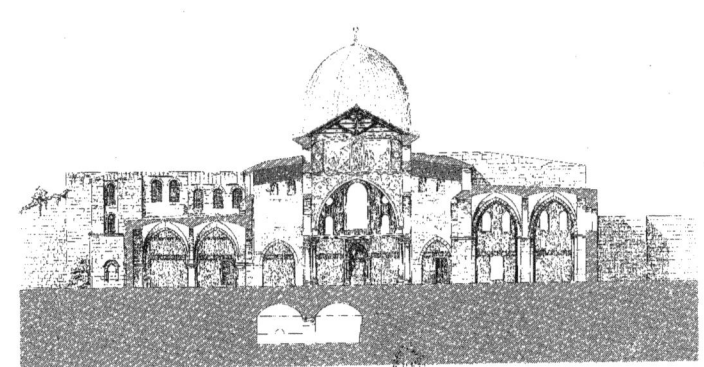

COUPE TRANSVERSALE SUIVANT X X.

COUPE LONGITUDINALE DE LA MOSQUÉE
ET COUPE DU SOUTERRAIN SUIVANT Y Y.

MOSQUÉE EL AKSA.

Pl. XXXII.

LE TEMPLE DE JÉRUSALEM

DE LA MOSQUÉE PRIMITIVE — DE LA BASILIQUE DE JUSTINIEN

MOSQUÉE EL-AKSA.

LE TEMPLE DE JÉRUSALEM   Pl. XXXII.

INTRADOS DU Gᵈ ARC.

TAMBOUR.

BARDEAUX.

MOSQUÉE EL-AKSA
DÉTAILS DE LA COUPOLE.

RUINES DU PALAIS D'IYRGAN.
70 AVANT J.C.

PALAIS D'HYRCAN
CAVERNES FORCÉES

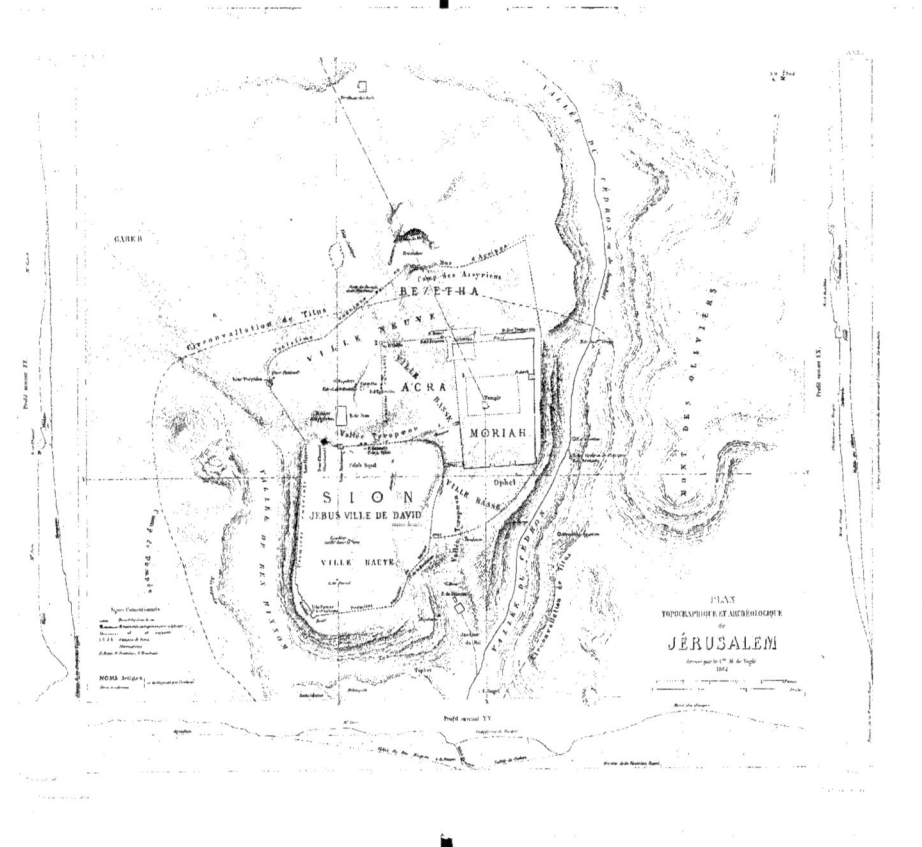

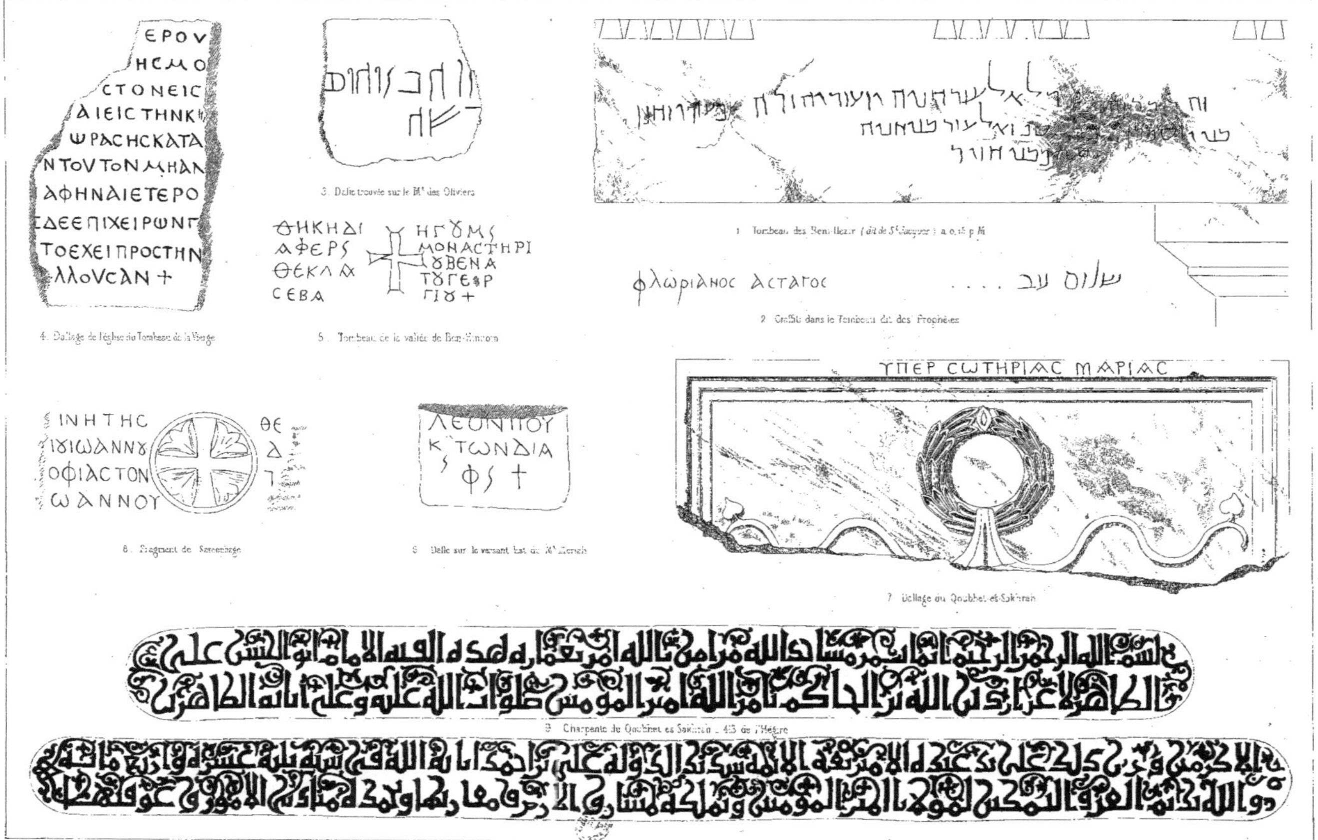

PL. XXXVII

TEMPLE DE JÉRUSALEM

EPOY
HCΛO
CTONEIC
ΔIEICTHNK
ΨΡΑϹΗϹΚΑΤΑ
ΝΤΟΥΤΟΝΛΗΑΝ
ΑΦΗΝΛΙΕΤΕΡΟ
ΔΕΕΠΙΧΕΙΡΩΝΓ
ΤΟΕΞΕΙΠΡΟϹΤΗΝ
ΛΛΟΥϹΑΝ †

4. Dallage de la Porte au Tombeau de la Vierge

ΘΗΚΗ ΔΙ
ΑΦΕΡΣ
ΘΕΚΛΑ
ϹΕΒΑ

ΗΓΟΥΜ
ΜΟΝΑϹΤΗΡΙ
ΟΒΕΝΑ
ΤΟΓΕϹΡ
ΓΙΟϹ †

5. Tombeau de la vallée de Ben Sinnoun

1. Tombeau des Beni-Hezir (dit de St-Jacques) a.c.d.e.f.M.

ΦΛΩΡΙΛΝΟϹ ΛϹΤΑΤΟϹ

2. Graffiti dans le Tombeau dit des Prophètes

ΥΠΕΡ ϹΩΤΗΡΙΑϹ ΜΑΡΙΑϹ

3. Dalle trouvée sur le Mt des Oliviers

ΙΝΗΤΗϹ ΘΕ
ΙΩΙΩΑΝΝ Δ
ΟΦΙΑϹΤΟΝ Τ
ΩΑΝΝΟΥ

ΛΕΩΝΤΙΟΥ
ΚΤΩΝΔΙΑ
ϛ Φϛ †

6. Stèle sur le mont Latroun, à Amwas

8. Fragment de Samaritain

7. Village ou Qoubbet el-Sakhrah

9. Citernes de Qachbeu en Sarcin 413 de l'Hégire

www.ingramcontent.com/pod-product-compliance
Lightning Source LLC
Chambersburg PA
CBHW071946160426
43198CB00011B/1561